최신개정

경 찰

수사학개론

저자 나강채

법문북스

머 리 말

2021. 1. 1. 개정 형사소송법(법률 제16927호)이 시행되었다. 개정 형사소송법은 경찰이 검사의 지휘를 받았던 수사기관에서 경찰이 독자적으로 수사하고, 결정하는 중추 국가수사기관으로서 위치가 공고해졌다는 것을 의미한다.

본 수사학개론은 경찰수사 법령을 체계적으로 정리하여 경찰수사 전반을 쉽게 이해하고 국민의 기본적 인권보장에 좀 더 충실할 필요성이 있다는 전제로 집필되었다.

본 저자는 1990년 경찰에 입문한 이후 대부분을 다양한 수사분야에서 근무하였고, 모든 경찰교육기관에 출강하여 수사관련 강의를 하였다. 1995년 석사 논문도 경찰수사 관련 내용이었다. 이러한 실무와 강의 경험을 토대로 경찰수사 전반을 이해할 수 있는 법령 중심의 책자를 쓰게 되었다.

이 책이 학문적 열정이 있고, 창의적인 경찰관들의 연구에 참고가 되리라고 생각하며, 장래 경찰관 또는 경찰수사 절차가 궁금한 모든 사람에게 도움이 되기를 바란다.

본 책자 발간에 힘써 주신 법문북스 김현호 대표님을 비롯한 관계자들에게 감사의 말씀을 드리며, 소중한 시간을 늘 함께한 처 숙이와 책자 교정작업을 도와준 딸 경민, 유민에게도 감사의 인사를 전한다.

2023. 10월

제1장 총 론(總論) ······ 1

제2장 수사의 개시(搜査의 開始) ······ 47

제3장
강제수사(强制捜査) ············ 87

제4장
임의수사(任意搜査) ······ 219

제5장 수사지휘(捜査指揮) ······ 299

제1장
총론
(總論)

제1절 수사의 의의와 이념

제2절 수사의 조건

제3절 수사의 기본원칙

제4절 수사기관

제1절 수사의 의의와 이념

1. 수사의 의의

가. 개념

수사라 함은 범죄의 혐의가 있다고 사료하는 때에는 공소제기 여부를 결정하거나 공소를 제기하고 이를 유지하기 위한 준비로서 범죄사실을 조사하고 범인 및 증거를 발견·수집·보전하는 수사기관의 활동을 말한다. 수사절차는 수사활동이 연속적으로 진행되는 일련의 과정이다. 수사기관은 범죄의 혐의가 있다고 사료하는 때에는 범인, 범죄사실과 증거를 수사한다(형사소송법 제196조, 제197조).

수사는 수사기관의 활동이라는 점에서 사인에 의한 범인 및 증거의 발견·수집·보전활동이나 행정기관에 의한 조사활동과 구별된다. 예를 들어 사인에 의한 현행범인의 체포, 피의자나 변호인이 행하는 각종 증거수집활동이나 행정관청이 특정한 행정처분을 하기 위한 준비로서 각종 법령위반 사실을 조사하는 것은 수사가 아니다.

수사는 주로 공소제기 이전에 행하여지는 것이나 공소의 유지를 위하여 필요한 경우에는 공소제기 이후에 행하여지기도 한다.

수사는 궁극적으로 국가형벌권의 유효·적절한 행사를 위한 것이므로 공소제기 및 그 유지에 필요한 범죄사실의 존부나 범인의 발견에 만족하여서는 아니되고 더 나아가 국가형벌권 행사의 기초자료로서 밝혀져야 할 모든 사항을 철저히 규명하여야 하며 범행의 동기, 피해상황 및 그 회복 여부, 범인의 소행·경력·전과 등은 물론이고 소추요건, 처벌가치, 형의 가중·감경·면제사유 유무, 사회에 미치는 영향 등에 대하여도 수사하여야 한다.[1]

나. 수사절차의 성격

수사는 형벌법규의 구체적 실현을 목적으로 하는 형사소송절차의 일부를 이루고 있으나 원칙적으로 공소제기전 수사기관의 활동으로서 합목적성의 요소가 강하고 엄격한 의미에서의 소송절차는 아니다. 즉 수사는 범죄에 의하여 침해된 공공의 질서를 조속히 회복하기 위하여 범죄의 진상발견을 목표로 하고 있기 때문에 신속하고 능률적으로 행하여져야 할 뿐만 아니라 범인·피해자 등의 명예를 보호하고 증거인멸을 예방하기 위하여 비밀스럽게 행하여져야 한다. 따라서 수사는 수사기관이 재량을 가지고 법에 명문으로 금지되어 있지 아니한 이상 모든 방법을 이용하여 할 수 있다(형사소송법 제199조).

> 제199조(수사와 필요한 조사) ①수사에 관하여는 그 목적을 달성하기 위하여 필요한 조사를 할 수 있다. 다만, 강제처분은 이 법률에 특별한 규정이 있는 경우에 한하며, 필요한 최소한도의 범위 안에서만 하여야 한다.
>
> ②수사에 관하여는 공무소 기타 공사단체에 조회하여 필요한 사항의 보고를 요구할 수 있다.

수사절차에서는 소송절차와 달리 당사자라는 관념이 없어 피의자는 수사절차의 대등한 당사자가 아니라 조사의 객체에 불과하

1) 사법연수원, 「수사절차론」, 성문인쇄사, 2008. P.3.

다. 그러나 수사는 공소의 제기·수행을 준비하기 위하여 행하는 절차로서 형사소송의 전 단계를 이루고 있으므로 적법절차의 원칙을 벗어날 수 없고, 피의자는 향후 형사소송절차에서 당사자의 지위를 부여받는 잠재적 당사자이므로 수사절차에 있어서도 당사자에 준하는 지위를 인정하여야 한다.[2]

따라서 형사소송법은 피의자에 대한 수사는 불구속 상태에서 함을 원칙으로 한다(제198조 제1항). 검사·사법경찰관리와 그 밖에 수사에 관계있는 자는 피의자 또는 다른 사람의 인권을 존중하고 수사과정에서 취득한 비밀을 엄수하며 수사에 방해되는 일이 없도록 하여야 한다(동조 제2항)는 등 준수사항을 규정함과 아울러 피의자에 대하여 진술을 거부할 수 있는 진술거부권(헌법 제12조)을 인정하는 등 당사자에 준하는 방어적 지위를 보장하기 위한 여러 권리를 부여하고 있다.

2. 수사절차의 기본이념[3]

가. 실체적 진실의 발견

실체적 진실의 발견은 기본적 인권의 보장과 함께 비단 수사절차에서 뿐만 아니라 형사소송절차 전체를 일관하는 기본이념이라 할 수 있다.

실체적진실(발견)주의는 형식적진실(발견)주의에 대칭되는 개념으로서 당사자의 주장, 인부 또는 입증에 구속되지 아니하고 객관

2) 사법연수원, 「수사절차론」, 성문인쇄사, 2008. P.3.
3) 사법연수원, 「수사절차론」, 성문인쇄사, 2008. P.4.

적인 사실의 진상을 규명하려는 절차법상의 이념이다. 형사절차는 국가형벌권의 실현을 목적으로 하는 점에서 민사절차와는 달리 당사자의 자유로운 처분에 맡길 수 없고, 따라서 실체적 진실의 발견은 가장 기본적인 이념이 된다.

그러나 실체적 진실의 발견에는 여러 가지의 측면에서 일정한 한계가 있다.

첫째는 인간능력의 한계와 제도로서의 제약에서 오는 한계이다. 개개사건의 진실발견을 위하여 무한한 비용·시간과 노력을 들일 수는 없으며 객관적 진실을 완전히 재현함은 불가능하므로 가능한 범위 안에서 객관적 진실에 접근하려는 것이 실체적 진실발견의 이념이라 할 수 있다.

둘째로는 실체적 진실발견의 이념이 다른 중요한 이익과 충돌하여 제한을 받는 경우가 있다. 예컨대 군사상의 비밀, 공무상의 비밀 또는 업무상의 비밀에 속하는 사항·장소 또는 물건에 대하여는 압수나 수색 또는 증인신문 등이 일정한 제한을 받는 것과 같은 경우이다(형사소송법 제110조 내지 제112조, 제147조, 제149조).

셋째는 인권보장의 측면에서 가하여지는 절차상의 제약이다.

나. 기본적 인권의 보장

근대 형사소송법의 역사는 곧 인권발달사의 핵심을 이루고 있다고 할 수 있다. 형사절차 중에서도 종래 자주 문제가 되었던 것은 수사단계에 있어서의 인권침해의 가능성이었으므로 수사절차에 관한 형사소송법의 규정은 대부분 수사기관의 수사활동에 대한 제약규정으로 이루어져 있고, 이러한 제약규정에 위반한 불법적 수사활동에 의하여 얻어진 증거자료는 공판단계에서 증거능력을 배제하는 등 인권보장에 만전을 기하고 있다.

인권보장의 관점에서 보면 모든 범죄사실을 밝히어 범죄자를 하나도 놓치지 않고 처벌하여야 겠다는 적극적인 측면(적극적 진실주의)보다는 죄없는 사람을 하나라도 잘못 처벌하는 일이 있어서는 안되겠다고 하는 소극적인 측면(소극적 진실주의)이 부각된다. “열 사람의 죄인을 놓치더라도 한 사람의 죄 없는 자를 벌하여서는 아니된다.”는 영국의 법언은 이러한 사상을 단적으로 나타내고 있다. 수사에 있어서 인권보장을 위한 적법절차의 준수는 수사의 목적을 위하여서도 필수불가결의 전제라 할 것이다.

3. 수사의 대상

범죄수사로써 무엇을 탐색하고 명확하게 할 것인가 하는 수사의 대상 즉, 수사의 실체면은 이를 두가지로 나누어 볼 수 있다.

범죄행위의 유무에 따르는 범죄의 사실적 내용, 그 행위가 형벌규정에 비추어 범죄의 구성요건을 충족하는가 여부를 규명하는 범죄의 법률적 내용이 그것이다.

여기서 전자를 “사실적 실체면”이라 하고, 후자를 “법률적 실체면”이라고 한다. 수사의 실체면은 이러한 사실적 실체와 법률적 실체의 양면을 명백히 함으로써 비로소 형성되는 것이다.

가. 수사의 사실적 내용

범죄가 발생하고 또한 범죄의 혐의가 있는 경우에는 수사는 무엇보다도 그 사건의 범인이 누구인가, 그리고 그 범인은 어떠한 행위를 하였는가 하는 점을 명확하게 하여야 한다.

범죄라고 하는 것은 사람의 일상생활에서 일어나는 행위 중 형벌 법령에 들어맞는 위법, 유책한 행위라고 할 수 있다. 따라서 범죄성립의 여부와 범인인가의 여부를 명확하게 하는 것은 우선 그러한 평가의 소재가 되는 행위사실을 명확하게 할 필요가 있다. 수사의 사실적 실체면은 이와 같이 법률적 평가 이전의 소재가 되는 사람의 구체적인 행위를 명확하게 하는 활동이다.

범죄수사의 대상이 되는 행위는 과거에 행하여진 것으로 수사에 있어서 범인은 누구인가 그리고 어떠한 범행이 있었는가 하는 것은 현실적으로 직접 볼 수 없는 것이기 때문에 수사는 그러한 범인과 범죄사실의 재현이라고도 할 수 있다. 따라서 수사의 실체면에서는 이러한 범죄사실을 어떠한 방법으로 알아내고 또한 어떠한 방법으로 재현할 것인가 하는 것이 중요한 문제가 되는 것이다.

수사를 통하여 범행을 재현하는데 활용할 수 있는 것은 범행에 의해서 남겨진 극히 일부분의 결과(범행흔적)에 불과한 것으로 그러한 일부분의 사실을 수집하고 그것에 의해서 범행 전체를 재현할 수밖에 없다. 이러한 점을 고려하며 과거의 범행을 재현함에는 다음과 같은 세가지가 가장 중요하므로 수사를 함에 있어서는 항상 이러한 사항들을 검토해 볼 필요가 있다.

(1) 수사요소의 충족

범행이 재현되려면 거기에 필요한 요소가 구비되지 않으면 안된다. 예컨대, 하나의 얼굴을 그리자면 거기에 필요한 양의 점과 선이 있어야 한다. 만일 그 양이 부족하다고 하면 무엇을 그린 그림인지 알 수 없게 된다. 이와 같은 범행재현의 요소를 "수사의 요소"라고 말하며 소송절차에 있어서는 "요증사실"이라고도 하는데 사실인정에는 이러한 요소가 완비되어야 한다.

수사의 요소는 결국 범죄사실로서 "6하의 원칙", "8하의 원칙"으로 설명할 수 있다. 보통 수사에서는 6하의 원칙이 적용되고 있으나 구체적으로 수사의 요소를 구비하자면 8하의 원칙을 구비하여야 한다.

(2) 행위의 필연성

범행이 관념적으로 재현되려면 수사요소를 구비하는 동시에 그 요소들이 생생하게 현실성을 가져야 한다. 수사의 요소 하나 하나에 그와 같은 현실성을 살리자면 그 사건이 다른 사건과 다른 특성을 포착하여야 한다. 다시 말하면 그 범행이 일어나지 않으면 안되었던 조건을 묘사하여야 한다.

사람의 행위는 이유나 원인이 없이 행해지지는 않은 것이며, 반드시 그렇게 되지 않으면 안 되는 조건이 복잡하여 이것을 명확하게 하기가 곤란한 것일 뿐이다. 우리들이 타인의 행동을 이해할 수 있는 것은 그와 같은 것이 전제로 되기 때문이며, 이것을 사람의 행위의 필연성이라고 한다.

따라서 수사의 요소를 명확하게 하는 데는 그와 같은 범행이 행하여진 이유와 경과 또는 조건 등을 포착하여 그 필연성을 추궁해 나가야 한다. 예컨대, 범죄 일시 하나를 명백하게 하는데도 그 시간을 선택한 이유 그리고 그 시간이 행위의 어떤 점에 영향을 주었는가 하는 점을 조사함으로써 그 행위의 필연성을 명백히 하여야 한다.

(3) 사건의 형태성

사건이 전체적으로 집약되는 것은 사건의 형태성이라 한다. 수사를 통하여 범행 전 과정에 걸친 완전한 자료(증거)를 획득하기란 불가능한 일이다. 그러므로 일부의 자료에 의하여 전체의 사건을 묘사해 볼 수밖에 없다. 그렇게 하자면 수집된 자료가 질서 있게 정리되어 결국 형태성을 갖추게 하는 것이 가장 중요하므로 수집된 자료는 항상 전체와 관련시켜 종합된 형태로 정비되어야 한다.

그러기 위해서는 형태화 함에 필요한 자료와 증거를 되도록 많이 수집함과 동시에 그러한 자료의 상호관계를 합리적으로 결부시켜서 판단하여야 한다. 그러한 자료나 증거가 상호 모순이 있다거나 전체의 인정에 도리어 방해가 된다면 사건을 생생하게 재현시킬 수 없다.

나. 수사의 법률적 내용

범죄수사의 목적을 달성하기 위해서는 범죄로 될 행위를 명확하게 하는 동시에 그러한 행위를 법률적으로 평가하여 범죄가 되는가, 그리고 그 행위가 어떠한 범죄가 되는가를 명확하게 하여야 한다. 본래 실제의 수사활동에서는 범행사실의 인정과 법률의 적용은 항상 동시적으로 상호불가분의 관계에서 진전되고, 범죄행위의 전모가 명확하게 됨으로써 비로소 법률적 평가가 시작된다는 시간적인 순서가 있는 것은 아니다. 수사를 개시하는데 있어서도 반드시 법률적으로 범죄성립의 평가를 받아야만 하는 것은 아니다.

형사소송법 제197조에 “사법경찰관은 범죄의 혐의가 있다고 사료하는 때에는 범인, 범죄사실과 증거를 수사한다.”고 규정하고 있어서 법률적인 평가 이전의 주관적인 혐의만으로 수사를 개시할 수 있도록 하고 있으나 각 단계에서 범인의 행위사실을 포착하는 데는 그 사실의 여부 및 진위를 검토하는 동시에 언제나 그러한 사실에 법률을 적용하는 경우 법률의 어떠한 요건에 들어맞는가를 평가하여야 한다. 수사의 법률적 내용이란 이와 같은 범죄사실의 법률적 평가를 말하는 것이다.

이러한 법률적 내용은 형벌법령의 연구에 의하여 명확하게 되는 것이며 수사관은 그러한 형벌법령에 정해 있는 요건이 구체적으로 그 사건에 있어서 어떠한 형태로 표현되어 있는가를 명확하게 하여야 한다.

범죄라는 것은 형벌법령에 열거된 위법, 유책한 행위이다. 어떠한 행위가 전체 법질서로부터 부정적인 행위라는 판단이 가능하여 그 행위자가 사회적으로 비난을 받을 만한 책임이 있어야 한다. 따라서 일반적으로 범죄행위가 되는가의 여부는,

(1) 형벌법령에 규정된 범죄의 구성요건에 해당되는 행위(구성요건해당성 있는 행위) 인가?

(2) 위법성(위법성 조각사유가 존재하지 않은 행위) 있는 행위인가?

(3) 책임성 있는 행위인가?

(4) 공소제기 가능성(가벌성) 있는 행위인가? 를 검토함으로써 명확하게 되는 것이다.

4. 수사의 전개과정

수사의 전개과정은 광의로 보아 수사의 단서에서 시작하여 사건의 확정판결에 이르기까지를 의미하기도 하고, 협의로 보아 수사의 단서에서 시작하여 공소제기까지의 시기를 의미하는 두 가지의 경우가 있다.

수사는 결국 형사절차의 일환임에 비추어

수사의 단서(입건전 조사) → 수사활동 → 공소제기 → 공판 → 판결의 일련성을 가진 것이며 수사의 과정으로서 수사는 공소의 제기와 공판의 심리를 염두에 두고 추진하여야 한다.

가. 범죄수사의 단계

범죄수사의 단계는 범죄의 종류와 현장의 상태, 수법 등에 따라 각각 상이하므로 한마디로 논할 수는 없다. 그러나 수사관은 많은 경험에 의하여 수사를 전개하여 가는 동안 자연 합리적인 일정한 순서가 필요하다는 것을 알게 된다.

수사의 진행과정은 수사단서 입수에서 시작하여 수사착수·현장관찰·수사방침 수립·수사실행·사람과 물건 등의 수사·송치의 단계적 과정을 밟게 되는 것이다. 즉 수사는 공통된 순서에 의하여 법령의 규제와 절차에 따라 공소제기와 유죄판결을 지향하여 전진하는 목적(유죄판결) 지향적인 일련의 과정이다.

나. 범죄수사의 단계적 고찰

(1) 수사의 전단계(입건전 조사)

사법경찰관은 입건 전에 범죄를 의심할 만한 정황이 있어 수사 개시 여부를 결정하기 위한 사실관계의 확인[4] 등 필요한 조사(이하 "입건전 조사"라 한다)를 할 수 있다(경찰수사규칙 제19조). 입건전 조사의 착수, 조사의 진행, 조사의 종결등 입건전 조사한 사건의 처리에 관한 사항은 「입건전 조사사건 처리에 관한 규칙」에 정해져 있다.

입건전 조사는 수사의 전단계로 개념지울 수 있으나 수사와 연계되어 있으며 광의의 형사소송절차의 일부를 이루고 있다. 사실 입건전 조사의 단서도 수사의 단서와 다를 바 없으며 입건전 조사의 기법이나 수사의 기법이나 특별히 다른 것은 없다. 단지 입건의 시점을 기준으로 그 전이 입건전 조사이며 그 이후가 수사라고 관념하고 있으나 입건전 조사는 광의의 수사에 포함된다 할 수 있다. 다만, 형사소송법 제199조가 「수사에 관하여」라고 명시하고 실무 및 법령상 범죄인지·입건이라는 단계가 있다는 점을 생각할 때 입건전 조사를 수사와는 다른 사실확인의 성격으로 볼 수도 있으며 구별이 실익[5]도 있다. 경찰관은 피조사자와 그 밖의 피해자

---

4) 경찰관직무집행법 제8조의2(정보의 수집 등) ① 경찰관은 범죄 · 재난 · 공공갈등 등 공공안녕에 대한 위험의 예방과 대응을 위한 정보의 수집 · 작성 · 배포와 이에 수반되는 사실의 확인을 할 수 있다.
② 제1항에 따른 정보의 구체적인 범위와 처리 기준, 정보의 수집 · 작성 · 배포에 수반되는 사실의 확인 절차와 한계는 대통령령령으로 정한다

5) 범죄수사규칙 제44조(수사의 개시) 경찰관은 수사를 개시할 때에는 범죄의 경중과 정상, 범인의 성격, 사건의 파급성과 모방성, 수사의 완급 등 제반사정을 고려하여 수사의 시기 또는 방법을 신중하게 결정하여야 한다고 규정하고 있다.

· 참고인 등에 대한 입건전 조사를 실시하는 경우 관계인의 인권 보호에 유의하여야 한다(입건전 조사사건 처리에 관한 규칙 제2조 제1항). 또한, 경찰관은 무기명 또는 가명으로 접수된 경우, 단순한 풍문이나 인신공격적인 내용인 경우, 민사소송 또는 행정소송에 관한 사항인 경우 등 그 내용상 수사단서로서의 가치가 없다고 인정될 때에는 공람 후 종결토록 규정하여 조사착수의 신중을 기하도록 하고 있다(경찰수사규칙 제19조 제2항).

(2) 수사의 개시(입건)

수사기관 스스로 사건을 인지하여 수사를 개시함을 입건이라고 한다. '수사를 개시한 때'란 범죄인지서를 작성하여 입건한 경우 및 수사준칙 제16조 제1항에 해당하는 경우를 포함한다.

수사준칙 제16조 제1항은 수사기관이 다음 각호의 어느 하나에 해당하는 행위에 착수한 때에는 수사를 개시한 것으로 본다. 이 경우 수사기관은 해당사건을 즉시 입건하여야 한다.

1. 피혐의자의 수사기관 출석조사
2. 피의자 신문조서의 작성
3. 긴급체포
4. 체포·구속영장의 청구 또는 실행
5. 사람의 신체, 주거, 관리하는 건조물, 자동차, 선박, 항공기 또는 점유하는 방실에 대한 압수수색 또는 검증영장(부검을 위한 검증영장은 제외한다)의 청구 또는 신청

(3) 수사의 실행

사법경찰관은 형사소송법(이하 '법'이라 한다), 검사와 사법경찰관의 상호협력과 일반적 수사준칙에 관한 규정(이하 '수사준칙'이라 한다), 경찰수사규칙, 범죄수사규칙 등 관계법령을 준수하면서 그 범위 내에서 수사를 실행하여야 한다.

수사의 실행 전에 현장에서 수집된 여러 가지 자료를 검토하여 수사를 어떠한 방향으로 전개할 것인가를 결정하여야 한다. 이를 수사방침의 수립이라고 하며, 만약 수사방침이 제대로 수립되지 않는다면 범인검거는 어렵게 되고 설사 검거된다 하더라도 많은 시간과 노력을 낭비하게 된다. 그러므로 중요한 사건에 있어서는 수사회의를 개최하고 각 수사관의 의견을 종합하여 수사방침을 결정하여야 한다.

(4) 수사의 종결(송치)

사법경찰관은 고소·고발 사건을 포함하여 범죄를 수사한 때에 진상이 파악되고 적용할 법령, 범죄사실에 대한 처리의견을 제시할 수 있을 단계가 되면 범죄의 혐의가 있다고 인정되는 경우에는 지체 없이 검사에게 사건을 송치하고, 관계 서류와 증거물을 검사에게 송부하여야 한다. 그 밖의 경우에는 그 이유를 명시한 서면과 함께 관계 서류와 증거물을 지체 없이 검사에게 송부하여야 한다. 이 경우 검사는 송부받은 날부터 90일 이내에 사법경찰관에게 반환하여야 한다(형사소송법 제245조의5).

고소·고발사건은 접수한 날로부터 3개월 이내에 수사를 마쳐야 한다(경찰수사규칙 제24조 제1항). 사법경찰관리는 이 기간 내에 수사를 완료하지 못한 경우에는 그 이유를 소속수사부서장에게 보고하고 수사기간 연장을 승인받아야 한다(동조 제2항).

고소·고발의 취소가 있을 때에는 그 취지를 명확하게 확인해야 한다(경찰수사규칙 제25조 제1항). 피해자의 명시한 의사에 반하여 공소를 제기할 수 없는 범죄에 대해 처벌을 희망하는 의사표시의 철회가 있을 때에도 제1항과 같다(동조 제2항).

(5) 송치후의 수사

(가) 고소인 등의 이의신청

불송치(형사소송법 제245조의6)의 통지를 받은 사람(고발인을 제외한다)은 해당 사법경찰관의 소속 관서의 장에게 이의를 신청할 수 있다(제245조의7 제1항). 사법경찰관은 제1항의 신청이 있는 때에는 지체 없이 검사에게 사건을 송치하고 관계 서류와 증거물을 송부하여야 하며, 처리결과와 그 이유를 제1항의 신청인에게 통지하여야 한다(제245조의7 제2항).

(나) 재수사 요청 등

검사는 불송치의 경우에 사법경찰관이 사건을 송치하지 아니한 것이 위법 또는 부당한 때에는 그 이유를 문서로 명시하여 사법경찰관에게 재수사를 요청할 수 있다(형사소송법 제245조의8 제1항). 사법경찰관은 제1항의 요청이 있는 때에는 사건을 재수사하여야 한다(제245조의8 제2항).

(다) 보완수사 요구

검사는 송치사건의 공소제기 여부 결정 또는 공소의 유지에 관하여 필요한 경우 보완수사를 요구할 수 있다(형사소송법 제197조의2 제1항 제1호). 사법경찰관은 보완수사의 요구가 있는 때에는 정당한 이유가 없는 한 지체 없이 이를 이행하고, 그 결과를 검사에게 통보하여야 한다(제197조의2 제2항). 사건 송치후 피의자의 여죄가 발견되거나 검사의 공소제기 또는 유지를 위한 보완수사 요구가 있을 경우 이에 상응하는 추가적인 수사활동이 전개된다.

(라) 시정조치요구 등

검사는 사법경찰관리의 수사과정에서 법령위반, 인권침해 또는 현저한 수사권 남용이 의심되는 사실의 신고가 있거나 그러한 사실을 인식하게 된 경우에는 사법경찰관에게 사건기록 등본의 송부를 요구할 수 있다(형사소송법 제197조의3 제1항). 제1항의 송부요구를 받은 사법경찰관은 지체 없이 검사에게 사건기록 등본을 송부하여야 한다(제197조의3 제2항). 검사는 필요하다고 인정되는 경우에는 사법경찰관에게 시정조치를 요구할 수 있고, 사법경찰관은 정당한 이유가 없으면 지체 없이 이를 이행해야 한다. 시정조치 결과 통보를 받은 검사는 시정조치요구에 따른 시정조치 요구가 정당한 이유 없이 이행되지 않았다고 인정되는 경우에는 사법경찰관에게 사건을 송치할 것을 요구할 수 있다(제197조의3 제5항). 송치 요구를 받은 사법경찰관은 검사에게 사건을 송치하여야 한다(제197조의3 제6항). 사법경찰관은 피의자를 신문하기 전에 수사과정에서 법령위반, 인권침해 또는 현저한 수사권 남용이 있는 경우 검사에게 구제를 신청할 수 있음을 피의자에게 알려주어야 한다(제197조의3 제8항).

(마) 고소 취소에 따른 조치

친고죄에 해당하는 사건을 송치한 후 고소인으로부터 그 고소의 취소를 수리하였을 때에는 즉시 필요한 서류를 작성하여 검사에게 송부하여야 한다(범죄수사규칙 제52조).

제2절 수사의 조건

1. 의의

수사는 일반적으로 범죄혐의의 발견으로부터 시작하여 공소제기 또는 불기소처분 등의 수사종결처분에 의하여 종료한다. 이와 같은 일련의 과정을 수사절차로 파악할 때 수사절차의 개시와 그 진행, 유지에 필요한 조건을 수사조건이라고 한다. 수사조건의 개념은 공소제기 이후 공판절차의 개시와 진행, 유지에 필요한 조건인 소송조건의 개념에 대응한다고 할 것이다.[6]

수사의 조건으로서는 통상 수사의 시기, 범죄의 혐의, 수사의 필요성과 상당성이 논의되고 있다.

2. 수사의 시기

수사의 시기는 수사의 단서에서 시작하여 사건 판결확정에 이르기까지의 기간과 수사단서에서 시작하여 공소제기까지의 기간을 의미하는 두가지 경우가 있다, 전자를 광의, 후자를 협의의 의미로서 수사의 시기라고 말한다.

수사는 종국 형사절차의 일환임에 비추어

(수사단서→수사활동→공소제기→공판→판결)의 과정으로 수사는 공소의 제기와 공판의 심리를 염두에 두고 추진하여야 한다.

---

6) 사법연수원, 「수사절차론」, 성문인쇄사, 2008. P.6.

3. 범죄의 혐의[7)]

수사는 수사기관이 범죄의 혐의가 있다고 사료하는 때(형사소송법 제196조, 제197조)에 개시할 수 있다. 따라서 범죄의 혐의가 없는 것이 명백한 사건에 대하여는 수사가 허용되지 않는다.

수사개시를 위한 범죄혐의는 수사기관의 주관적 혐의를 의미하여 아직 객관적 혐의로 발전함을 요하지는 않는다. 그러나 수사기관의 주관적 혐의는 수사기관의 자의적 혐의를 허용하는 것이 아니다.

범죄의 혐의유무를 수사기관이 주관적으로 판단한다고 하더라도 주위의 사정을 합리적으로 고려하여 그 유무를 판단하여야 할 것이고 어느 정도 구체적인 사실에 근거를 두어야 할 것이다.

4. 수사의 필요성

가. 의의

수사기관은 수사에 관하여 그 목적을 달성하기 위하여 필요한 조사를 할 수 있다(형사소송법 제199조 제1항 본문). 이때 「필요한 조사」란 수사의 목적을 달성함에 필요한 경우로 한정되는 조사를 의미한다. 형사소송법은 특히 피의자신문을 위한 출석요구(제200조)와 피의자 아닌 자의 진술을 듣기 위한 제3자의 출석요구 등(제221조)의 경우에 '수사에 필요한 때'로 규정하여 수사의 필요

7) 사법연수원, 「수사절차론」, 성문인쇄사, 2008. P.6.

성을 명문으로 재확인하고 있다.

한편 수사기관이 아무리 수사의 필요성을 인정한다고 하더라도 강제처분은 형사소송법이나 기타 법률에 특별한 규정이 있는 경우에 한하며, 필요한 최소한도의 범위안에서 하여야 한다(형사소송법 제199조 제1항 단서).

수사기관은 수사의 필요성을 합리적으로 판단하여야 한다. 이 때 합리성의 판단은 합리적인 평균인을 기준으로 하여야 할 것이다.[8]

나. 소송조건의 결여와 수사의 필요성 유무

(1) 일반적 소송조건

수사의 제1차적 임무는 범죄 혐의 유무 판단을 통해 공소제기 여부를 결정하는 것이다. 그런데 처음부터 당해사건에 대하여 법원이 적법하게 심리와 재판을 행하기 위한 조건인 소송조건이 결여된 경우에도 수사의 필요성을 인정할 수 있는가 하는 문제가 생긴다.

수사절차를 공판절차와 분리된 독립된 절차라고 보면 수사조건은 수사절차의 개시와 진행을 위한 조건이지 소송조건은 아니므로 소송조건이 결여되더라도 범죄의 혐의가 인정되는 이상 수사의 필요성은 인정될 수 있다. 이에 반해 소송조건이 결여되어 있으면 공소제기가 불가능하므로 수사의 필요성도 인정하기 어렵다고 볼 여지도 있을 것이다.

외교사절의 치외법권적 특권이나 특정 공직자의 면책특권과 같

---

8) 사법연수원, 「수사절차론」, 성문인쇄사, 2008. P.6-7.

은 사유로 소송조건이 결여될 수 있는 사안에 있어서도 특권해당 여부의 판단, 혹은 특권없는 자의 공범가담 여부의 규명을 위해 수사가 필요한 경우도 있을 것이다. 또한, 공소시효 경과 사건의 경우 공소시효 기간은 수사기관이 책정한 기간이므로 범인 검거시 범죄행위의 종료, 공범의 최종행위 종료 등 규명을 위해 수사가 필요하다.

(2) 고소·고발 수리 및 사건수사

검사 또는 사법경찰관이 고소 또는 고발을 받은 때에는 이를 수리해야 한다(수사준칙 제16조의2 제1항). 접수단계에서 관할권으로 인한 반려는 할 수 없고, 사건관할이 없어 계속 수사가 어려운 경우 책임수사가 가능한 관서로 이송하여야 한다.

고소 · 고발을 수리하였을 때에는 즉시 수사에 착수하여야 한다(범죄수사규칙 제53조 제1항). 고소 · 고발에 따라 범죄를 수사할 때에는 다음 각 호의 사항에 주의하여야 한다(동조 제4항).

1. 무고, 비방을 목적으로 하는 허위 또는 현저하게 과장된 사실의 유무
2. 해당 사건의 범죄사실 이외의 범죄 유무

고소사건을 수사할 때에는 고소권의 유무, 자기 또는 배우자의 직계존속에 대한 고소 여부, 친고죄에 있어서는 형사소송법 제230조(고소기간) 소정의 고소기간의 경과 여부, 피해자의 명시한 의사에 반하여 죄를 논할 수 없는 사건에 있어서는 처벌을 희망하는가의 여부를 각각 조사하여야 한다(범죄수사규칙 제53조 제2항). 고발사건을 수사할 때에는 자기 또는 배우자의 직계존속에 대한 고발인지 여부, 고발이 소송조건인 범죄에 있어서는 고발권자의 고발이

있는지 여부 등을 조사하여야 한다(동조 제3항). 사법경찰관이 고소 또는 고발에 의하여 범죄를 수사할 때에는 고소 또는 고발을 수리한 날로부터 3개월 이내에 수사를 마쳐야 한다(수사준칙 제16조의2 제2항).

(3) 친고죄의 긴급수사착수

친고죄에 해당하는 범죄가 있음을 인지한 경우에 즉시 수사를 하지 않으면 향후 증거수집 등이 현저히 곤란하게 될 우려가 있다고 인정될 때에는 고소권자의 고소가 제출되기 전에도 수사할 수 있다. 다만, 고소권자의 명시한 의사에 반하여 수사할 수 없다(범죄수사규칙 제54조).

친고죄나 세무공무원 등의 고발이 있어야 논할 수 있는 죄에 있어서 고소나 고발이 있기 전에 행해진 수사는 위법한지 여부(대판 1995. 2. 24. 94도252 판결)

{판결요지}

친고죄나 세무공무원 등의 고발이 있어야 논할 수 있는 죄에 있어서 고소 또는 고발은 이른바 소추요건에 불과하고 당해 범죄의 성립요건이나 수사의 조건은 아니므로 위와 같은 범죄에 관하여 고소나 고발이 있기 전에 수사를 하였다고 하더라도, 그 수사가 장차 고소나 고발이 있을 가능성이 없는 상태하에서 행하여졌다는 등의 특단의 사정이 없는 한, 고소나 고발이 있기 전에 수사를 하였다는 이유만으로 그 수사가 위법하다고 볼 수는 없다.

{판결이유}

피고인에 대한 피의자신문조서, 다른 피의자에 대한 각 피의자신문조서등본 및 제3자에 대한 각 진술조서등본이 조세범처벌법위반죄에 대한 세무서장의 고발이 있기 전에 작성된 것이라 하더라도 피고인이나 그 피의자 및 제3자 등에 대한 신문이 피고인의 조세범처벌법위반 범죄에 대한 고발의 가능성이 없는 상태하에서 이루어졌다고 볼 아무런 자료도 없다면, 그들에 대한 신문이 고발 전에 이루어졌다는 이유만으로 그 조서나 각 조서등본의 증거능력을 부정할 수는 없다고 판시하여 수사 당시 작성된 피의자신문조서 등의 증거능력을 인정하였다.

(4) 범칙사건의 수사

경찰관은 관세법, 조세범처벌법 등에 따른 범칙사건을 인지하였을 때에는 해당 사건의 관할관서에 통지하여야 한다(범죄수사규칙 제55조 제1항). 경찰관은 세무공무원 등이 현장조사, 수색, 압수를 위한 협조를 요구할 때에는 필요한 지원을 할 수 있다(동조 제2항).

5. 수사의 상당성

가. 의의

수사기관은 수사의 목적을 달성하기 위하여 강제처분을 제외하고 원칙적으로 수사상 필요한 한도 내에서 어떠한 형태의 조사활동도 행할 수 있지만 그 수사활동은 상당하다고 인정되는 방법으로 하여야 한다(형사소송법 제199조). 특히, 강제수사는 수사의 목적을 달성함에 필요한 최소한도내에서만 허용되어야 하며, 수사의 결과에 의한 이익과 수사로 인한 법익침해가 부당하게 균형을 잃어서는 안된다. 이것을 수사비례의 원칙이라 한다.

나. 함정수사

(1) 개념

함정수사란 수사기관이 특정인에게 범죄를 교사하거나 범죄를 범할 기회를 제공한 후 범죄의 실행을 기다렸다가 동인을 체포하는 수사방법이다. 함정수사의 특징은 수사기관이 적극적으로 특정인에게 구체적인 범죄동기를 부여하고 범행기회를 제공하며 범죄의 실행에 나아가도록 유인한다는 점에 있다.

함정수사는 이미 범죄의사를 가지고 있는 사람에 대하여 범죄를 범할 기회를 부여하는 기회제공형의 함정수사와 전혀 범죄의사가 없는 사람에게 새로운 범죄의사를 유발하는 범의유발형 함정수사로 나누어 볼 수 있다.

수사기관이 함정수사의 방법으로 수사를 행하는 것은 수사의 상당성을 결여하는 것이 아닌가 하는 문제가 생긴다.

(2) 기회제공형 함정수사

기회제공형 함정수사는 수사의 상당성을 충족하여 적법하다는 점에 별다른 이론이 없다.

함정수사는 본래 범의를 가지지 아니한 자에 대하여 수사기관이 사술이나 계략 등을 써서 범의를 유발하게 하여 범죄인을 검거하는 수사방법을 말하는 것이므로 범의를 가진 자에 대하여 범행의 기회를 주거나 범행을 용이하게 한 것에 불과한 경우에는 함정수사라고 말할 수 없다.[9] 또 자가용 버스의 운전자가 단속원이 승차하기 전

9) 대판 1992. 10. 27. 92도1377

부터 유상운송을 하여 왔다면 단속원이 유상으로 버스에 승차한 다음 운전자의 유상운송행위를 적발하여 고발하였다면 운전자의 범의를 유발한 것이 아니다. 단속원이 '범죄의 함정을 파놓고 그곳으로 밀어넣은 행위와는 다르다'고 하여 유상운송행위[10]를 인정하고 있다.

(3) 범의유발형 함정수사

범의유발형 함정수사에 대하여 수사의 상당성을 인정할 것인가에 대하여는 견해가 나뉘고 있다.

마약범죄나 뇌물죄와 같이 범죄에 관련된 자들이 서로 공통된 이해관계를 가지고 있어서 증거를 찾기 어려운 범죄에 대하여는 함정수사가 유력한 수사방법이 된다는 현실적 필요성과 범인이 비록 범의를 유발당하였다 하더라도 자유로운 의사로 범죄를 실행한 이상 처벌이 가능하다는 이론적 근거를 들어 이를 인정하는 견해도 있으나, 범의를 가지지 아니한 자에게 범의를 갖도록 유발한 경우에는 적법절차의 준수라는 헌법 이념에 비추어 함정수사는 수사의 상당성을 결하였다고 하지 않을 수 없다.

(4) 입법례

미국에서는 비밀요원(secret agent)을 활용한 증거수집 뿐만 아니라 범죄조직의 일원으로 신분을 위장하여 투입된 잠입수사관(undercover)이 조직원들과 함께 범죄활동을 수행하면서 수집한 증거를 토대로 일망타진하는 수사기법(undercover operation)을 폭넓게 활용하고 있다.

10) 대판 1994. 4. 12. 93도2535

함정수사로 인하여 기소된 피고인에 대하여 함정수사에 기초한 공소제기는 법률의 규정에 위반하여 무효인 때에 해당하므로 공소기각의 판결[11]을 하여야 한다는 견해와 수사기관이 제공한 범죄의 동기나 기회를 뿌리치기 어렵다는 범죄인의 특수상황을 고려하여 범의가 없다고 할 수 있으므로 무죄판결을 하여야 한다는 견해 등이 있다.

우리나라는 아동·청소년의 성보호에 관한 법률(2021. 9. 24. 시행)상 아동·청소년 대상 디지털 성범죄 대해 신분비공개수사, 신분위장을 통한 위장수사를 규정하고 검거 사례도 보도되나 법률에 수사의 요건과 한계를 명시하여 엄격한 내부 통제를 실시하고 있다.

다. 아동 · 청소년 대상 디지털 성범죄의 수사 특례

(1) 신분비공개수사

사법경찰관리는 아동·청소년의 성보호에 관한 법률에 규정된 디지털성범죄에 대하여 신분비공개수사를 할 수 있다. 사법경찰관리는 다음 각 호의 어느 하나에 해당하는 범죄(이하 “디지털 성범죄”라 한다)에 대하여 신분을 비공개하고 범죄현장(정보통신망을 포함한다) 또는 범인으로 추정되는 자들에게 접근하여 범죄행위의 증거 및 자료 등을 수집(이하 “신분비공개수사”라 한다)할 수 있다(아동 · 청소년의 성보호에 관한 법률 제25조의2 제1항).

1. 제11조(아동 · 청소년성착취물의 제작 · 배포 등) 및 제15조의2(아동 · 청소년에 대한 성착취 목적 대화 등)의 죄

11) 2005. 1. 22. 서울고등법원 2004도1222 함정수사로 인하여 기소된 피고인에 대하여 공소기각 판결

2. 아동 · 청소년에 대한 「성폭력범죄의 처벌 등에 관한 특례법」제14조 제2항(카메라등을 이용한 촬영) 및 제3항의 죄

사법경찰관리가 신분비공개수사를 진행하고자 할 때에는 사전에 상급 경찰관서 수사부서의 장의 승인을 받아야 한다. 이 경우 그 수사기간은 3개월을 초과할 수 없다(아동 · 청소년의 성보호에 관한 법률 제25조의3 제1항). 신분비공개수사 승인 신청을 받은 상급경찰관서 수사부서의 장은 승인시 신분비공개수사 승인서, 불승인시 수사지휘서에 따라 지휘한다(범죄수사규칙 제185조의2 제2항). 사법경찰관리는 신분비공개수사를 종료하려는 경우 신분비공개수사 결과보고서를 작성(동조 제3항)하여 신분비공개수사의 결과를 보고하여야 한다.

(2) 신분위장수사

사법경찰관리는 디지털 성범죄를 계획 또는 실행하고 있거나 실행하였다고 의심할 만한 충분한 이유가 있고, 다른 방법으로는 그 범죄의 실행을 저지하거나 범인의 체포 또는 증거의 수집이 어려운 경우에 한정하여 수사 목적을 달성하기 위하여 부득이한 때에는 다음 각 호의 행위(이하 "신분위장수사"라 한다)를 할 수 있다(아동 · 청소년의 성보호에 관한 법률 제25조의2 제2항).

1. 신분을 위장하기 위한 문서, 도화 및 전자기록 등의 작성, 변경 또는 행사
2. 위장 신분을 사용한 계약 · 거래
3. 아동 · 청소년성착취물 또는 「성폭력범죄의 처벌 등에 관한 특례법」 제14조 제2항(카메라 등을 이용한 촬영)의 촬영물 또는 복제물(복제물의 복제물을 포함한다)의 소지, 판매 또는 광고

사법경찰관리는 신분위장수사를 하려는 경우 법원의 허가를 받아야 한다(아동·청소년의 성보호에 관한 법률 제25조의3 제3항). 아동·청소년의 성보호에 관한 법률 제25조의3 제3항 및 제4항에 따라 신분위장수사 허가를 신청하는 경우에는 신분위장수사 허가신청서에 따른다(범죄수사규칙 제185조의3 제1항). 신분위장수사의 기간은 3개월을 초과할 수 없으며, 수사기간 중 수사의 목적이 달성되었을 경우에는 즉시 종료하여야 한다(아동·청소년의 성보호에 관한 법률 제25조의3 제7항). 신분위장수사의 요건이 존속하여 수사기간을 연장할 필요가 있는 경우에는 소명자료를 첨부하여 3개월의 범위에서 수사기간의 연장을 신청하나 총 기간은 1년을 초과할 수 없다(동조 제8항). 신분위장수사를 종료하는 경우 집행보고서를 작성(범죄수사규칙 제185조의3 제4항)하여 신분위장수사의 결과를 보고하여야 한다.

(3) 긴급 신분위장수사(아동·청소년의 성보호에 관한 법률 제25조의4)

사법경찰관리는 신분위장수사의 요건을 구비하고, 법원의 사전 허가 절차를 거칠 수 없는 긴급을 요하는 때에는 법원의 허가 없이 신분위장수사를 할 수 있다. 수사개시 후 지체 없이 검사에게 허가를 신청하여야 하고, 48시간 이내에 법원의 허가를 받지 못한 때에는 즉시 신분위장수사를 중지하여야 한다. 수사기간은 신분위장수사와 동일하다.

제3절 수사의 기본원칙

1. 수사의 기본

범죄수사는 경찰관의 기본적인 마음 가짐이 중요하다. 수사는 사안의 진상을 명백히 하여 사건을 해결한다는 확고한 신념을 가지고 신속·정확하게 행하여야 한다. 경찰관은 예단이나 편견 없이 신속하게 수사해야 하고, 주어진 권한을 자의적으로 행사하거나 남용해서는 안 된다(수사준칙 제3조 제2항). 수사를 할 때에는 개인의 인권을 존중하고 공정·성실하게 수사의 권한을 행사하여야 한다. 다른 사건의 수사를 통해 확보된 증거 또는 자료를 내세워 관련이 없는 사건에 대한 자백이나 진술을 강요하여서도 아니 된다(형사소송법 제198조 제4항).

2. 임의수사 원칙

피의자에 대한 수사는 불구속 상태에서 함을 원칙으로 한다(형사소송법 제198조 제1항). 경찰관은 원칙적으로 수사등 대상자의 자유로운 의사에 따른 동의나 승낙을 받아 필요한 범위에서 수사해야 한다(경찰 수사에 관한 인권보호 규칙 제8조 제1항). 강제수사가 필요한 경우에도 법률이 정한 바에 따라 최소한의 범위에서 하고, 대상자의 권익 침해의 정도가 더 적은 절차와 방법을 선택해야 한다(동 규칙 제8조 제2항).

3. 인권보호 및 법령 등의 준수

경찰관은 수사등 과정에서 국민의 인권을 존중하고 권리를 보장하여야 한다. 경찰관은 수사등 과정에서 피의자와 그 밖의 피해자·참고인 등(이하 "사건관계인"이라 한다)의 인권을 존중하고, 적법한 절차를 따라야 한다(경찰 수사에 관한 인권보호 규칙 제2조). 수사절차의 기본이념은 실체적 진실의 발견과 기본적 인권보장에 있다고 할 수 있다. 범인을 검거하려는 결과론적 목적에만 집착하여 탈법한 방법으로 수사를 진행하게 되는 경우 유죄의 증거로 삼을 수 없을 뿐만 아니라 국민으로부터 불신을 받게 되어 경찰 조직 전체에 오명을 남기기도 한다. 수사를 진행할 때에는 피의자의 인권보장에 중점을 두어 적법절차에 의한 수사를 하여야 한다. 수사를 할 때에는 형사소송법 등 관계법령과 규칙을 준수하여 개인의 자유와 권리를 부당하게 침해하는 일이 없도록 주의하여야 한다.

검사 또는 사법경찰관리는 피의자나 사건관계인과 친족관계 또는 이에 준하는 관계가 있거나 그 밖에 수사의 공정성을 의심 받을 염려가 있는 사건에 대해서는 소속 기관의 장의 허가를 받아 그 수사를 회피해야 한다(수사준칙 제11조).

4. 과학수사의 원칙

검사와 사법경찰관은 수사를 할 때 다음 각 호의 사항에 유의하여 실체적 진실을 발견해야 한다(수사준칙 제3조 제3항).

1. 물적 증거를 기본으로 하여 객관적이고 신빙성 있는 증거를 발견하고 수집하기 위해 노력할 것
2. 과학수사 기법과 관련 지식 · 기술 및 자료를 충분히 활용하여 합리적으로 수사할 것
3. 수사과정에서 선입견을 갖지 말고, 근거 없는 추측을 배제하며, 사건관계인의 진술을 과신하지 않도록 주의할 것

수사를 할 때에는 기초수사를 철저히 하여 모든 증거의 발견수집에 힘써야 하며 과학수사기법과 지식·기술·자료를 충분히 활용하여 수사를 합리적으로 진행하여야 한다. 선입감(先入感)에 사로잡혀 육감에 의한 추측만으로 행하는 일이 없어야 한다. 수사기관은 수사 중인 사건의 범죄 혐의를 밝히기 위한 목적으로 합리적인 근거 없이 별개의 사건을 부당하게 수사하여서는 아니 되고, 다른 사건의 수사를 통하여 확보된 증거 또는 자료를 내세워 관련 없는 사건에 대한 자백이나 진술을 강요하여서도 아니 된다(형사소송법 제198조 제4항).

5. 비밀의 준수

검사 · 사법경찰관리와 그 밖에 직무상 수사에 관계있는 자는 피의자 또는 다른 사람의 인권을 존중하고 수사과정에서 취득한 비밀을 엄수하며 수사에 방해되는 일이 없도록 하여야 한다(형사소송법 제198조 제2항). 검사와 사법경찰관은 공소제기 전의 형사사건에 관한 내용을 공개해서는 안 된다(수사준칙 제5조 제1항). 수사의 전 과정에서 비밀을 준수하여 수사에 지장을 초래하

지 아니하도록 주의하는 동시에 피의자·피해자 기타 사건관계자의 명예나 신용이 훼손되지 않도록 노력해야 한다(동조 제2항).

6. 공소·공판 절차의 고려

수사는 공소의 제기와 공판 심리의 전단계라는 점을 고려하여 증거를 확보하고 실체적 진실을 발견하기 위해 노력하여야 한다. 수사는 심증형성을 지향하는 활동으로 수사관이 얻은 종국적 판단이 법관의 심증을 획득할 수 있어야 한다. 그러므로 수사관은 본인이 획득한 심증을 충분한 보강증거에 의하여 법관에게 입증하여야 하므로 수사 진행시에는 항상 공판의 유죄판결을 지향점으로 하여야 한다.

7. 상호협력의 원칙

수사를 할 때에는 수사간부의 수사지휘내용을 성실히 실행하고 체계있는 조직력에 의하여 수사를 종합적으로 추진하도록 해야 한다. 검사와 사법경찰관은 상호 존중해야 하며, 수사, 공소제기 및 공소유지와 관련하여 협력해야 한다. 검사와 사법경찰관의 협의는 신속히 이루어져야 하며, 협의의 지연 등으로 수사 또는 관련 절차가 지연되어서는 안 된다.

8. 피해자 보호

경찰관은 범죄피해자의 심정을 이해하고 그 인격을 존중하며 피해자가 범죄피해 상황에서 조속히 회복하여 인간의 존엄성을 보장받을 수 있도록 노력해야 한다(경찰수사에 관한 인권보호 규칙 제39조 제1항).

검사 또는 사법경찰관은 피해자의 명예와 사생활의 평온을 보호하기 위해 「범죄피해자 보호법」등 피해자 보호 관련 법령의 규정을 준수해야 한다(수사준칙 제15조 제1항). 검사 또는 사법경찰관은 피의자의 범죄수법, 범행 동기, 피해자와의 관계, 언동 및 그 밖의 상황으로 보아 피해자가 피의자 또는 그 밖의 사람으로부터 생명 · 신체에 위해를 입거나 입을 염려가 있다고 인정되는 경우에는 직권 또는 피해자의 신청에 따라 신변보호에 필요한 조치를 강구해야 한다(동조 제2항).

피의자에게 체포·구속, 압수·수색 또는 검증영장의 제시·교부할 때에 피해자 등 사건관계인의 개인정보가 피의자의 방어권 보장을 위하여 필요한 정도를 넘어 불필요하게 노출되지 않도록 유의해야 한다(수사준칙 제32조의2 제2항, 제38조 제3항).

가. 2차 피해 방지

경찰관은 다음 각 호의 사항을 유의하여 피해자가 수사 등 과정에서 추가적인 피해를 입지 않도록 해야 한다(경찰수사에 관한 인권보호 규칙 제41조).

1. 피해자의 인격과 사생활의 비밀을 존중하고 피해자가 입은 정신적 · 육체적 고통을 충분히 고려한다.
2. 피해자를 정당한 사유 없이 반복적으로 조사하지 않는다.
3. 피해자가 피의자나 그 가족 등과의 접촉을 원하지 않는 경우 별

도의 장소로 분리조치를 한다.

4. 피해자에게 피의자와의 합의를 종용하지 않는다.

5. 피해자를 조사할 때에는 폭언 등 강압적인 태도 또는 모멸감을 주거나 공정성을 의심받을 수 있는 언행을 해서는 안 되고, 사생활에 대한 조사는 수사상 반드시 필요한 경우로 한정한다.

6. 수사등 과정에서 증거자료로 수집한 「성폭력범죄의 처벌 등에 관한 특례법」 제14조 및 제14조의2에 따른 촬영물 · 복제물 · 가공물 등과 「아동 · 청소년의 성보호에 관한 법률」 제2조 제5호에 따른 아동 · 청소년 성착취물은 수사와 상관없는 제3자에게 공개되지 않도록 필요한 조치를 해야 한다.

나. 수사등 진행상황에 대한 통지

사법경찰관은 다음 각 호의 어느 하나에 해당하는 날부터 7일 이내에 고소인·고발인·피해자 또는 그 법정대리인(피해자가 사망한 경우에는 그 배우자·직계친족·형제자매를 포함한다. 이하 “고소인 등”이라 한다)에게 수사 진행상황을 통지해야 한다. 다만, 고소인 등의 연락처를 모르거나 소재가 확인되지 않으면 연락처나 소재를 알게 된 날부터 7일 이내에 수사 진행상황을 통지해야 한다(경찰수사규칙 제11조 제1항).

1. 신고·고소·고발·진정·탄원에 따라 수사를 개시한 날
2. 제1호에 따른 수사를 개시한 날부터 3개월이 지난 날
3. 제2호에 따른 통지를 한 날부터 매 1개월이 지난 날

경찰관은 피해자가 수사등 진행상황에 대해 문의하는 경우 수사등에 지장이 없는 범위에서 피해자가 이해하기 쉽도록 설명해야

한다(경찰수사에 관한 인권보호 규칙 제42조 제1항).

다. 수사 결과의 통지

사법경찰관은 수사준칙 제51조에 따른 결정을 한 경우에는 그 내용을 고소인·고발인·피해자 또는 그 법정대리인(피해자가 사망한 경우에는 그 배우자·직계친족·형제자매를 포함한다)에게 통지해야 한다(수사준칙 제53조).

9. 연구와 개선

경찰관은 항상 관계 법령의 연구와 수사에 관한 지식과 기술의 습득에 힘쓰고 수사방법의 개선향상에 열의를 가져야 한다.

제4절 수사기관

1. 수사기관의 의의

수사기관이라 함은 법률상 범죄수사의 권한이 인정되어 있는 국가기관을 말한다. 수사기관은 그 성격과 권한에 있어서 재판기관과 현저한 차이가 있다. 이는 수사절차의 구조와 공판절차의 구조의 차이에 기인한다.

범죄수사에 있어서는 기동성과 신속성이 특히 요청되므로 이에 대처하기 위해서는 전국적 수사망을 갖는 수사조직이 필요하다. 수사기관이 전국적인 유기적 조직을 갖는 이유는 여기에 있다.

과거 규문절차에서는 재판기관이 직접 범죄사건에 대한 조사를 하였으므로 수사기관과 재판기관은 분리되지 아니하였다. 그후 소추기관의 소추에 의해서 비로소 심리를 개시하는 탄핵주의적 형사소송제도가 확립됨으로써 재판기관과 수사기관이 분리되었다. 현행법이 재판기관과 수사기관을 분리하고 있음은 물론이다.

2. 수사기관의 종류와 상호관계

가. 수사기관의 종류

현행법상 수사기관에는 검사와 사법경찰관리가 있다. 특별한 사항에 관하여 사법경찰관리의 직무를 행하는 특별사법경찰관리가 있다. 검사는 자신이 수사개시한 범죄에 대하여는 공소를 제기할 수 없다(검찰청법 제4조 제2항). 고 하여 우리 형사사법제도는 형사소송법과 검찰청법에 수사권과 소추권을 명백히 구분하고 있다.

(1) 검사(형사소송법 제196조)

검사는 범죄의 혐의가 있다고 사료하는 때에는 범인, 범죄사실과 증거를 수사한다(형사소송법 제196조 제1항). 따라서 검사는 소추기관인 동시에 수사기관으로서의 검사는 직접수사 권한이 있다. 수사권자인 검사의 수사범위는 사항적으로 일정한 법적 제한이 있다. 즉 검사는 범죄수사, 공소의 제기 및 그 유지에 필요한 사항(검찰청법 제4조 제1항 제1호)에 대해 권한이 있지만, 검사가 수사를 개시할 수 있는 범죄의 범위는 검찰청법 제4조에 의거 일정한 제한이 있다.

> **검찰청법 제4조 (검사의 직무)** ①검사는 공익의 대표자로서 다음 각 호의 직무와 권한이 있다.
>
> 1. 범죄수사, 공소의 제기 및 그 유지에 필요한 사항. 다만, 검사가 수사를 개시할 수 있는 범죄의 범위는 다음 각 목과 같다.
>   가. 부패범죄, 경제범죄 등[12] 대통령령으로 정하는 중요 범죄
>   나. 경찰공무원(다른 법률에 따라 사법경찰관리의 직무를 행하는 자를 포함한다) 및 고위공직자범죄수사처 소속 공무원(「고위공직자범죄수사처 설치 및 운영에 관한 법률」에 따른 파견공무원을 포함한다)이 범한 범죄
>   다. 가목·나목의 범죄 및 사법경찰관이 송치한 범죄와 관련하여 인지한 각 해당 범죄와 직접 관련성이 있는 범죄
> 2. 범죄수사에 관한 특별사법경찰관리 지휘·감독

12) 검사의 직접수사권을 축소 (모든 범죄→ 6가지 중요범죄→ 경제범죄, 부패범죄 등)

또한, 검사는 제197조의3 제6항[13], 제198조의2 제2항[14] 및 제245조의7 제2항[15]에 따라 사법경찰관으로부터 송치받은 사건에 관하여는 해당 사건과 동일성을 해치지 아니하는 범위 내에서 수사할 수 있다(형사소송법 제196조 제2항, 검찰청법 제4조 제1호 다목).

(2) 사법경찰관리(형사소송법 제197조)

사법경찰관은 범죄의 혐의가 있다고 사료하는 때에는 범인, 범죄사실과 증거를 수사한다(형사소송법 제197조 제1항). 사법경찰관은 범죄수사 대상에 제한이 없는 명실상부한 완전한 수사권자이다. 경무관, 총경, 경정, 경감, 경위는 사법경찰관에 속한다. 경사, 경장, 순경은 사법경찰리에 속하며, 수사의 보조를 하여야 한다(동조 제2항).

사법경찰관은 수사권자임에 대하여 사법경찰리는 수사권자가 아니고 수사의 보조기관에 불과하다. 그러나 실질적으로 경찰의 대다수를 차지하는 사법경찰리가 수사업무를 수행하고 있으며 대법원도 이러한 사법경찰리가 작성한 피의자신문조서 등의 증거능력을 인정하고 있다.

13) 형사소송법 제197조의3(시정조치 요구 등) ⑥제5항의 송치 요구를 받은 사법경찰관은 검사에게 사건을 송치하여야 한다.

14) 법 제198조의2(검사의 체포·구속장소 감찰) ②검사는 적법한 절차에 의하지 아니하고 체포 또는 구속된 것이라고 의심할 만한 상당한 이유가 있는 경우에는 즉시 체포 또는 구속된 자를 석방하거나 사건을 검찰에 송치할 것을 명하여야 한다.

15) 법 제245조의7(고소인 등의 이의신청)② 사법경찰관은 제1항의 신청이 있는 때에는 지체 없이 검사에게 사건을 송치하고 관계 서류와 증거물을 송부하여야 하며, 처리결과와 그 이유를 제1항의 신청인에게 통지하여야 한다.

(3) 특별사법경찰관리(형사소송법 제245조의10)

삼림, 해사, 전매, 세무, 군수사기관, 그 밖에 특별한 사항에 관하여 사법경찰관리의 직무를 행할 특별사법경찰관리와 그 직무의 범위는 법률로 정한다.(형사소송법 제245조의10 제1항). 특별사법경찰관은 모든 수사에 관하여 검사의 지휘를 받는다(동조 제2항). 특별사법경찰관은 범죄의 혐의가 있다고 인식하는 때에는 범인, 범죄사실과 증거에 관하여 수사를 개시 · 진행하여야 한다(동조 제3항). 특별사법경찰관리는 검사의 지휘가 있는 때에는 이에 따라야 한다. 검사의 지휘에 관한 구체적 사항은 법무부령으로 정한다(동조 제4항). 특별사법경찰관은 범죄를 수사한 때에는 지체 없이 검사에게 사건을 송치하고, 관계 서류와 증거물을 송부하여야 한다(동조 제5항). 특별사법경찰관리에 대하여는 제197조의2(보완수사 요구)부터 제197조의4(수사의 경합)까지, 제221조의5(사법경찰관이 신청한 영장의 청구 여부에 대한 심의), 제245조의5(사법경찰관의 사건송치 등)부터 제245조의8(재수사요청 등)까지의 규정을 적용하지 아니한다(동조 제6항).

나. 수사기관 상호간의 관계

(1) 검사 상호간의 관계

검사는 범죄수사에 관하여 단독관청이다. 따라서 검사는 자기의 권한과 책임하에 검찰청법 제4조에 규정에 따라 「수사를 개시할 수 있는 범죄」에 범죄의 혐의가 있다고 판단될 때에는 수사를 개시할 수 있다. 다만 검찰조직 내에서 직무상 상사의 지휘·감독을 받는 것은 별개의 문제이다.

검찰청의 공무원은 검찰청의 직무 집행과 관련하여 서로 도와야 한다(검찰청법 제9조). 검사는 법령에 특별한 규정이 있는 경우를 제외하고는 소속 검찰청의 관할구역에서 직무를 수행한다. 다만, 수사에 필요할 때에는 관할구역이 아닌 곳에서 직무를 수행할 수 있다(검찰청법 제5조).

(2) 검사와 경찰(사법경찰관)의 관계

검사와 사법경찰관은 수사, 공소제기 및 공소유지에 관하여 서로 협력하여야 한다(형사소송법 제195조 제1항). 형사소송법 제195조 제1항에 따른 수사를 위하여 준수하여야 하는 일반적 수사준칙에 관한 사항은 대통령령으로 정한다(형사소송법 제195조 제2항). 상호협력의 원칙을 수사준칙 제2장에 규정하고 있다. 검찰청법은 교체임용의 요구와 사법경찰관리의 관할구역 외의 수사시 보고 규정을 두고 있다.

(가) 상호 협력

1) 상호협력의 원칙

검사와 사법경찰관은 상호 존중해야 하며, 수사, 공소제기 및 공소유지와 관련하여 협력해야 한다(수사준칙 제6조 제1항). 검사와 사법경찰관은 수사와 공소제기 및 공소유지를 위해 필요한 경우 수사·기소·재판 관련 자료를 서로 요청할 수 있다(동조 제2항). 검사와 사법경찰관의 협의는 신속히 이루어져야 하며, 협의의 지연 등으로 수사 또는 관련 절차가 지연되어서는 안 된다(동조 제3항).

2) 중요사건 협력절차

검사와 사법경찰관은 다음 각 호의 어느 하나에 해당하는 사건의 경우(이하 "중요사건"이라 한다)에는 송치 전에 수사할 사항, 증거 수집의 대상, 법령의 적용, 범죄수익 환수를 위한 조치 등에 관하여 상호 의견을 제시 · 교환할 것을 요청할 수 있다. 이 경우 특별한 사정이 없는 한 상대방의 요청에 응하여야 한다(수사준칙 제7조 제1항).

1. 공소시효가 임박한 사건
2. 내란, 외환, 대공(對共), 선거(정당 및 정치자금 관련 범죄를 포함한다), 노동, 집단행동, 테러, 대형참사, 연쇄살인 관련 사건
3. 범죄를 목적으로 하는 단체 또는 집단의 조직 · 구성 · 가입 · 활동 등과 관련한 사건
4. 주한 미합중국 군대의 구성원 · 외국인 군무원 및 그 가족이나 초청계약자의 범죄 관련 사건
5. 그 밖에 많은 피해자가 발생하거나 국가적 · 사회적 피해가 큰 중요한 사건

수사준칙 제7조 제1항에도 불구하고 다음 각 호의 어느 하나에 따른 공소시효가 적용되는 사건에 대해서는 공소시효 만료일 3개월 전까지 제1항에 규정된 사항 등에 관하여 상호 의견을 제시·교환해야 한다. 다만, 공소시효 만료일로부터 3개월 이내에 수사를 개시한 때에는 지체 없이 이를 제시·교환해야 한다(수사준칙 제7조 제2항).

1. 「공직선거법」 제268조
2. 「공공단체등 위탁선거에 관한 법률」 제71조
3. 「농업협동조합법」 제172조 제4항
4. 「수산업협동조합법」 제178조 제5항
5. 「산림조합법」 제132조 제4항

6. 「소비자생활협동조합법」 제86조 제4항

7. 「염업조합법」 제59조 제4항

8. 「엽연초생산협동조합법」 제42조 제5항

9. 「중소기업협동조합법」 제137조 제3항

10. 「새마을금고법」 제85조 제6항

11. 「교육공무원법」 제62조 제5항

3) 검사와 사법경찰관의 협의

검사와 사법경찰관은 수사와 사건의 송치, 송부 등에 관한 이견의 조정이나 협력 등이 필요한 경우 서로 협의를 요청할 수 있다. 이 경우 협의 요청을 받은 상대방은 특별한 사정이 없는 한 이에 응해야 한다(수사준칙 제8조 제1항). 제1항에 따른 협의에도 불구하고 이견이 해소되지 않는 경우로서 다음 각 호의 어느 하나에 해당하는 때에는 해당 검사가 소속된 검찰청의 장과 해당 사법경찰관이 소속된 경찰관서의 장의 협의에 따른다(수사준칙 제8조 제2항).

1. 중요사건에 관하여 상호 의견을 제시·교환하는 것에 대해 이견이 있거나, 제시·교환한 의견의 내용에 대해 이견이 있는 경우
2. 「형사소송법」 제197조의2 제2항 및 제3항에 따른 정당한 이유의 유무에 대해 이견이 있는 경우
3. 법 제197조의4 제2항 단서에 따라 사법경찰관이 계속 수사할 수 있는지 여부나 사법경찰관이 계속 수사할 수 있는 경우 수사를 계속할 주체 또는 사건의 이송 여부 등에 대해 이견이 있는 경우
4. 법 제245조의8 제2항에 따른 재수사의 결과에 대해 이견이 있

는 경우

(나) 교체임용의 요구

서장이 아닌 경정 이하의 사법경찰관리가 직무 집행과 관련하여 부당한 행위를 하는 경우 지방검찰청 검사장은 해당 사건의 수사 중지를 명하고, 임용권자에게 그 사법경찰관리의 교체임용을 요구할 수 있다(검찰청법 제54조 제1항). 교체임용의 요구를 받은 임용권자는 정당한 사유가 없으면 교체임용을 하여야 한다(검찰청법 제54조 제2항).

(다) 사법경찰관리의 관할구역 외의 수사

사법경찰관리가 관할구역 외에서 수사하거나 관할구역 외의 사법경찰관리의 촉탁을 받아 수사할 때에는 관할지방검찰청 검사장 또는 지청장에게 보고하여야 한다. 다만, 제200조의3(긴급체포), 제212조(현행범인의 체포), 제214조(경미사건과 현행범인의 체포), 제216조와 제217조(영장에 의하지 아니한 강제처분)의 규정에 의한 수사를 하는 경우에 긴급을 요할 때에는 사후에 보고할 수 있다(형사소송법 제210조).

다. 사법경찰관과 사법경찰리 상호간의 관계

사법경찰관으로서 범죄의 혐의가 있다고 사료하는 때에는 범인, 범죄사실과 증거를 수사한다(형사소송법 제197조 제1항). 사법경찰리는 수사의 보조를 하여야 한다(동조 제2항). 즉, 사법경찰관은 자신의 명의와 권한으로 수사하나, 사법경찰리는 사법경찰관의 수사를 보조하여 수사한다. 다만, 실무에 있어서는 사법경찰리가 각종 조서를 작성하고 있고 판례도 사법경찰리 작성의 조서는 사법경찰리가 수사사무를 보조하기 위하여 작성한 것으로서 그 유효성을 인정하고 있다.[16] 또한 '검사등의 지휘를 받고'라는 판결 취지에 따라 검사의 수사지휘 삭제와 무관하게 수사권자인 사법경찰관의 지휘를 받아 작성한 사법경찰리의 수사서류는 권한 없는 자의 조사라 할 수 없고, 유효하다. 형사소송법 제312조 제3항 「검사 이외의 수사기관이 작성한 피의자신문조서는」규정도 사법경찰관으로 한정하지 않고 있다.

【82도1080, 판결】

사법경찰리 작성의 진술조서는 형사소송법에 근거를 두고, 사법경찰리가 검사등[17]의 지휘를 받고 수사사무를 보조하기 위하여 작성한 서류라 할 것이므로 이를 권한 없는 자의 조서라 할 수 없다.

【82도63, 판결】

사법경찰관사무취급이 작성한 피의자신문조서, 참고인 진술조서, 압수조서는 형사소송법에 의하여 사법경찰관리가 검사 등의 지휘를 받고 조사사무를 보조하기 위하여 작성한 서류이므로 이를 권한없는 자가 작성한 조서라고 할 수 없다.

3. 수사기관의 관할구역

가. 검사의 직무관할

검사는 법령에 특별한 규정이 있는 경우를 제외하고는 소속검찰청의 관할구역 내에서 그 직무를 행함을 원칙으로 하나 수사상 필요한 때에는 관할구역 외에서 그 직무를 수행할 수 있다(검찰청

16) 대판 1982. 12. 28. 82도1080, 1982. 3. 9. 82도63, 1981. 6. 9. 81도1357
17) 검사 등: 검사, 사법경찰관

법 제5조). 각 검찰청 및 지청의 관할 구역은 그에 대응한 법원과 지원의 관할구역에 따른다(검찰청법 제3조 제4항).

나. 사법경찰관의 직무관할 및 상호협력

사법경찰관리는 소속된 경찰관서의 관할구역에서 직무를 수행한다(경찰수사규칙 제15조).[18] 사법경찰관리는 수사에 필요한 경우에는 다른 사법경찰관리에게 피의자의 체포·출석요구·조사·호송, 압수·수색·검증, 참고인의 출석요구·조사 등 그 밖에 필요한 조치에 대한 협력을 요청할 수 있다. 이 경우 요청을 받은 사법경찰관리는 정당한 이유가 없으면 이에 적극 협조해야 한다(경찰수사규칙 제8조 제1항).

사법경찰관리 상호간의 협력 방법으로는 사건수배 등(범죄수사규칙 제88조), 지명수배·통보(동규칙 제93조 제1항), 장물수배(동규칙 제108조), 참고사항 통보(동규칙 제112조), 수사본부(동규칙 제36조) 등이 있다.

사법경찰관리는 수사에 필요한 경우에는 형사소송법 제245조의10에 따른 특별사법경찰관리와 긴밀히 협력해야 한다. 이 경우 협력의 구체적인 내용·범위 및 방법 등은 상호 협의하여 정한다(경찰수사규칙 제8조 제2항).

---

18) 경찰수사규칙 제15조(직무 관할): 다음 각 호의 어느 하나에 해당하는 경우에는 관할구역이 아닌 곳에서도 그 직무를 수행할 수 있다.
1. 관할구역의 사건과 관련성이 있는 사실을 발견하기 위한 경우
2. 관할구역이 불분명한 경우
3. 긴급을 요하는 등 수사에 필요한 경우

제2장
수사의 개시
(捜査의 開始)

제1절 수사절차의 개요

1. 수사의 전단계(입건전 조사)

사법경찰관은 수사준칙 제16조 제3항(수사의 개시)에 따른 입건 전에 범죄를 의심할 만한 정황이 있어 수사 개시 여부를 결정하기 위한 사실관계의 확인 등 필요한 조사를 입건 전 조사활동이라고 한다. 입건전 조사에 착수하기 위해서는 해당 사법경찰관이 소속된 경찰관서의 수사부서의 장의 지휘를 받아야 한다(경찰수사규칙 제19조 제1항).

입건전 조사의 대상은 범죄첩보 및 진정·탄원과 범죄에 관한 언론·출판물·인터넷 등의 정보, 신고 또는 풍문 중에서 출처·사회적 영향 등을 고려하여 그 진상을 확인할 가치가 있는 사안을 그 대상으로 한다(입건전 조사사건 처리에 관한 규칙[19] 제3조). 규칙에서는 입건전 조사와 관련한 세부 절차를 규정하여 입건전 조사사무의 적정한 운영을 도모하고 있다(동규칙 제1조). 또한, 제2장 입건전 조사의 착수, 제3장 입건전 조사의 진행, 제4장 입건전 조사의 종결 등, 제5장 보칙에 처리지침이 규정되어 있다. 입건전 조사도 수사의 개시 전 단계로 법령에 규정된 절차에 따라야 한다.

---

19) 입건전 조사사건 처리에 관한 규칙(경찰청 훈령 제1030호, 시행 2021. 8. 30.) 기존 '내사' 용어를 '입건전 조사'로 일괄 변경한다.(부칙)

2. 수사의 개시

가. 입건(범죄인지)

수사기관 스스로 사건을 인지하여 수사를 개시함을 입건이라고 한다. '수사를 개시한 때'란 범죄인지서를 작성하여 입건한 경우 및 수사준칙 제16조 제1항에 해당하는 경우를 포함한다.

수사준칙 제16조 제1항은 수사기관이 다음 각호의 어느 하나에 해당하는 행위에 착수한 때에는 수사를 개시한 것으로 본다. 이 경우 수사기관은 해당사건을 즉시 입건해야 한다.

1. 피혐의자의 수사기관 출석조사
2. 피의자 신문조서의 작성
3. 긴급체포
4. 체포·구속영장의 청구 또는 실행
5. 사람의 신체, 주거, 관리하는 건조물, 자동차, 선박, 항공기 또는 점유하는 방실에 대한 압수수색 또는 검증영장(부검을 위한 검증영장은 제외한다)의 청구 또는 신청

경찰관은 범죄와 관계가 있다고 인정되는 사항과 수사상 참고가 될 만한 사항을 인지한 때에는 신속히 소속 상관에게 보고하여야 한다(범죄수사규칙 제23조 제1항). 경찰서장은 관할구역 내에서 보고 및 수사지휘 대상 중요사건에 규정된 중요사건이 발생 또는 접수되거나 범인을 검거하였을 때에는 보고 절차 및 방법에 따라 시 · 도경찰청장에게 신속히 보고하여야 한다(동조 제2항).

나. 고소·고발의 수리

검사 또는 사법경찰관이 고소 또는 고발을 받은 때에는 이를 수리해야 한다(수사준칙 제16조의2 제1항).

사법경찰관리는 진정인 · 탄원인 등 민원인이 제출하는 서류가 고소 · 고발의 요건을 갖추었다고 판단하는 경우 이를 고소 · 고발로 수리한다(경찰수사규칙 제21조 제1항). 사법경찰관리는 고소 · 고발을 수리한 날부터 3개월 이내에 수사를 마쳐야 한다(동규칙 제24조 제1항). 사법경찰관리는 제1항의 기간 내에 수사를 완료하지 못한 경우에는 그 이유를 소속수사부서장에게 보고하고 수사기간 연장을 승인받아야 한다(동규칙 제24조 제2항).

고소·고발을 수리한 경찰관은 지체 없이 고소·고발 내용이 경찰수사규칙 제108조 제1항 제4호[20]에 해당하는지 검토한다(범죄수사규칙 제50조 제1항).

---

20)경찰수사규칙 제108조 제1항
4. 각하: 고소 · 고발로 수리한 사건에서 다음 각 목의 어느 하나에 해당하는 사유가 있는 경우
가. 고소인 또는 고발인의 진술이나 고소장 또는 고발장에 따라 혐의없음, 죄가안됨, 공소권없음 사유에 해당함이 명백하여 더 이상 수사를 진행할 필요가 없다고 판단되는 경우
나. 동일사건에 대하여 사법경찰관의 불송치 또는 검사의 불기소가 있었던 사실을 발견한 경우에 새로운 증거 등이 없어 다시 수사해도 동일하게 결정될 것이 명백하다고 판단되는 경우
다. 고소인·고발인이 출석요구에 응하지 않거나 소재불명이 되어 고소인·고발인에 대한 진술을 청취할 수 없고, 제출된 증거 및 관련자 등의 진술에 의해서도 수사를 진행할 필요성이 없다고 판단되는 경우
라. 고발이 진위 여부가 불분명한 언론 보도나 인터넷 등 정보통신망의 게시물, 익명의 제보, 고발 내용과 직접적인 관련이 없는 제3자로부터의 전문이나 풍문 또는 고발인의 추측만을 근거로 한 경우 등으로서 수사를 개시할 만한 구체적인 사유나 정황이 충분하지 않은 경우

3. 수사의 실행

가. 수사경찰

수사는 형사소송법·수사준칙·경찰수사규칙·범죄수사규칙 등 법령에 규정된 권한의 범위 내에서 자율적으로 행한다.

나. 수사지휘권자의 수사지휘

(1) 수사지휘권자는 다음 각 호의 사항에 대해 구체적으로 지휘하여야 한다(범죄수사규칙 제26조 제1항).

1. 범죄인지에 관한 사항
2. 체포 · 구속에 관한 사항
3. 영장에 의한 압수 · 수색 · 검증에 관한 사항
4. 법원 허가에 의한 통신수사에 관한 사항
5. 「수사준칙」제51조 제1항(사법경찰관의 결정) 각 호의 결정에 관한 사항
6. 사건 이송 등 책임수사관서 변경에 관한 사항
7. 수사지휘권자와 경찰관 간 수사에 관하여 이견이 있어 지휘를 요청받은 사항
8. 그 밖에 수사에 관하여 지휘가 필요하다고 인정되는 사항

(2) 시 · 도경찰청장이 경찰서장에 대해 수사지휘하는 경우에는 제1항에서 정한 사항 외에 다음 각 호의 사항에 대해서도 구체적으로 지휘하여야 한다(범죄수사규칙 제26조 제2항).

1. 제36조(수사본부)의 수사본부 설치 및 해산
2. 제24조 제1항(수사지휘)에 관한 사항
3. 수사방침의 수립 또는 변경
4. 공보책임자 지정 등 언론대응에 관한 사항

4. 수사의 종결(송치)

가. 책임송치

사법경찰관은 고소·고발 사건을 포함하여 범죄를 수사한 때, 범죄의 혐의가 있다고 인정되는 경우에는 지체 없이 검사에게 사건을 송치하고, 관계서류와 증거물을 검사에게 송부하여야 한다(형사소송법 제245조의5 제1호).

나. 법정송치

형사소송법·대통령령 등에서 정한 일정 요건을 충족할 경우 경찰에게 사건송치 의무가 부여되는 것을 말한다.

다. 불송치

사법경찰관은 고소·고발 사건을 포함하여 범죄를 수사한 때에 형사소송법 제245조의5 제1호(책임송치) 해당하지 않거나 수사준칙 제51조 제1항 제3호에 따라 불송치 결정[21]을 하는 경우 불송치의 이유를 적은 불송치 결정서와 함께 압수물 총목록, 기록목록 등 관계서류와 증거물을 검사에게 송부해야 한다. 이 경우 검사는 송부받은 날부터 90일 이내에 사법경찰관에게 반환하여야 한다(형사소송법 제245조의5 제2호).

사법경찰관은 수사준칙 제51조 제1항 제4호에 따른 수사중지(피의자중지, 참고인중지) 결정을 한 경우 7일 이내에 사건기록을 검사에게 송부해야 한다. 이 경우 검사는 사건기록을 송부받은 날부터 30일 이내에 반환해야 하며, 그 기간 내에 형사소송법 제197조의3에 따라 시정조치요구를 할 수 있다(수사준칙 제51조 제4항).

라. 검사에게 이송

사법경찰관은 수사준칙 제51조 제1항 제3호 나목(죄가안됨) 또는 다목(공소권없음)에 해당하는 사건이 다음 각 호의 어느 하나에 해당하는 경우에는 해당 사건을 검사에게 이송한다(수사준칙 제51조 제3항).

1. 「형법」 제10조 제1항(심신장애인)에 따라 벌할 수 없는 경우
2. 기소되어 사실심 계속 중인 사건과 포괄일죄를 구성하는 관계에 있거나 「형법」 제40조에 따른 상상적 경합 관계에 있는 경우

---

21) 수사준칙 제51조(사법경찰관의 결정) 3. 불송치
　가. 혐의없음
　　1) 범죄인정안됨
　　2) 증거불충분
　나. 죄가안됨
　다. 공소권 없음
　라. 각하

마. 추가송부

사법경찰관은 사건을 송치한 후에 새로운 증거물, 서류 및 그 밖의 자료를 추가로 송부할 때에는 이전에 송치한 사건명, 송치 연월일, 피의자의 성명과 추가로 송부하는 서류 및 증거물 등을 적은 추가송부서를 첨부해야 한다(수사준칙 제58조 제3항, 경찰수사규칙 제104조).

제2절 수사의 단서

1. 의의

수사기관은 범죄의 혐의가 있다고 사료하는 때에는 범인, 범죄사실과 증거를 수사한다(형사소송법 제196조, 제197조). 이때 수사기관이 범죄혐의가 있다고 판단하게 되는 원인을 수사의 단서라고 한다.

2. 종류

수사의 단서는 대체로 다음과 같은 사유를 열거할 수 있으나 수사의 단서가 이에 한정된다는 뜻은 아니며 어떠한 사회현상이든 범죄와 관계있는 것으로 인정되는 이상 이를 수사의 단서로 삼을 수 있다.

적극적 수사단서(자율적 단서)	소극적 수사단서(타율적 단서)
• 현행범인의 체포(형사소송법 제212조) • 변사자의 검시(형사소송법 제222조) • 불심검문(경찰관직무집행법 제3조) • 타사건 수사중 범죄발견(여죄의 발견) • 범죄에 관한 정보, 풍문 등 진상을 확인할 필요가 있는 사건(입건전 조사사건 처리에 관한 규칙 제3조 제3호 나목)	• 고소(형사소송법 제223조) • 고발(형사소송법 제234조) • 자수(형법 제52조, 형사소송법 제240조) • 신고(입건전 조사사건 처리에 관한 규칙 제3조 제2호) • 피해신고(범죄수사규칙 제47조 제1항)

매년 입건처리된 형사사건의 현황을 토대로 보면 고소, 고발, 피해자나 제3자의 신고, 진정·투서 등 광의의 신고가 범죄수사 단서의 과반수 이상을 점하고 있으며, 단일 단서로는 현행범인의 발견도 많은 경우 제보나 신고에 기인한 것이라는 점을 감안하면, 범죄의 수사와 진압에 시민의 협력과 참여가 얼마나 중요한지를 쉽게 알 수 있다.

그리고 범죄에 관한 신문, 출판물, 방송, 인터넷, 익명의 신고, 풍문 등에 의거한 조사의 활동과 변사자의 검시의 경우, 비록 그 점유비율은 낮다고 하더라도 은밀하게 이루어지는 경제범죄, 기업범죄, 공직부패범죄나 중요강력범죄를 찾아내는 원천이 된다는 점에서 그 중요성이 크다고 하겠다.

3. 수사기관의 직접 인지 또는 자신의 체험에 의한 경우

가. 현행범인의 체포

(1) 현행범인 및 준현행범인

(가) 범죄를 실행하고 있거나 실행하고 난 직후의 사람을 현행범인이라 한다(형사소송법 제211조 제1항). 범죄를 실행하고 있는 것은 범죄의 실행에 착수하여 이를 수행하고 있는 도중을 뜻하고, 실행하고 난 직후란 실행행위가 종료된 후 극히 근접한 시간 안에 있는 것을 의미한다.

다만, 어느 정도까지가 근접한 시간내인지에 대하여서는 구체적인 사건에 따라서 판단하여야 할 것이나 현행범인으로 취급되는 경우 행위자에게는 불이익이 따르게 되므로 제한적으로 해석함이 타당할 것이다.

판례는 형사소송법 제211조가 현행범으로 규정한 "범죄를 실행하고 난 직후의 사람"이란 체포하는 자가 볼 때 범죄의 실행행위를 종료한 직후의 범인이라는 것이 명백한 경우를 일컫는 것으로서, 시간이나 장소로 보아 체포당하는 자를 방금 범죄를 실행한 범인이라고 볼 증거가 명백히 존재하는 것으로 인정되는 경우에만 그를 현행범으로 볼 수 있다고 판시하였다.[22]

(나) 범인으로 불리며 추적되고 있을 때, 장물이나 범죄에 사용되었다고 인정하기에 충분한 흉기나 그 밖의 물건을 소지하고 있을 때, 신체나 의복류에 증거가 될 만한 뚜렷한 흔적이 있을 때, 누구냐고 묻자 도망하려고 할 때에는 준현행범인으로서 현행범인으로 본다(형사소송법 제211조 제2항).

(2) 현행범인의 처리

수사기관이 현행범인을 체포하거나 인도 받았을 때에는 즉시 수사를 개시하여야 한다. 검사 또는 사법경찰관리가 아닌 자가 현행범인을 체포한 때에는 즉시 검사 또는 사법경찰관리에게 인도하여야 하며(형사소송법 제213조 제1항), 사법경찰관리는 형사소송법 제212조에 따라 현행범인을 체포한 때에는 현행범인체포서를 작성하고, 형사소송법 제213조에 따라 현행범인을 인도받은 때에는 현행범인인수서를 작성해야 한다(경찰수사규칙 제52조 제2항).

검사 또는 사법경찰관리 아닌 자가 현행범인을 체포한 때에는 즉시 검사 또는 사법경찰관리에게 인도하여야 한다(형사소송법 제

22) 대판 1995. 5. 26. 94다37226, 1995. 5. 9. 94도3016

213조 제1항). 사법경찰관리가 현행범인의 인도를 받은 때에는 체포자의 성명, 주거, 체포의 사유를 물어야 하고 필요한 때에는 체포자에 대하여 경찰관서에 동행함을 요구할 수 있다(동법 제213조 제2항).

검사 또는 사법경찰관은 현행범인을 체포하거나 체포된 현행범인을 인수했을 때에는 조사가 현저히 곤란하다고 인정되는 경우가 아니면 지체 없이 조사해야 하며, 조사 결과 계속 구금할 필요가 없다고 인정할 때에는 현행범인을 즉시 석방해야 한다(수사준칙 제28조 제1항). 검사 또는 사법경찰관은 제1항에 따라 현행범인을 석방했을 때에는 석방 일시와 사유 등을 적은 피의자 석방서를 작성해 사건기록에 편철한다. 이 경우 사법경찰관은 석방 후 지체 없이 검사에게 석방 사실을 통보해야 한다(수사준칙 제28조 제2항).

검사 또는 사법경찰관은 현행범인을 체포하는 현장에서는 영장 없이 압수, 수색, 검증을 할 수 있다(형사소송법 제216조 제1항 제2호). 현행범으로 체포된 자에 대해 체포현장에서 영장없이 압수한 물건을 계속 압수할 필요가 있는 경우에는 구속영장발부 여부와 상관없이 지체 없이 압수수색영장을 청구하여야 한다. 이 경우 압수수색영장의 청구는 체포한 때부터 48시간 이내에 하여야 한다(동법 제217조 제2항). 검사 또는 사법경찰관은 제2항에 따라 청구한 압수수색영장을 발부받지 못한 때에는 압수한 물건을 즉시 반환하여야 한다(동법 제217조 제3항).

나. 변사자의 검시

(1) 변사자의 정의[23)]

(가) 변사자: 노쇠사·병사 등의 자연사가 아니고 부자연한 사망을 하여 그 사인이 불명하며 범죄에 기인한 것이 아닌가 의심(범죄에 의한 것일 가능성) 있는 사체를 말한다.

(나) 변사의 의심있는 사체: 자연사인지 부자연사인지가 판명되지 않은 것으로서 혹시 범죄에 기인한 것이 아닌가 의심있는 사체를 말한다. 예컨대 일견 병사와 같으나 사망전에 타인으로부터 구타당한 사실이 있는 경우와 같다.

그러나 실무상의 변사자의 개념은 변사자와 변사로 의심되는 사체를 따로 구분하지 않고 양자를 포함하여 사용되고 있어 자연사 이외의 부자연사에 의한 사체를 통틀어 말한다.

(2) 변사사건처리의 목적

변사사건의 처리는 변사자의 사인을 규명하여 자타살 여부를 명확히 하고 변사가 범죄에 기인한 것일 때에는 수사의 단서가 되며, 신원불상 변사체의 신원을 파악함으로써 범죄수사에 활용하고 사체를 유족에게 인도함을 목적으로 한다.

(3) 처리의 방침

변사자의 처리시에는 사인을 규명하여 자타살 여부를 명확히 하

23) 자연사임이 명백한 사체 또는 범죄로 인한 것이 아님이 명백한 사체, 예컨대 수재, 선박침몰 등에 따른 자연재해사, 낙뇌에 의한 감전사, 행려병사로 인한 사체는 변사자가 아니다.

여야 한다. 신원 불상 변사자는 긴급사건수배에 준하여 수배하고 지문 및 수사자료표 등에 관한 규칙 제14조에 의거 지문을 채취 조회하여 신속히 신원을 파악하여야 한다. 또한 신원이 판명되지 않은 사건으로서 계속 수사할 필요가 있을 때에는 변사자 수배카드를 작성 관리한다.

(4) 처리요령

(가) 변사자의 발견, 보고: 경찰관은 변사자 또는 변사로 의심되는 시체를 발견하거나 시체가 있다는 신고를 받았을 때에는 즉시 소속 경찰관서장에게 보고하여야 한다(범죄수사규칙 제56조). 경찰관은 검시를 한 경우에 범죄로 인한 사망이라 인식한 때에는 신속하게 수사를 개시하고 소속 경찰관서장에게 보고하여야 한다(동규칙 제57조 제3항).

(나) 변사자의 검시: 변사자 또는 변사의 의심있는 사체가 있는 때에는 그 소재지를 관할하는 지방검찰청 검사가 검시하여야 한다(형사소송법 제222조 제1항). 사법경찰관은 검사로부터 형사소송법 제222조 제3항의 규정에 따른 처분 지휘를 명받았을 때에는 검시하여야 한다(동법 제222조 제3항). 사법경찰관은 형사소송법 제222조 제1항 및 제3항(변사자의 검시)에 따라 검시를 하는 경우에는 의사를 참여시켜야 하며, 그 의사로 하여금 검안서를 작성하게 해야 한다. 이 경우 사법경찰관은 검시 조사관을 참여시킬 수 있다(경찰수사규칙 제27조 제1항). 경찰수사규칙 제27조 제1항에 따라 검시에 참여한 검시조사관은 변사자조사결과보고서를 작성하여야 한다(범죄수사규칙 제57조 제1항). 경찰관은 형사소송법 제222조 제1항 및 제3항에 따라 검시를 한 때에는 의사의 검안서,

촬영한 사진 등을 검시조서에 첨부하여야 하며, 변사자의 가족, 친족, 이웃사람, 관계자 등의 진술조서를 작성한 때에는 그 조서도 첨부하여야 한다 (범죄수사규칙 제57조 제2항).

(다) 검시와 참여자: 사법경찰관리는 검시에 특별한 지장이 없다고 인정하면 변사자의 가족·친족, 이웃사람·친구, 시·군·구·읍·면·동의 공무원이나 그 밖에 필요하다고 인정하는 사람을 검시에 참여시켜야 한다(경찰수사규칙 제30조). 검시는 사망이 범죄로 인한 것인가를 판단하기 위하여 오관의 작용으로 사체의 상황을 검사하는 처분으로서 그 목적을 달성하기 위하여 필요한 최소한도 내에서 일정한 처분이 허용된다.[24] 따라서 검시를 위하여 변사자가 있는 장소에 들어가고, 변사자의 신체검사와 지문채취를 행하거나 의사로 하여금 검안하게 하며, 소지품이나 유류품 등을 검사하는 정도의 처분은 검시처분으로서 허용된다.

(라) 검시의 주의사항: 사법경찰관리는 검시할 때에는 다음 각 호의 사항에 주의해야 한다(경찰수사규칙 제29조).

1. 검시에 착수하기 전에 변사자의 위치, 상태 등이 변하지 않도록 현장을 보존하고, 변사자 발견 당시 변사자의 주변 환경을 조사할 것
2. 변사자의 소지품이나 그 밖에 변사자가 남겨 놓은 물건이 수사에 필요하다고 인정되는 경우에는 이를 보존하는 데 유의할 것

---

24) 여기서 검시는 사법검시를 지칭하며 범죄에 기인되지 아니한 행려사망자 등에 대하여 행정목적에 따라 행해지는 행정검시와는 구별되는 개념이다. 행정검시의 예로서는 사망자에 대하여 등록이 되어 있는지 여부가 분명하지 아니하거나 사망자를 인식할 수 없는 때에는 경찰공무원은 검시조서를 작성·첨부하여 지체 없이 사망지의 시·읍·면의 장에게 사망의 통보를 하여야 한다(가족관계의 동록등에 관한 법률 제90조 제1항). 규정 등이 있다.

3. 검시하는 경우에는 잠재지문 및 변사자의 지문 채취에 유의할 것
4. 자살자나 자살로 의심되는 사체를 검시하는 경우에는 교사자(敎唆者) 또는 방조자의 유무와 유서가 있는 경우 그 진위를 조사할 것
5. 등록된 지문이 확인되지 않거나 부패 등으로 신원확인이 곤란한 경우에는 디엔에이(DNA) 감정을 의뢰하고, 입양자로 확인된 경우에는 입양기관 탐문 등 신원확인을 위한 보강 조사를 할 것
6. 신속하게 절차를 진행하여 유족의 장례 절차에 불필요하게 지장을 초래하지 않도록 할 것

특히 익사자의 경우는 사체 자체만으로는 투신자살인지, 과실사인지, 살인인지 그 사인이 불명한 때가 많으므로 소지품을 잘 검토하고 변사자의 유족, 친족, 인거인, 친구, 변사전 최후에 변사자를 본 사람 등의 진술을 세심하게 검토하여 사인을 규명하여야 한다.

(마) 검시의 요령과 주의사항 등: 경찰관은 검시를 할 때에는 다음 각 호의 사항을 면밀히 조사하여야 한다(범죄수사규칙 제58조 제1항).

1. 변사자의 등록기준지 또는 국적, 주거, 직업, 성명, 연령과 성별
2. 변사장소 주위의 지형과 사물의 상황
3. 변사체의 위치, 자세, 인상, 치아, 전신의 형상, 상처, 문신 그 밖의 특징
4. 사망의 추정연월일
5. 사인(특히 범죄행위에 기인 여부)
6. 흉기 그 밖의 범죄행위에 사용되었다고 의심되는 물건
7. 발견일시와 발견자

8. 의사의 검안과 관계인의 진술
9. 소지금품 및 유류품
10. 착의 및 휴대품
11. 참여인
12. 중독사의 의심이 있을 때에는 증상, 독물의 종류와 중독에 이른 경우

경찰관은 변사자에 관하여 검시, 검증, 해부, 조사 등을 하였을 때에는 특히 인상·전신의 형상·착의 그 밖의 특징 있는 소지품의 촬영, 지문의 채취 등을 하여 향후의 수사 또는 신원조사에 지장을 초래하지 않도록 하여야 한다(범죄수사규칙 제58조 제2항).

(바) 검시·검증에 연속된 수사

사법경찰관은 형사소송법 제222조(변사자의 검시)에 따른 검시 또는 검증 결과 사망의 원인이 범죄로 인한 것으로 판단하는 경우에는 신속하게 수사를 개시해야 한다(경찰수사규칙 제27조 제2항).

(사) 사체의 인도

1) 사법경찰관은 변사자에 대한 검시 또는 검증이 종료된 때에는 사체를 소지품 등과 함께 신속히 유족 등에게 인도한다. 다만, 사체를 인수할 사람이 없거나 변사자의 신원이 판명되지 않은 경우에는 사체가 현존하는 지역의 특별자치시장·특별자치도지사·시장·군수 또는 자치구의 구청장에게 인도해야 한다(경찰수사규칙 제31조 제1항). 사법경찰관은 제1항에 따라 사체를 인도한 경우에는 인수자로부터 사체 및 소지품 인수서를 받아야 한다(동규칙 제31조 제3항). 경찰수사규칙 제31조 제1항(사체의 인도)에 따라 시체를 인도하였을 때에는 인수자에게 검시필증을 교부해야 한다(범죄수사규칙 제59조 제1항).

2) 경찰수사규칙 제31조 제1항(사체의 인도) 본문에서 검시 또는 검증이 종료된 때는 다음 각 호의 구분에 따른 때를 말한다(경찰수사규칙 제31조 제2항).

1. 검시가 종료된 때: 다음 각 목의 어느 하나에 해당하는 때

가. 수사준칙 제17조 제2항(변사자의 검시 등)에 따라 검사가 사법경찰관에게 검시조서를 송부한 때

나. 수사준칙 제17조 제3항에 따라 사법경찰관이 검사에게 검시조서를 송부한 이후 검사가 의견을 제시한 때

2. 검증이 종료된 때: 부검이 종료된 때

3) 변사체는 후일을 위하여 매장함을 원칙으로 한다(범죄수사규칙 제59조 제2항).

(아) 「가족관계의 등록 등에 관한 법률」에 의한 통보

경찰관은 변사체의 검시를 한 경우에 사망자의 등록기준지가 분명하지 않거나 사망자를 인식할 수 없을 때에는 「가족관계의 등록 등에 관한 법률」제90조 제1항(등록불명자 등의 사망)에 따라 지체 없이 사망지역의 시·구·읍·면의 장에게 검시조서를 첨부하여 사망통지서를 송부하여야 한다(범죄수사규칙 제60조 제1항). 제1항에 따라 통보한 사망자가 등록이 되어 있음이 판명되었거나 사망자의 신원을 알 수 있게 된 때에는 「가족관계의 등록 등에 관한 법률」제90조 제2항에 따라 지체 없이 그 취지를 사망지역의 시·구·읍·면의 장에게 통보하여야 한다(동조 제2항).

다. 불심검문

경찰관은 다음 각 호의 어느 하나에 해당하는 사람을 정지시켜 질문할 수 있다(경찰관직무집행법 제3조 제1항).

1. 수상한 행동이나 그 밖의 주위 사정을 합리적으로 판단하여 볼 때 어떠한 죄를 범하였거나 범하려 하고 있다고 의심할 만한 상당한 이유가 있는 사람
2. 이미 행하여진 범죄나 행하여지려고 하는 범죄행위에 관한 사실을 안다고 인정되는 사람

따라서 불심검문은 범죄의 예방·진압 및 수사(경찰관직무집행법 제2조 제2호)를 그 직무내용으로 하는 경찰관의 고유한 권한이다.

불심검문의 결과 혐의가 있다고 사료되면 수사가 개시되겠으나 불심검문 그 자체는 수사가 아니며 불심검문의 권한만으로 상대방을 구속하거나 그 의사에 반하여 동행(동법 제3조 제2항)이나 답변을 강요할 수 없다(동법 제3조 제7항).

경찰관은 경찰관직무집행법 제3조 제1항에 규정된 자에 대하여 질문을 할 때에 흉기의 소지 여부를 조사할 수 있다(동법 제3조 제3항). 다만, 이 법에 규정된 경찰관의 직권은 그 직무수행에 필요한 최소한도 내에서 행사되어야 하며 이를 남용되어서는 아니 된다(동법 제1조 제2항). 어느 한도까지 이를 허용할 것인가는 구체적 상황에 따라 개인의 자유와 공공의 질서를 비교교량하여 판단할 수밖에 없다.

한편 주민등록법은 "사법경찰관리가 범인을 체포하는 등 그 직무를 수행할 때에 17세 이상인 주민의 신원이나 거주 관계를 확인할 필요가 있으면 주민등록증의 제시를 요구할 수 있다. 이 경우 사법경찰관리는 주민등록증을 제시하지 아니하는 자로서 신원을 증명하는 증표나 그 밖의 방법에 따라 신원이나 거주 관계가 확인되지 아니하는 자에게는 범죄의 혐의가 있다고 인정되는 상당한 이유

가 있을 때에 한정하여 인근 관계 관서에서 신원이나 거주 관계를 밝힐 것을 요구할 수 있다(주민등록법 제26조 제1항)."고 규정하고 있다. 이것도 불심검문의 일종으로서 인근관계관서에 동행을 요구받은 사람은 불심검문에서와 같이 이를 거절할 수 있다고 하여야 할 것이다(경찰관직무집행법 제3조 제2항).

라. 타사건 수사중 범죄발견(여죄의 발견)

어느 특정사건을 수사하던 중 그것이 단서로 되어 다른 사건의 수사가 개시되는 수가 있다. 예컨대, 회사의 임원에 대한 재산범죄의 고소·고발사건을 수사하던 중 회사의 비밀장부를 발견하여 이른 바, 비자금의 행방을 추궁함으로써 증수뢰죄 등으로 발전하거나 성폭력 사건을 증거확보를 위해 디지털매체에 대한 디지털포렌식을 통해 불법촬영 등을 발견하는 것과 같은 것이다.

이러한 경우에 새로운 범죄사실을 인지하여 수사하게 되는 데 새로 인지한 범죄사실에 대하여도 고발이 소추요건인 경우에는 고발을 의뢰하거나 또는 소속관서에 대한 통보 등 반드시 필요한 절차를 밟아야 하므로 실무상 특히 유의하여야 한다. 또 타사건 수사중 새로운 범죄사실을 발견하였을 때는 별도의 사건번호를 부여하고 인지 절차를 밟아야 하며 관련 사건으로 합철 처리하기도 한다.

마. 범죄에 관한 정보·풍문·진정·익명의 신고

경찰관은 범죄에 관한 정보, 출판물, 방송, 인터넷, 익명의 신고, 풍문, 피해자나 제3자의 진정·탄원·투서, 고소·고발에 이르지 아니하는 단순한 범죄사실의 신고, 익명의 신고 등도 수사의 단서로 될 수 있다.

그러나 이러한 수사의 단서에 의하여서는 그 출처의 불명·신빙성의 미약·소추 요구 의사의 결여 등 사유로 인하여 곧바로 수사가 개시되지 아니하고 통상 일단 입건 전 조사의 진행을 거쳐 비로소 수사가 개시된다.

4. 자수, 피해자 신고 등 타인의 체험을 청취한 경우

경찰관은 범죄로 인한 피해신고, 고소·고발이 있는 경우 관할 여부를 불문하고 이를 접수하여야 한다. 다만, 경찰관은 고소 · 고발은 제7조(사건의 관할)에 규정된 관할권이 없어 계속 수사가 어려운 경우에는 경찰수사규칙 제96조(사건의 이송)에 따라 책임수사가 가능한 관서로 이송하여야 한다(범죄수사규칙 제49조).

가. 고소

(1) 고소의 의의

범죄로 인한 피해자는 고소할 수 있다(형사소송법 제223조). 고소란 범죄의 피해자 또는 그와 일정한 관계에 있는 고소권자가 수사기관에 대하여 범죄사실을 신고하여 범인의 처벌을 희망하는 의사표시이다.

고소는 피해자 등 고소권자가 행하는 점에서 일반인이 행하는 고발과 구별되고 처벌을 희망하는 의사표시를 핵심요소로 한다는 점에서 단순한 범죄사실의 신고와 다르다. 따라서 수사기관이 고소권자를 참고인으로 신문한 경우에 그 진술에서 범인의 처벌을 요구하는 의사표시를 하고 그 의사표시가 조서에 기재되었을 때에는 고소의 요건은 구비되었다고 하겠다.[25] 고소는 일반적으로 수사개시의 단서가 된다는 것 외에 특별한 소송법적인 의미는 없다. 그러나 친고죄에 있어서는 소송조건이 된다.

(2) 고소의 방식

고소 또는 그 취소는 대리인으로 하여금 하게 할 수 있다(형사소송법 제236조). 고소 또는 고발은 서면 또는 구술로써 검사 또는 사법경찰관에게 하여야 한다(동법 제237조 제1항). 구술에 의한 고소 또는 고발을 받은 때에는 조서를 작성하여야 한다(동조 제2항). 고소 조서는 반드시 독립된 조서일 필요가 없다.[26] 수사기관이 피해자에 대하여 고소의 의사 유무를 묻고 피해자가 고소의 의사표시를 한때에도 고소는 적법하다.

(3) 고소사건의 처리

(가) 처리기간

검사가 고소 또는 고발에 의하여 범죄를 수사할 때에는 고소 또는 고발을 수리한 날로부터 3월이내에 수사를 완료하여 공소제기 여부를 결정하여야 한다(형사소송법 제257조). 사법경찰관이 고소 또는 고발을 받은 때에는 신속히 조사하여 관계서류와 증거물을 검사에게 송부하여야 하고(동법 제238조), 고소·고발을 수리한 날부터 3개월 이내에 수사를 마쳐야 한다.

(나) 고소인 등에의 처분 고지

검사는 고소 또는 고발 있는 사건에 관하여 공소를 제기하거나 제기하지 아니하는 처분, 공소의 취소 또는 제256조(타관송치)의

25) 대판 66. 1. 31. 65도1089
26) 대판 85. 3. 12. 85도190

송치를 한 때에는 그 처분한 날로부터 7일 이내에 서면으로 고소인 또는 고발인에게 그 취지를 통지하여야 한다(형사소송법 제258조 제1항). 검사는 불기소 또는 제256조(타관송치)의 처분을 한 때에는 피의자에게 즉시 그 취지를 통지하여야 한다(동법 제258조 제2항).

(다) 수사사항

고소사건을 수사할 때에는 고소권의 유무, 자기 또는 배우자의 직계존속에 대한 고소 여부, 친고죄에 있어서는 형사소송법 제230조(고소기간) 소정의 고소기간의 경과 여부, 피해자의 명시한 의사에 반하여 죄를 논할 수 없는 사건에 있어서는 처벌을 희망하는가의 여부를 각각 조사하여야 한다(범죄수사규칙 제53조 제2항).

고발사건을 수사할 때에는 자기 또는 배우자의 직계존속에 대한 고발인지 여부, 고발이 소송조건인 범죄에 있어서는 고발권자의 고발이 있는지 여부 등을 조사하여야 한다(동조 제3항).

(4) 고소사건의 처리에 대한 불복방법

(가) 고소인 등의 이의신청

사법경찰관은 형사소송법 제245조의5 제2호(사법경찰관의 사건송치 등)의 경우에는 그 송부한 날부터 7일 이내에 서면으로 고소인 또는 그 법정대리인(피해자가 사망한 경우에는 그 배우자·직계친족·형제자매를 포함한다)에게 사건을 검사에게 송치하지 아니하는 취지와 그 이유를 통지하여야 한다(형사소송법 제245조의6). 형사소송법 제245조의6(고소인 등에 대한 송부통지)의 통지를 받은 사람은 해당 사법경찰관의 소속관서의 장에게 이의를 신청할 수 있다(형사소송법 제245조의7). 사법경찰관은 형사소송법 제245조의8 제2항(재수사요청 등)에 따라 재수사 중인 사건에 대해 형사소송법 제245조의7 제1항(고소인 등의 이의신청)에 따른 이의신청이 있는 경우에는 재수사를 중단해야 하며, 같은 조 제2항에 따라 해당 사건을 지체 없이 검사에게 송치하고 관계 서류와 증거물을 송부해야 한다(수사준칙 제65조).

(나) 재정신청

고소권자로서 고소를 한 자[27]는 검사로부터 공소를 제기하지 아니한다는 통지를 받은 때에는 그 검사 소속의 지방검찰청 소재지를 관할하는 고등법원에 그 당부에 관한 재정을 신청할 수 있다(형사소송법 제260조 제1항). 사법경찰관이 수사 중인 사건이 형사소송법 제260조 제2항 제3호(재정신청)에 해당하여 같은 조 제3항에 따라 지방검찰청 검사장 또는 지청장에게 재정신청서가 제출된 경우 해당 지방검찰청 또는 지청 소속 검사는 즉시 사법경찰관에게 그 사실을 통보해야 한다(수사준칙 제66조 제1항). 사법경찰관은 제1항의 통보를 받으면 즉시 검사에게 해당 사건을 송치하고 관계 서류와 증거물을 송부해야 한다(동조 제2항). 또 고소인은 헌법상 기본권의 침해를 이유로 헌법소원을 제기할 수 있다(헌법재판소법 제68조 제1항).

- 재정신청 대상 범죄의 확대로 검사의 불기소 처분에 대한 사법심사의 폭이 확대됨에 따라 검사의 불기소처분 뿐만 아니라 경찰 수사결과 및 수사의 적정성 부분도 더불어 사법판단을 받게 되고
- 검사의 입장에서도 재정신청을 감안 고소사건 불기소 처리에 신중을 기하게 될 것임
- 아울러 재정신청 심리중 경찰수사의 문제점이 고소인에 의하여 제기될 가능성이 높아 고소사건 처리에 대한 경찰의 수사주체로서의 책임있는 자세가 필요할 것임

27) 구법은 재정신청 대상범죄를 형법 제123조(직권남용), 제124조(불법 체포·감금), 제125조(폭행·가혹행위)의 죄로 한정되어 있었다.

나. 고발

누구든지 범죄가 있다고 사료하는 때에는 고발할 수 있다(형사소송법 제234조 제1항). 고소권자, 범인 이외의 제3자가 수사기관에 대하여 범죄사실을 신고하여 범인의 처벌을 희망하는 의사표시를 말한다. 공무원은 그 직무를 행함에 있어 범죄가 있다고 사료되는 때에는 고발하여야 한다(동조 제2항). 그러나 공무원이라 하더라도 직무집행과 관계없이 또는 우연히 알게 된 범죄에 대하여는 고발의무가 없다.

고발이란 범죄사실을 수사기관에 고하여 그 소추를 촉구하는 것으로서 범인을 지적할 필요가 없는 것이고 또한 고발에서 지정한 범인이 진범인이 아니더라도 고발의 효력에는 영향이 없는 것이므로, 고발인이 농지전용행위를 한 사람을 갑으로 잘못 알고 갑을 피고발인으로 하여 고발하였다고 하더라도 을이 농지전용행위를 한 이상 을에 대하여도 고발의 효력이 미친다[28].

고발은 원칙적으로 단순한 수사의 단서에 그친다. 그러나 예외적으로 공무원의 고발을 기다려 죄를 논하게 되는 소위 즉시 고발사건의 경우에는 고발이 친고죄의 고소와 같이 소송조건으로서의 성질을 가진다.

고발이 소추요건으로 된 경우 가운데 취급 행정기관이 통고처분을 할 수 있는 경우(조세사범, 관세사범, 출입국관리사범)에는 원칙적으로 통고처분 절차를 거쳐야 하고, 도망할 염려·징역형 해

28) 대법원 1994. 5. 13. 선고, 94도458, 판결

당·무자력·주소나 거소의 불분명으로 통고처분이 곤란한 때 등 일정한 경우에만 소위 즉시 고발을 하게 되어 있다. 따라서 이 경우에는 고발장에 고발이유 즉 통고 불이행 또는 즉시 고발사유를 자세히 기재하여야 한다. 즉시 고발의 경우에 있어서는 고소·고발 불가분의 원칙이 적용되지 아니한다. 이는 친고죄의 고소와는 달리 즉시 고발사유가 피고발자의 개별사정에 의하여 결정되므로 국가소추권 행사에 불공평을 초래하지 아니하기 때문이다.[29]

고발의 방식, 처리절차는 고소의 경우에 준한다(동법 제239조, 제237조, 제238조, 제257조). 다만, 고발의 경우에는 고소와 달리 대리 고발이 허용되지 않으며 고발기간의 제한이 없다. 그러나 즉시 고발사건의 고발취소는 친고죄의 고소취소에 준하여 가능하다. 고발사건의 처리에 있어서 검사의 통지의무 및 불복방법은 고소의 경우와 같다. 다만, 헌법소원은 공권력의 행사 또는 불행사로 인하여 기본권의 침해가 있을 것을 요건으로 하고 있고, 그 기본권은 심판청구인 자신이 직접 그리고 현재 침해당한 경우라야 하므로 이러한 기본권의 피해자에게만 헌법소원이 허용되는 것인데, 고발인은 범죄의 피해자가 아니므로 검사가 자의적으로 불기소처분을 하였다고 하더라도 특별한 사정이 없는 한 자기의 기본권이 침해되었음을 이유로 자기관련성을 내세워 헌법소원심판을 청구할 수 없다는 것이 헌법재판소의 다수의견이다.[30] 반대의견은 검사가 고발사건의 수사를 현저히 소홀히 하는 등 잘못 다룬 끝에 불기소처분하였다면 이는 검사가 검찰권행사에 있어 그 고발인을 차별대우하여 평등권을 침해한 것에 다름 없으므로, 고발인은 공권력(검찰

29) 사법연수원, 「수사절차론」, 성문인쇄사, 2008. P.34.
30) 헌법재판소 1990. 12. 26. 90헌마20

권)의 행사로 인하여 헌법상 보장된 기본권(평등권)을 침해당한 자로서 헌법소원심판을 청구할 수 있는 자임이 분명하고 고발인을 고소인과 다르게 다룰 이유가 없다.

다. 피해신고

경찰관은 범죄로 인한 피해신고가 있는 경우에는 관할 여부를 불문하고 이를 접수하여야 한다(범죄수사규칙 제47조 제1항). 신고란 수사기관에 범죄의 발생을 알려 수사에 착수하도록 직권발동을 촉구하는 것을 말하며 범인에 대한 처벌희망을 핵심요소로 하지 않는다는 점에서 고소, 고발과 구분된다. 경찰관은 범죄수사규칙 제47조 제1항의 신고가 구술에 의한 것일 때에는 신고자에게 피해신고서 또는 진술서를 작성하게 할 수 있다. 이 경우 신고자가 피해신고서 또는 진술서에 그 내용을 충분히 기재하지 않았거나 기재할 수 없을 때에는 진술조서를 작성하여야 한다(동규칙 제47조 제3항). 신고의 주체는 범죄의 피해자나 목격자 혹은 우연히 범죄의 발생을 알게 된 제3자 일 수 있고, 때로는 범인이 신고하는 경우도 있다. 신고자가 자신의 신원을 밝히는 경우도 있고, 익명 또는 허무인 명의로 신고하는 경우도 있다. 신원을 밝혀 신고하는 경우는 수사에 필요한 참고인을 확보하는 유력한 수단이 되므로 신고인의 협력을 이끌어 낼 수 있도록 관심을 갖고 대응하여야 한다. 경찰관은 범죄수사규칙 제47조 제1항의 피해신고 중 범죄에 의한 것이 아님이 명백한 경우 피해자 구호 등 필요한 조치를 행한 후 범죄인지는 하지 않는다(동규칙 제47조 제2항).

라. 자수

자수란 범인이 수사기관에 대하여 자발적으로 자기의 범죄사실을 신고하는 것을 말한다. 자수는 구두나 서면으로 할수 있고, 그에 대한 절차는 고소 및 고발의 경우와 같다(형사소송법 제240조).

자수는 자복과 함께 실체법상 형의 임의적 감면사유를 되지만(형법 제52조 제1항, 제2항), 형사소송법상으로는 수사의 단서로 되며 자수가 있으면 바로 수사가 개시된다.

자수에 의한 진술은 대부분의 경우 신빙성을 가지고 있다고 보아야 하므로 범인이 자수하였을 때에는 범죄사실의 내용은 물론 공범 유무, 증거물의 유무, 자수하기까지의 경위 등 범죄사실과 관계있는 중요한 사항을 상세히 물어야 하며 타인의 범죄사실이나 자기의 더 큰 범죄사실을 은폐하기 위한 가장 자수가 아닌지 여부까지도 철저히 밝혀야 한다.

제3절 입건전 조사

1. 총설

가. 입건전 조사

사법경찰관은 수사준칙 제16조 제3항에 따른 입건 전에 범죄를 의심할 만한 정황이 있어 수사 개시 여부를 결정하기 위한 사실관계의 확인 등 필요한 조사(이하 “입건전 조사”라 한다)에 착수하기 위해서는 해당 사법경찰관이 소속된 경찰관서의 수사 부서의 장(이하 “소속 수사부서장”이라 한다)의 지휘를 받아야 한다(경찰수사규칙 제19조 제1항). 경찰관은 신속·공정하게 조사를 진행하여야 하며, 관련 혐의 및 관계인의 정보가 정당한 사유 없이 외부로 유출되거나 공개되는 일이 없도록 하여야 한다.

나. 입건전 조사의 분류

입건 전 조사사건은 다음 각 호와 같이 분류한다.

1. 진정사건: 범죄와 관련하여 진정·탄원 또는 투서 등 서면으로 접수된 사건
2. 신고사건: 범죄와 관련하여 112신고·방문신고 등 서면이 아닌 방법으로 접수된 사건
3. 첩보사건

   가. 경찰관이 대상자, 범죄혐의 및 증거 자료 등 조사 단서에 관한 사항을 작성·제출한 범죄첩보 사건

나. 범죄에 관한 정보, 풍문 등 진상을 확인할 필요가 있는 사건

4. 기타조사사건: 제1호부터 제3호까지를 제외한 범죄를 의심할 만한 정황이 있는 사건

다. 입건전 조사의 기본

입건전 조사도 수사와 연계되어 광의의 형사소송절차의 일부를 이루고 있는 것이므로 형사소송전반에 적용되는 지도원리로서 실체적 진실주의와 적법절차의 원칙은 그대로 타당하고 입건전 조사의 조건도 수사의 조건과 동일하다. 경찰관은 피조사자와 그 밖의 피해자 · 참고인 등(이하 "관계인"이라 한다)에 대한 입건전 조사를 실시하는 경우 관계인의 인권보호에 유의하여야 한다. 조사는 임의적인 방법으로 하는 것을 원칙으로 하고, 대물적 강제 조치를 실시하는 경우에는 법률에서 정한 바에 따라 필요 최소한의 범위에서 남용되지 않도록 유의하여야 한다.

라. 입건전 조사의 근거

(1) 형사소송법

> 제199조 (수사와 필요한 조사)①수사에 관하여는 그 목적을 달성하기 위하여 필요한 조사를 할 수 있다. 다만, 강제처분은 이 법률에 특별한 규정이 있는 경우에 한한다.
>
> ②수사에 관하여는 공무소 또는 공사단체에 조회하여 필요한 사항의 보고를 요구할 수 있다.

위 조항이 입건 전 조사란 용어를 쓰지는 않았지만 형사소송법상 입건 전 조사의 근거를 찾자면 바로 이 조항으로 보아야 할 것

이다. 입건 전 조사도 광의의 수사의 일부로서 수사의 전단계에서 범죄의 혐의 유무를 확인한다고 하는 수사목적을 달성하기 위한 조사활동이기 때문이다.

(2) 수사준칙·경찰수사규칙

검사와 사법경찰관은 입건 전에 범죄를 의심할 만한 정황이 있어 수사 개시 여부를 결정하기 위한 사실관계의 확인 등 필요한 조사를 할 때에는 적법절차를 준수하고 사건관계인의 인권을 존중하며, 조사가 부당하게 장기화되지 않도록 신속하게 진행해야 한다(수사준칙 제16조 제3항). 경찰수사규칙 제19조에서는 입건전 조사에 관한 사항을 규정하고 있다.

(3) 입건전 조사사건 처리에 관한 규칙

입건전 조사사건 처리에 관한 규칙 제1조에서는 "이 규칙은 입건전 조사와 관련한 세부 절차를 규정함으로써 입건전 조사 사무의 적정한 운영을 도모하는 것을 목적으로 한다. 고 규정하고, 제2장 입건전 조사의 착수, 제3장 입건전 조사의 진행, 제4장 입건전 조사의 종결 등, 제5장 보칙 등에 관하여 처리지침을 두어 이를 규정하고 있다.

2. 입건전 조사의 착수 및 진행

가. 조사사건의 수리

조사사건에 대해 수사의 단서로서 조사할 가치가 있다고 인정되는 경우에는 이를 수리하고, 소속 수사부서장에게 보고하여야 한다. 사건을 수리하는 경우 형사사법정보시스템에 관련 사항을 입력하여야 하며 입건전 조사사건부에 기재하여 관리하여야 한다.

나. 첩보사건의 수리

경찰관은 첩보사건의 조사를 착수하고자 할 때에는 입건전 조사착수보고서를 작성하고, 소속 수사부서의 장에게 보고하고 지휘를 받아야 한다. 수사부서의 장은 수사 단서로서 조사할 가치가 있다고 판단하는 사건 · 첩보 등에 대하여 소속 경찰관에게 입건전 조사착수지휘서에 의하여 조사의 착수를 지휘할 수 있다. 경찰관은 소속 수사부서의 장으로부터 조사착수지휘를 받은 경우 형사사법정보시스템에 피조사자, 피해자, 혐의내용 등 관련 사항을 입력하여야 한다.

다. 입건전 조사의 진행

입건전 조사의 보고 · 지휘, 출석요구, 진정 · 신고사건의 진행상황의 통지, 각종 조서작성, 압수 · 수색 · 검증을 포함한 강제처분 등 구체적인 조사 방법 및 세부 절차에 대해서는 그 성질이 반하지 않는 한 경찰수사규칙, 범죄수사규칙을 준용[31]한다. 이 경우 '수사'를 '조사'로 본다.

신고 · 진정 · 탄원에 대해 입건전 조사를 개시한 경우, 경찰관은 다음 각 호의 어느 하나에 해당하는 날부터 7일 이내에 진정인 · 탄원인 · 피해자 또는 그 법정대리인(피해자가 사망한 경우에는 그 배우자 · 직계친족 · 형제자매를 포함한다. 이하 "진정인등"이라

31) 경찰수사규칙 제11조 제1항(수사진행상황의 통지) 규정 개정(2023. 11. 1. 시행).

한다)에게 조사 진행상황을 통지해야 한다. 다만, 진정인등의 연락처를 모르거나 소재가 확인되지 않으면 연락처나 소재를 알게된 날로부터 7일 이내에 조사 진행상황을 통지해야 한다.

1. 신고 · 진정 · 탄원에 따라 조사에 착수한 날
2. 제1호 따라 조사에 착수한 날부터 3개월이 지난 날
3. 제2호에 따른 통지를 한 날부터 매 1개월이 지난 날

경찰관은 조사 기간이 3개월을 초과하는 경우 입건 전 조사진행상황보고서를 작성하여 소속 수사부서의 장에게 보고하여야 한다.

3. 입건전 조사의 종결

사법경찰관은 입건 전 조사한 사건을 다음 각 호의 구분에 따라 처리해야 한다.

1. 입건: 범죄의 혐의가 있어 수사를 개시하는 경우
2. 입건 전 조사종결: 경찰수사규칙 제108조 제1항 제1호(혐의없음), 제2호(죄가안됨), 제3호(공소권없음)까지의 규정에 따른 사유가 있는 경우
3. 입건 전 조사중지: 피혐의자 또는 참고인 등의 소재불명으로 입건 전 조사를 계속할 수 없는 경우
4. 이송: 관할이 없거나 범죄특성 및 병합처리 등을 고려하여 다른 경찰관서 또는 기관(해당 기관과 협의된 경우로 한정한다)에서 입건 전 조사할 필요가 있는 경우
5. 공람 후 종결: 진정 · 탄원 · 투서 등 서면으로 접수된 신고가 다음 각 목의 어느 하나에 해당하는 경우

가. 같은 내용으로 3회 이상 반복하여 접수되고 2회 이상 그 처리 결과를 통지한 신고와 같은 내용인 경우

나. 무기명 또는 가명으로 접수된 경우

다. 단순한 풍문이나 인신공격적인 내용인 경우

라. 완결된 사건 또는 재판에 불복하는 내용인 경우

마. 민사소송 또는 행정소송에 관한 사항인 경우

가. 수사절차로의 전환

경찰관은 조사 과정에서 범죄혐의가 있다고 판단될 때에는 지체 없이 범죄인지서를 작성하여 소속 수사부서장의 지휘를 받아 수사를 개시하여야 한다. 수사를 개시한 조사 사건의 기록은 해당 수사기록에 합쳐 편철한다. 다만, 조사사건 중 일부에 대해서만 수사를 개시한 경우에는 그 일부 기록만을 수사기록에 합쳐 편철하고 나머지 기록은 조사 기록으로 분리하여 보존할 수 있으며 필요한 경우 사본으로 보존할 수 있다.

나. 불입건 결정 지휘

수사부서의 장은 조사에 착수한 후 6개월 이내에 수사절차로 전환하지 않은 사건에 대하여 경찰수사규칙 제19조 제2항 제2호부터 제5호까지의 사유에 따라 불입건 결정 지휘를 하여야 한다. 다만, 다수의 관계인 조사, 관련자료 추가확보·분석, 외부 전문기관 감정 등 계속 조사가 필요한 사유가 소명된 경우에는 6개월의 범위내에서 조사기간을 연장 할 수 있다. 경찰수사규칙 제19조에 따른 입건전 조사종결, 입건전 조사중지, 공람종결 결정은 불입건

편철서, 기록목록, 불입건 결정서의 서식에 따른다. 이송하는 경우에는 사건이송서를 작성하여야 한다.

4. 불입건 결정 통지

사법경찰관은 수사준칙 제16조 제4항에 따라 피혐의자(제19조 제2항 제2호에 따라 입건전조사 종결한 경우만 해당한다)와 진정인등에게 불입건 결정을 통지하는 경우에는 결정을 한 날부터 7일 이내에 통지해야 한다. 다만, 피혐의자나 진정인등의 연락처를 모르거나 소재가 확인되지 않으면 연락처나 소재를 알게 된 날부터 7일 이내에 통지해야 한다.

통지는 피혐의자 또는 진정인등이 요청한 방법으로 할 수 있고, 요청한 방법이 없으면 서면 또는 문자메시지로 한다. 서면 통지한 경우 불입건 결정 통지서 사본을, 그 밖의 방법으로 통지한 경우에는 그 취지를 적은 서면을 사건기록에 편철해야 한다.

통지로 인해 보복범죄 또는 2차 피해 등이 우려되는 다음 각 호의 경우에는 불입건 결정을 통지하지 않을 수 있고, 그 사실을 입건전 조사 보고서로 작성하여 사건기록에 편철해야 한다.

1. 혐의 내용 및 동기, 진정인 또는 피해자와의 관계 등에 비추어 통지로 인해 진정인 또는 피해자의 생명·신체·명예 등에 위해 또는 불이익이 우려되는 경우
2. 사안의 경중 및 경위, 진정인 또는 피해자의 의사, 피진정인·피혐의자와의 관계, 분쟁의 종국적 해결에 미치는 영향 등을 고려하여 통지하지 않는 것이 타당하다고 인정되는 경우

제4절 사건의 수리

1. 의의

사건의 수리라 함은 형사사건이 경찰관서 등 수사기관의 소속 부서에 접수되어 이에 사건번호가 부여되는 절차를 말한다.

수사가 개시되면 동시에 사건이 수리되므로 보통 수사의 개시와 사건의 수리는 일치하지만, 한 수사기관에서 이미 수사개시된 사건이 다른 수사기관에 수리되는 타관송치의 경우와 같이 서로 일치하지 않을 수도 있다.

범죄인지와 입건 및 사건의 수리는 서로 다르다. 범죄인지는 수사기관이 각종 수사의 단서에 의하여 곧바로 또는 입건 전 조사의 과정을 거쳐 적극적·능동적으로 범죄혐의를 인정하고 수사에 착수하는 처분을 말하는 것으로서 수사단서의 하나이고, 입건은 그 방법이 다양하며 범죄인지뿐만 아니라 그밖에 고소·고발·자수 등 수사의 단서에 의하여 소극적·수동적으로 수사가 개시되는 경우까지 포함하는 수사개시의 절차를 지칭하는 것이며, 사건의 수리는 입건뿐만 아니라 수사의 개시 여부와 관계없이 수사관서에 사건이 접수되는 것을 총칭하는 것이다.

2. 사건의 단위

형사소송법 제11조(관련사건의 정의)에 따른 관련사건 또는 범죄수사규칙 제14조 다음 각호에 해당하는 범죄사건은 1건으로 처리한다. 다만, 분리수사를 하는 경우에는 그렇지 않다(경찰수사규칙 제16조).

가. 형사소송법 제11조의 관련사건

1. 1인이 범한 수죄
2. 수인이 공동으로 범한 죄
3. 수인이 동시에 동일장소에서 범한 죄
4. 범인은닉죄, 증거인멸죄, 위증죄, 허위감정통역죄 또는 장물에 관한 죄와 그 본범의 죄

나. 범죄수사규칙 제14조 범죄사건은 1건으로 처리

1. 판사가 청구기각 결정을 한 즉결심판 청구 사건
2. 피고인으로부터 정식재판 청구가 있는 즉결심판 청구 사건

3. 사건의 수리사유

가. 사법경찰관이 범죄를 인지한 경우

사법경찰관은 범죄의 혐의가 있다고 판단되어 수사를 개시할 때에는 범죄인지 보고서를 작성하여야 한다(경찰수사규칙 제18조 제1항). 범죄인지서는 범죄사실의 요지, 죄명 및 적용법조, 수사단서 및 범죄 인지경위를 명백하게 기재하여야 한다(동조 제2항).

나. 경찰관이 고소·고발·자수를 받은 경우

다. 다른 경찰관으로부터 사건의 이송을 받은 경우

(1) 필요적 이송 사유

사법경찰관은 사건이 다음 각 호의 어느 하나에 해당하는 경우에는 해당 사건을 다른 경찰관서 또는 기관에 이송해야 한다(경찰수사규칙 제96조 제1항).

1. 사건의 관할이 없거나 다른 기관의 소관 사항에 관한 것인 경우
2. 법령에서 다른 기관으로 사건을 이송하도록 의무를 부여한 경우

(2) 임의적 이송 사유

사법경찰관은 사건이 다음 각 호의 어느 하나에 해당하는 경우에는 해당 사건을 다른 경찰관서 또는 기관(해당 기관과 협의된 경우로 한정한다)에 이송할 수 있다(경찰수사규칙 제96조 제2항).

1. 다른 사건과 병합하여 처리할 필요가 있는 등 다른 경찰관서 또는 기관에서 수사하는 것이 적절하다고 판단하는 경우
2. 해당 경찰관서에서 수사하는 것이 부적당한 경우

사법경찰관은 제1항 또는 제2항에 따라 사건을 이송하는 경우에는 사건이송서를 사건기록에 편철하고 관계 서류와 증거물을 다른 경찰관서 또는 기관에 송부해야 한다(경찰수사규칙 제96조 제3항).

라. 검사 이송 사건의 처리

(1) 사법경찰관은 수사준칙 제18조에 따라 검사로부터 사건을 이송받은 경우에는 지체 없이 접수하여 처리한다(경찰수사규칙 제32조).

(2) 검사의 사건 이송 등

(가) 필요적 이송 사유: 수사준칙 제18조 제1항

검사는 검찰청법 제4조 제1항 제1호 각목에 해당되지 않는 범죄에 대한 고소·고발·진정 등이 접수된 때에는 사건을 검찰청외의 수사기관에 이송해야 한다.

(나) 임의적 이송 사유: 수사준칙 제18조 제2항

검사는 다음 각 호의 어느 하나에 해당하는 때에는 사건을 검찰청 외의 수사기관에 이송할 수 있다.

1. 법 제197조의4 제2항 단서(사법경찰관이 영장을 신청한 경우)에 따라 사법경찰관이 범죄사실을 계속 수사할 수 있게 된 때
2. 그 밖에 다른 수사기관에서 수사하는 것이 적절하다고 판단되는 때

검사는 제1항 또는 제2항에 따라 사건을 이송하는 경우에는 관계 서류와 증거물을 해당 수사기관에 함께 송부해야 한다(수사준칙 제18조 제3항). 검사는 제18조 제2항 제2호에 따른 이송을 하는 때에는 특별한 사정이 없는 한 사건을 수리한 날부터 1개월 이내에 해야 한다(수사준칙 제18조 제4항).

마. 고위공직자범죄 등 인지 통보

사법경찰관은 고위공직자범죄수사처 설치 및 운영에 관한 법률 제24조 제2항에 따라 고위공직자범죄 등 인지 사실을 통보하는 경우에는 고위공직자범죄 등 인지통보서에 따른다(경찰수사규칙 제33조).

제3장
강제수사
(强制搜査)

제1절 강제수사의 의의

1. 강제수사 법정주의

모든 국민은 신체의 자유를 가진다. 누구든지 법률에 의하지 아니하고는 체포 · 구속 · 압수 · 수색 또는 심문을 받지 아니하며, 법률과 적법한 절차에 의하지 아니하고는 처벌 · 보안처분 또는 강제노역을 받지 아니한다(헌법 제12조 제1항). 체포 · 구속 · 압수 또는 수색을 할 때에는 적법한 절차에 따라 검사의 신청에 의하여 법관이 발부한 영장을 제시하여야 한다(헌법 제12조 제3항).고 규정하여 헌법은 강제처분 법정주의 및 영장주의 원칙을 천명하고 있다.

또한, 형사소송법 제199조 제1항 단서에 강제처분은 이 법률에 특별한 규정이 있는 경우에 한하며, 필요한 최소한도의 범위 안에서만 하여야 한다고 규정하여 강제수사에 대한 헌법적 제한을 확인하고 있다. 그러므로 강제수사는 형사소송법 또는 기타 법률에 특별한 규정이 있는 경우에 필요한 최소한도의 범위 안에서만 행할 수 있는 수사방법으로서, 현행 형사소송법상으로는 ①피의자의 체포 ②피의자의 구속 ③압수·수색 및 검증 ④증거보전 ⑤증인신문의 청구 ⑥감정유치 ⑦감정에 필요한 처분이 있으며, 통신비밀보호법의 전기통신의 감청, 통신사실확인자료(통화내역) 등이 있다.

2. 강제수사의 의의[32)]

형사절차의 진행과 형벌의 집행을 확보하기 위하여 강제력을 사용하는 것을 강제처분이라 하고 수사기관의 강제처분에 의한 수사를 강제수사라고 한다. 범죄의 혐의 유무를 명백히 하고 공소의 제기와 유지 여부를 결정하기 위하여 범인을 발견·확보하고 증거를 수집·보전하는 등의 수사목적의 신속한 달성을 위하여 임의수사보다는 강제수사의 방법이 효과적이다. 그러나 강제수사는 헌법이 보장하는 국민의 기본적 인권에 직접적인 영향을 미치게 된다.

형사소송법과 법률에 근거를 둔 강제수사라 할지라도 그 구체적 실행과 기간 및 방법은 수사비례의 원칙에 따라 임의수사에 의하여서는 형사절차의 목적을 달성할 수 없는 경우에 필요최소의 한도 내에서만 허용되어야 할 것이다.

그러나 현행 형사소송법은 과거 권위주의적 통치시대에 문제되었던 공권력에 의한 인권침해에 대한 피해의식으로 인하여 그 반작용으로, 법체계가 서로 다른 영미법계 및 대륙법계의 피의자 인권보장에 관한 규정을 가리지 않고 모두 망라하여 형사소송절차에 도입하고 있다. 그 결과 체포·구속절차가 지나치게 복잡하여 비효율적이고, 체포적부심까지 도입되어 있는 데다가 보석제도도 기소 후는 물론 기소 전까지 허용하는 등 형사소송체계에 일관성이 없다는 지적과 함께 실체적 진실발견의 효율성을 저해하고 있다는 우려의 목소리가 있다.

---

32) 사법연수원, 「수사절차론」, 성문인쇄사, 2008. P.119-120.

선진제국에서는 일찍부터 피의자 뿐만아니라 참고인 등에 대하여도 강제수사를 폭넓게 인정해오고 있다. 특히 미국에서는 "범죄자로부터 사회방위"의 측면이 강조되면서 보석을 상당히 제한하는 경향이 두드러지고 있으며, 피의자 인권의 중시로 자칫 저하될 수 있는 수사기능의 효율성을 제고하기 위하여 사법방해죄[33] (Obstruction of Justice) 등의 제도적 보완책을 갖추는 등 사법정의의 실현을 위해 기본권을 일부 제한하는 법령을 제정하는 방법까지 동원하고 있는 것이 최근의 추세이다. 따라서, 형사소송법의 해석, 적용에 있어서 피의자의 인권보장과 아울러 실체적 진실발견을 통한 사법정의 구현의 필요성을 함께 고려함으로써 그 균형을 잃지 않도록 해야 한다.

---

33) Obstruction of Justice: In the United States 'Obstruction of Justice' refers to the act of impeding the proper functioning of a government agency, such as a court prosecutor's office, or legislature. Examples of such acts include threatening a witness, tampering with evidence or disobeying a court order.

제2절 피의자의 체포

1. 체포제도[34]의 의의

체포란 상당한 범죄혐의가 있고 일정한 사유가 존재하는 경우 일정한 시간동안 구속에 선행하여 피의자의 인신의 자유를 제한하는 수사처분을 말한다.

헌법은 체포·구속·압수 또는 수색을 할 때에는 적법한 절차에 따라 검사의 신청에 의하여 법관이 발부한 영장을 제시하여야 한다. 다만, 현행범인인 경우와 장기 3년 이상의 형에 해당하는 죄를 범하고 도피 또는 증거인멸의 염려가 있는 때에는 사후에 영장을 청구할 수 있다(헌법 제12조 제3항). 고 규정하고 있다. 체포제도란 일정한 요건 하에서의 체포행위에 대하여 적법성을 부여함으로써 수사의 합목적성을 기하는 한편 그 한계를 벗어난 체포행위를 엄격히 규제함으로써 인권보장을 강화하고자 하는 제도이다.

2. 영장에 의한 체포

가. 요건

피의자가 죄를 범하였다고 의심할 만한 상당한 이유가 있고, 정당한 이유없이 제200조[35]의 규정에 의한 출석요구에 응하지 아

34) 피의자의 체포: ①영장에 의한 체포 ②긴급체포 ③현행범인체포
35) 형사소송법 제200조: 검사 또는 사법경찰관은 수사에 필요한 때에는 피의자의 출석을 요구하여 진술을 들을 수 있다.

니하거나 응하지 아니할 우려가 있는 경우 체포영장에 의하여 피의자를 체포할 수 있다(형사소송법 제200조의2 제1항). 다만, 다액 50만원 이하의 벌금, 구류 또는 과료에 해당하는 사건에 관하여는 피의자가 일정한 주거가 없는 경우 또는 정당한 이유없이 제200조의 규정에 의한 출석요구에 응하지 아니한 경우에 한한다(동조 제1항 단서).

(1) 죄를 범하였다고 의심할 만한 상당한 이유

범죄의 혐의는 수사기관의 주관적 혐의만으로는 충분하지 않고 소명자료에 의하여 입증되는 객관적·합리적인 혐의를 말한다. 또 범죄의 혐의는 객관적으로 범죄가 행하여졌다는 사실과 주관적으로 피의자가 그 범죄사실의 범인이라는 점을 포괄한다. 범죄혐의의 유무는 합리적인 평균인을 기준으로 하여 판단하여야 한다.

체포영장의 발부사유로서 범죄의 혐의와 구속영장이 발부사유로서 범죄의 혐의가 서로 다른지에 대하여 견해가 대립되고 있으나 체포는 구속의 전단계에서 수사의 초기에 이루어지는 것으로 그 효력기간이 48시간(형사소송법 제200조의2 제5항)에 불과하고, 체포시에도 구속영장청구시와 같은 정도의 소명을 요구하는 것은 체포를 구속영장청구와 같이 취급하는 것으로 체포제도를 별도로 존치한 입법취지에도 부합하지 아니할 뿐만 아니라, 증거를 수집하기 위하여 임의동행을 강요하는 등 과거의 부당한 수사관행을 재발할 우려가 있는 점 등에 비추어 보면, 체포영장의 발부사유로서 범죄혐의는 구속영장 발부사유보다 그 심증의 정도가 약한 것으로 해석하는 것이 타당하다.[36]

---

36) 사법연수원, 「수사절차론」, 성문인쇄사, 2008. P.122.

(2) 출석불응 또는 출석불응의 우려

피의자가 정당한 이유없이 출석요구에 불응하였다는 것은 수사기관의 적법한 출석요구에 응하지 않아 신문을 하지 못하는 경우를 말한다.

체포영장에 의한 체포사유를 심사함에 있어, 피의자가 수사기관의 출석요구에 대하여 1회 응하지 아니한 경우에도 정당한 이유 없이 출석요구에 응하지 아니하였는가는 구체적인 사건에 따라 여러 가지 사정을 종합적으로 고려하여 판단하여야 한다(인신구속사무의 처리에 관한 예규 제15조 제1항). 따라서 단기간 피의자의 신병을 확보한다는 체포제도의 도입 취지 등에 비추어 볼 때 피의자가 출석요구에 1회 불응한 경우에도 출석요구에 응하지 아니한 경우로 체포영장 신청 요건이 될 수 있다. 다만, 피의자가 수사기관의 출석요구에 1회 불응한 경우에는 정당한 이유없이 출석요구에 응하지 아니하였는가는 구체적인 사건에 따라 여러 가지 사정을 종합적으로 고려하여 판단하여야 한다고 해석하는 것이 상당하다.

수사기관의 출석요구에 불응할 우려가 있는 경우라 함은 피의자가 도망하거나 지명수배 중에 있는 경우 등을 말한다(동예규 제15조 제2항). 또한 출석불응의 우려는 단순히 피의자가 도망하거나 지명수배 중에 있는 경우 뿐만 아니라 구속의 사유가 있는 경우 나아가 피의자가 부당하게 형사절차의 지연을 도모할 염려가 있는 경우까지도 포함하는 것으로 해석하는 것이 타당하다.

왜냐하면 체포는 수사 초기 단계에서 피의자를 48시간 이내 유치하는 제도이고 더구나 영장주의가 적용되는 범위 내이므로 죄를 범하였다고 의심할 만한 상당한 이유 이외의 사유는 원칙적으로 불필요하고 부득이 인정하는 경우에도 이는 최대한 넓게 인정하는 것이 체포제도의 본질에 부합하기 때문이다.[37]

따라서 일정한 주거가 없거나 사안이 중하여 수사기관의 범죄혐의 포착사실만으로도 도망, 증거인멸 또는 증인 위해의 염려가 있는 경우 혹은 공소시효 도과시까지나 여론이 무마될 때까지 출석요구에 응하지 아니할 우려가 있는 경우에도 체포할 수 있다.[38]

(3) 체포의 필요성

체포영장의 청구에는 체포의 사유 및 필요를 인정할 수 있는 자료를 제출하여야 한다(형사소송규칙 제96조 제1항).

체포의 필요를 판단함에 있어서는 피의자의 연령, 신분, 직업, 경력, 가족상황, 교우관계, 질병, 방랑성, 주벽, 전과, 집행유예기간 중인 여부, 자수 및 합의 여부 등 개인적인 사정 내지 정상과 범죄의 경중, 태양, 동기, 횟수, 수법, 규모, 결과 등 형법 제53조가 정한 양형조건 등 제반 사정을 종합적으로 고려하여 피의자가 도망할 염려가 있는지와 증거를 인멸할 염려가 있는지 여부를 판단하여야 한다(인신구속사무의 처리에 관한 예규 제16조 제1항).

다만, 체포영장의 제도는 수사의 초동단계에서 간이·신속한 절차로 48시간 이내 피의자의 신병을 확보하도록 하고 있다. 따라서 판사는 명백히 체포의 필요가 인정되지 아니하는 경우에는 체포영장을 발부하지 아니한다(형사소송법 제200조의2 제2항 단서).는 규정은 해석상 그 부존재가 명백한 경우에 한하여 체포를 하지 않게 하

37) 본래 체포제도는 위법적 요소가 있는 임의동행 대신 활용할 수 있는 적법절차를 마련한다는 데 그 입법취지가 있는 것이므로 범죄의 의심을 받고 있는 자에 대해서는 폭넓게 인정하는 것이 필요하다.
38) 사법연수원, 「수사절차론」, 성문인쇄사, 2008. P.123.

는 소극적 요건이다.

따라서 형사소송법에서 정한 명백히 체포의 필요가 없다고 인정되는 때라 함은 친고죄에 있어서 소추요건을 결한 경우, 피의자가 불출석 이유를 밝히지 않고 있으나 업무상 사유 등으로 출석이 어려운 상태에 있는 것이 확실한 경우, 피의사실이 경미한 벌금형에 해당하여 궐석재판이 가능하고 피의자에 대한 조사 없이도 기소할 정도로 수사가 사실상 완결된 경우 등으로 제한되어야 한다.

나. 체포영장의 신청

사법경찰관은 검사에게 신청하여 검사의 청구로 관할 지방법원판사의 체포영장을 발부받아 체포할 수 있다(형사소송법 제200조의2 제1항).

(1) 체포영장청구서의 기재사항(형사소송규칙 제95조)

(가) 피의자의 인적사항(제95조 제1항 제1호)

피의자의 성명(분명하지 아니한 때에는 인상, 체격, 그 밖에 피의자를 특정할 수 있는 사항), 주민등록번호 등, 직업, 주거를 기재하여야 한다. 주민등록번호가 없거나 이를 알 수 없는 경우에는 생년월일을 기재하며, 피의자의 직업·주거가 명백하지 않은 경우에는 그 취지를 기재하여야 한다.

(나) 변호인의 성명(제2호)

변호인선임서를 제출한 변호인의 성명을 기재한다.

(다) 죄명, 범죄사실의 요지 및 체포를 필요로 하는 사유(제3호, 제7호)

범죄사실의 혐의사실을 특정할 수 있을 정도로 기재하고 범죄사실 말미에 체포를 필요로 하는 사유를 구체적으로 기재한다.[39)]

(예1) 피의자는 정당한 이유없이 출석에 응하지 아니하는 자로서 도망 또는 증거인멸의 염려가 있다.
(예2) 피의자는 그 연령, 전과, 가정상황 등에 비추어 출석에 응하지 아니할 염려가 있는 자로서 도망 또는 증거인멸의 염려가 있다.
(예3) 피의자에게는 정해진 주거가 없고 도망의 염려가 있다.
(예4) 사건의 중대성에 비추어 체포할 필요성이 있다.
(예5) 도망중에 있어 체포할 필요가 있다.

사법경찰관은 형사소송법 제200조의2 제1항에 따라 체포영장을 신청하는 경우에는 체포영장 신청서에 따른다. 이 경우 현재 수사 중인 다른 범죄사실에 관하여 그 피의자에 대해 발부된 유효한 체포영장이 있는지를 확인해야 하며 해당사항이 있는 경우에는 그 사실을 체포영장 신청서에 적어야 한다(경찰수사규칙 제50조).

(라) 7일을 넘는 유효기간을 필요로 하는 때에는 그 취지 및 사유(제4호)

체포영장의 집행유효기간은 통상 7일로 하여 청구발부되나, 피의자의 연고지가 여러 곳인 경우 등과 같이 피의자의 소재파악에 7일 이상이 소요될 것으로 예상되는 때에는 그 취지 및 사유를 소명하여 7일을 초과하는 유효기간을 청구할 수 있다.

지명수배자에 대한 체포영장의 유효기간은 공소시효만료일까지로 정하되 상당한 이유가 있는 경우에는 그보다 짧은 기간으로

39) 사법연수원, 「수사절차론」, 성문인쇄사, 2008. P.125.

정할 수 있다(인신구속사무의 처리에 관한 예규 제18조 제1항).

유효기간 기재가 없는 경우나 유효기간이 불명한 경우의 유효기간은 7일(초일 불산입)로 보며, 7일 미만의 유효기간으로 발부된 체포영장의 경우에는 그 유효기간 내에서만 유효하다.

(마) 여러 통의 영장을 청구하는 때에는 그 취지 및 사유(제5호)

지명수배자나 피의자의 연고지가 여러곳인 경우와 같이 수통의 체포영장이 필요한 때에는 그 취지 및 사유를 기재하고 수통을 청구할 수 있다. 체포영장 및 구속영장의 청구서에는 범죄사실의 요지를 따로 기재한 서면 1통(수통의 영장을 청구하는 때에는 그에 상응하는 통수)을 첨부하여야 한다(형사소송규칙 제93조 제2항).

수통의 체포영장은 모두 원본으로 독립하여 집행력을 가지며, 피의자가 체포된 경우 다른 체포영장은 효력을 상실한다.

(바) 인치·구금할 장소(제6호)

체포영장의 "인치할 장소"란에는 피의자를 체포한 다음 인치할 검찰청 또는 그 지청이나 경찰서 등 수사관서를, "구금할 장소"란에는 피의자를 인치한 후에 일시적으로 유치 또는 구금할 구치소나 유치장 등을 각각 기재한다(인신구속사무의 처리에 관한 예규 제17조 제1항).

수사상 특히 필요하여 인치 또는 구금할 장소를 청구 당시 특정할 수 없는 경우에는 수사기관이 택일적으로 정하여 청구한 장소를 기재할 수 있다. 〈인치할 장소의 택일적 기재례〉 OO경찰서 또는 체포지에 가까운 인근 경찰서(동예규 동조 제2항).

(사) 재체포영장 청구의 취지 및 이유(제8호)

검사가 형사소송법 제200조의2 제1항(체포영장에 의한 체포)의 청구를 함에 있어서 동일한 범죄사실에 관하여 그 피의자에 대하여 전에 체포영장을 청구하였거나 발부받은 사실이 있는 때에는 다시 체포영장을 청구하는 취지 및 이유를 기재하여야 한다(형사소송법 제200조의2 제4항).

사법경찰관은 형사소송법 제200조의2 제4항 및 수사준칙 제31조에 따라 동일한 범죄사실로 다시 체포영장을 신청할 때에는 다음 각 호의 사유에 해당하는 경우 그 취지를 체포영장 신청서에 적어야 한다(범죄수사규칙 제122조).

1. 체포영장의 유효기간이 경과된 경우
2. 체포영장을 신청하였으나 그 발부를 받지 못한 경우
3. 체포되었다가 석방된 경우

형사소송법 제214조의2 제4항에 따른 체포적부심사 결정에 의하여 석방된 피의자가 도망하거나 범죄의 증거를 인멸하는 경우를 제외하고는 동일한 범죄사실로 재차 체포할 수 없다(형사소송법 제214조의3 제1항). 형사소송법 제214조의2 제5항(보석)에 따라 석방된 피의자에게 다음 각 호의 어느 하나에 해당하는 사유가 있는 경우를 제외하고는 동일한 범죄사실로 재차 체포할 수 없다(동조 제2항).

1. 도망한 때
2. 도망하거나 범죄의 증거를 인멸할 염려가 있다고 믿을 만한 충분한 이유가 있는 때
3. 출석요구를 받고 정당한 이유없이 출석하지 아니한 때
4. 주거의 제한이나 그 밖에 법원이 정한 조건을 위반한 때

(아) 다른 범죄사실에 대한 체포영장(제9호)

현재 수사 중인 다른 범죄사실에 관하여 그 피의자에 대하여

발부된 유효한 체포영장이 있는 경우에는 그 취지 및 그 범죄사실을 기재한다.

(2) 소명자료의 제출

체포영장의 청구에는 체포의 사유 및 필요를 인정할 수 있는 자료를 제출하여야 한다(형사소송규칙 제96조 제1항).

범죄사실을 인정할 수 있는 자료는 엄격한 증명을 요하지 아니하고 소명의 정도로 충분하다. 그리고 소명자료에 관하여는 전문법칙 등이 적용되지 않는다.

출석요구에 불응 또는 불응의 염려가 있거나 도망 또는 증거인멸의 염려가 있다는 사실을 인정할 수 있는 자료로서 출석요구서 사본, 출석요구통지부 사본, 출석요구를 하면 도망 또는 증거인멸의 염려가 있다는 취지의 수사보고서, 피의자의 신분·경력·교우·가정환경 등에 관한 서면, 전과조회서 등을 제출한다. 전화로 출석요구한 경우 통화일시, 수화자, 수화자와 피의자의 관계, 피의자의 연락가능성, 통화내용 등을 상세히 기재한 수사보고서를 작성하여 기록에 편철한다.[40]

(3) 판사는 체포영장의 형식적 요건, 사유, 필요에 대한 심사

판사는 형사소송법 제200조의2 제4항(체포영장 재청구의 취지·이유기재) 및 형사소송규칙 제95조 제1항 각호(체포영장청구서의 기재사항)에 규정한 기재사항 등 형식적 요건을 심사하고, 형식적인 흠이 있으면 전화 기타 신속한 방법으로 영장을 청구한 검사에게 그 보정을 요구할 수 있다(인신구속사무의 처리에 관한 예규 제14조).

40) 사법연수원, 「수사절차론」, 성문인쇄사, 2008. P.127.

또한, 형사소송법 제200조의2 제1항 및 형사소송규칙 제95조에 의한 체포의 사유를 심사하고, 형사소송규칙 96조의2에 따라 체포의 필요에 대해 심사한다.

(4) 인치·구금할 장소의 변경 및 유효기간의 연장

(가) 인치·구금할 장소의 변경허가청구

검사는 체포영장을 발부받은 후 피의자를 체포하기 이전에 체포영장을 첨부하여 판사에게 인치 · 구금할 장소의 변경을 청구할 수 있다(형사소송규칙 제96조의3).

(나) 체포영장의 갱신

검사는 체포영장의 유효기간을 연장할 필요가 있다고 인정하는 때에는 그 사유를 소명하여 다시 체포영장을 청구하여야 한다(형사소송규칙 제96조의4).

다. 체포영장을 기각할 경우의 처리

체포영장의 청구를 받은 지방법원판사가 체포영장을 발부하지 아니할 때에는 청구서에 그 취지 및 이유를 기재하고 서명날인하여 청구한 검사에게 교부한다(형사소송법 제200조의2 제3항).

판사는 체포영장의 청구를 기각하는 경우에는 체포의 요건 특히 체포의 사유 및 필요가 인정되지 아니한다는 점에 대한 판단을 명시하여야 한다(인신구속사무의 처리에 관한 예규 제19조 제1항). 체포영장의 청구를 기각하는 경우에는 청구서 하단의 해당란이나 또는 여백에 그 취지와 연월일을 기재한 다음 서명날인하여 검사에게 교부한다. 다만 필요한 경우에는 별지를 사용하여 상세히 기재할 수 있다. 청구기각의 기재례는 ①청구서의 기재요건 흠결 ②체포의 사유 없음 또는 체포의 사유에 대한 소명 부족 ③증거인멸 및 도망 염려 없으므로, 체포의 필요 없음 ④동행이 위법한 체포에 해당함으로 기재할 수 있다.

라. 체포영장의 집행

(1) 사법경찰관리의 체포영장의 집행

판사는 체포청구가 상당하다고 인정할 때에는 체포영장을 발부하여야 한다(형사소송법 제200조의2 제2항 본문). 사법경찰관리는 체포영장을 집행할 때에는 신속하고 정확하게 해야 한다(경찰수사규칙 제55조 제1항). 사법경찰관리는 필요에 의하여 관할구역외에서 체포영장을 집행할 수 있고 또는 당해 관할구역의 사법경찰관리에게 집행을 촉탁할 수 있다(형사소송법 제83조).

(2) 영장의 제시 및 사본의 교부

체포영장에 의하여 피의자를 체포하려면 피의자에게 반드시 이를 제시하고, 그 사본을 교부하여야 한다(형사소송법 제200조의6, 제85조 제1항).

체포할 때 피의자가 체포영장을 파기한 경우나 피의자를 체포한 후 멸실한 경우라도 체포는 유효하므로 다시 체포영장을 청구할 필요는 없고, 이 경우 체포영장을 멸실하게 된 경위를 기재한 수사보고서를 작성하여 기록에 편철한다. 그러나 피의자를 체포하기 전에 체포영장을 멸실한 경우에는 제시 및 사본 교부가 불가하므로 체포영장을 재청구하여 발부받아야 한다.

한편, 체포영장을 소지하고 있지 않은 경우에 급속을 요하는 때에는 피의자에게 범죄사실의 요지와 체포영장이 발부되었음을 고지하고 집행할수 있고, 집행을 완료한 후에는 신속히 체포영장을 제시하고, 그 사본을 교부하여야 한다(형사소송법 제200조의6, 제85조 제3항, 제4항). 급속을 요하는 경우란 발부되어 있는 체포영장을 소지하고 있지 아니하나 즉시 집행하지 않으면 피의자의 소재가 불명하게 되어 영장집행이 현저히 곤란하게 될 염려가 있는 경우를 말한다.

체포영장 제시 일시와 장소 등 집행경위를 기재한 수사보고서를 작성하여 수사기록에 편철하고, 구속영장청구에 대비하여 필요한 경우 체포의 과정과 상황 등을 자세히 기재한 수사보고서를 작성하여 구속영장청구기록에 첨부한다. 검사 또는 사법경찰관은 형사소송법 제200조의6 또는 제209조에서 준용하는 법 제85조 제1항 또는 제4항에 따라 피의자에게 영장을 제시하거나 영장의 사본을 교부할 때에는 피해자 등 사건관계인의 개인정보가 피의자의 방어권 보장을 위하여 필요한 정도를 넘어 불필요하게 노출되지 않도록 유의해야 한다(수사준칙 제32조의2 제2항). 피의자에게 사본을 교부한 경우에는 피의자로부터 영장 사본 교부 확인서를 받아 사건기록에 편철한다(수사준칙 제32조의2 제3항). 피의자가 영장의 사본을 수령하기를 거부하거나 영장 사본 교부 확인서에 기명날인 또는 서명하는 것을 거부하는 경우에는 검사 또는 사법경찰관이 영장 사본 교부 확인서 끝 부분에 그 사유를 적고 기명날인 또는 서명해야 한다(수사준칙 제32조의2 제4항).

(3) 체포이유와 범죄사실의 고지

검사 또는 사법경찰관은 피의자를 체포하는 경우에는 피의사실의 요지, 체포의 이유와 변호인을 선임할 수 있음을 말하고 변명할 기회를 주어야 한다(형사소송법 제200조의5). 검사와 사법경찰관이 피의자에게 그 권리를 알려준 경우에는 피의자로부터 권리 고지 확인서를 받아 사건기록에 편철한다(수사준칙 제32조 제3항). 다만, 피의자가 권리 고지 확인서에 기명날인 또는 서명하기를 거부하는 경우에는 피의자를 체포하는 사법경찰관리가 확인서 끝부분에 그 사유를 적고 기명날인 또는 서명해야 한다(경찰수사규칙 제55조 제3항 단서). 피의자를 체포하는 경우 체포되는 피의자가 자해하거나 타인의 신체에 위해를 줄 수 있는 독극물이나 흉기 등을 가지고 있는지를 확인한다.

(4) 인치·구금

체포영장을 집행함에는 피의자에게 반드시 이를 제시하고 그 사본을 교부하여야 하며 신속히 지정된 법원 기타 장소에 인치하여야 한다(형사소송법 제200조의6, 제85조 제1항).

체포영장에 의하여 피의자를 체포한 때에는 즉시 영장에 기재된 인치·구금장소로 호송하여 인치 또는 구금하여야 하고, 체포된 피의자를 호송할 경우에 필요하면 가장 가까운 유치장 등에 임시로 유치할 수 있다(형사소송법 제200조의6, 제85조제1항, 제86조).

(5) 체포의 통지

사법경찰관은 피의자를 체포한 경우 형사소송법 제87조(구속의 통지)에 따라 변호인이 있으면 변호인에게, 변호인이 없으면 형사소송법 제30조 제2항[41]에 따른 사람 중 피의자가 지정한 사람에게 24시간 이내에 서면으로 사건명, 체포 · 구속의 일시 · 장소, 범죄사실의 요지, 체포 · 구속의 이유와 변호인을 선임할 수 있음을 통지해야 한다(수사준칙 제33조 제1항). 사법경찰관은 제1항에 따른 통지를 하였을 때에는 그 통지서 사본을 사건기록에 편철한다. 다만, 변호인 및 형사소송법 제30조 제2항에 따른 사람이 없어서 체포의 통지를 할 수 없을 때에는 그 취지를 수사보고서에 적어 사건기록에 편철한다(동조 제2항). 제1항 및 제2항은 형사소송법 제214조의2 제2항에 따라 사법경찰관이 같은 조 제1항에 따른 자 중에서 피의자가 지정한 자에게 체포의 적부심사를 청구할 수 있음을 통지하는 경우에도 준용한다(동조 제3항).

체포의 통지를 할 때에는 서면외에 전화·모사전송·전자우편·휴대전화 문자전송 그 밖에 적당한 방법으로 체포통지를 할 수 있다. 서면외 통지시에는 사후에 지체없이 서면으로 통지를 하여야 한다.

마. 체포후의 조치

(1) 구속영장의 청구

체포한 피의자를 구속하고자 할 때에는 체포한 때부터 48시간 이내에 형사소송법 제201조의 규정에 의하여 구속영장을 청구하여야 한다(형사소송법 제200조의2 제5항).

체포영장에 의하여 체포된 피의자가 구속영장에 의하여 구속된 경우 검사 또는 사법경찰관의 구속기간은 구속영장이 발부된 날이

41) 형사소송법 제30조에 규정된 자: 피의자, 피의자의 법정대리인, 배우자, 직계친족과 형제자매

아니라 피의자를 체포한 날부터 기산하되(형사소송법 제203조의2), 판사의 구속전의 피의자심문에 소요된 기간은 그 구속기간에 산입하지 아니한다(형사소송법 제201조의2 제7항). 구속영장을 청구받은 판사가 피의자 심문을 한 경우 법원사무관 등은 구속영장에 구속영장청구서·수사관계서류 및 증거물을 접수한 시각과 이를 반환한 시각을 기재하여야 한다(형사소송규칙 제96조의18).

(2) 피의자의 석방

검사 또는 사법경찰관이 피의자를 체포한 때로부터 48시간 이내에 제201조의 규정에 의하여 구속영장을 청구하여야 하고, 그 기간 내에 구속영장을 청구하지 아니하는 때에는 피의자를 즉시 석방하여야 한다(형사소송법 제200조의2 제5항).

사법경찰관은 체포한 피의자를 석방한 때에는 지체 없이 검사에게 석방사실을 통보하고, 그 통보서 사본을 사건기록에 편철한다(수사준칙 제36조 제2항 제1호).

바. 체포의 적부심사

(1) 심사의 청구

체포된 피의자 또는 그 변호인, 법정대리인, 배우자, 직계친족, 형제자매나 가족, 동거인 또는 고용주는 관할법원에 체포의 적부심사를 청구할 수 있다(형사소송법 제214조의2 제1항). 피의자를 체포한 사법경찰관은 체포된 피의자와 제1항에 규정된 사람 중에서 피의자가 지정하는 사람에게 제1항에 따른 적부심사를 청구할 수 있음을 알려야 한다(동조 제2항). 체포된 피의자, 그 변호인, 법정대리인, 배우자, 직계친족, 형제자매나 동거인 또는 고용주는 체포영장 또는 그 청구서를 보관하고 있는 검사, 사법경찰관 또는 법원사무관 등에게 그 등본의 교부를 청구할 수 있다(형사소송규칙 제101조).

(2) 법원의 심사

(가) 심문기일의 지정 및 통지

법원은 체포의 적부심사 청구가 다음 각 호의 어느 하나에 해당하는 때에는 제4항(적부심사)에 따른 심문 없이 결정으로 청구를 기각할 수 있다(형사소송법 제214조의2 제3항).

1. 청구권자 아닌 사람이 청구하거나 동일한 체포영장의 발부에 대하여 재청구한 때
2. 공범이나 공동피의자의 순차청구가 수사 방해를 목적으로 하고 있음이 명백한 때

체포의 적부심사의 청구를 받은 법원은 지체 없이 청구인, 변호인, 검사 및 피의자를 구금하고 있는 관서(경찰서, 교도소 또는 구치소 등)의 장에게 심문기일과 장소를 통지하여야 한다(형사소송규칙 제104조 제1항).

(나) 수사관계서류와 증거물 송부

사건을 수사중인 검사 또는 사법경찰관은 심문기일까지 수사관계서류와 증거물을 법원에 제출하여야 하고, 피의자를 구금하고 있는 관서의 장은 위 심문기일에 피의자를 출석시켜야 한다. 법원사무관 등은 체포적부심사청구사건의 기록표지에 수사관계서류와 증거물의 접수 및 반환의 시각을 기재하여야 한다(형사소송규칙 제104조 제2항).

(다) 피의자 심문 및 조사

법원은 청구서가 접수된 때부터 48시간 이내에 체포된 피의자

를 심문하고 수사 관계 서류와 증거물을 조사하여야 한다(형사소송법 제214조의2 제4항).

체포의 적부심사는 체포의 적법 여부 뿐만아니라 체포의 당부, 즉 체포 계속의 필요 여부를 판단기준으로 하되, 체포적부심사시까지의 변경된 사정도 고려하여야 한다.

체포영장을 발부한 법관은 심문·조사·결정에 관여하지 못한다. 다만, 체포영장을 발부한 법관 외에는 심문·조사·결정을 할 판사가 없는 경우에는 그러하지 아니하다(형사소송법 제214조의2 제12항).

(3) 법원의 결정

체포의 적부심사 청구에 대한 결정은 체포된 피의자에 대한 심문이 종료된 때로부터 24시간이내에 이를 하여야 한다(형사소송규칙 제106조).

법원이 적부심사의 청구가 이유 없다고 인정한 때에는 결정으로 이를 기각하고, 이유 있다고 인정한 때에는 결정으로 체포된 피의자의 석방을 명하여야 한다(형사소송법 제214조의2 제4항).

(4) 구속기간에의 불산입

법원이 수사 관계 서류와 증거물을 접수한 때부터 결정 후 검찰청에 반환된 때까지의 기간은 제200조의2 제5항(제213조의2에 따라 준용되는 경우를 포함한다)을 적용할 때에는 그 제한기간에 산입하지 아니하고, 제202조(사법경찰관의 구속기간)를 적용할 때에는 그 구속기간에 산입하지 아니한다(형사소송법 제214조의2 제13항).

3. 긴급체포

가. 요건

검사 또는 사법경찰관은 피의자가 사형·무기 또는 장기 3년 이상의 징역이나 금고에 해당하는 죄를 범하였다고 의심할 만한 상당한 이유가 있고, 다음 각 호의 어느 하나에 해당하는 사유가 있는 경우에 긴급을 요하여 지방법원판사의 체포영장을 받을 수 없는 때에는 그 사유를 알리고 영장없이 피의자를 체포할 수 있다. 이 경우 긴급을 요한다 함은 피의자를 우연히 발견한 경우 등과 같이 체포영장을 받을 시간적 여유가 없는 때를 말한다(형사소송법 제200조의3 제1항).

1. 피의자가 증거를 인멸할 염려가 있는 때
2. 피의자가 도망하거나 도망할 우려가 있는 때

헌법은 강제처분에 관하여 영장주의를 선언하면서도 긴급체포에 대하여는 현행범인체포와 함께 그 예외를 인정하고 있다(헌법 제12조 제3항 단서). 긴급체포는 영장주의 예외이므로 피의자의 연령, 경력, 범죄성향이나 범죄의 경중, 태양, 그 밖에 제반사항을 고려하여 인권침해가 없도록 하여야 한다(범죄수사규칙 제115조 제1항).

(1) 범죄의 중대성

피의자가 사형·무기 또는 장기 3년 이상의 징역이나 금고에 해당하는 죄를 범하였다고 의심할 만한 상당한 이유가 있어야 한다

(형사소송법 제200조의3 제1항). 긴급체포 전에 법정형에 대한 사전검토를 해야 한다.

직무유기, 공무상비밀누설, 위조통화지정행사, 공문서부정행사, 사문서부정행사, 음화제조등, 공연음란, 도박, 단순폭행, 영아유기, 명예훼손(형법 제307조 제1항), 경매·입찰방해·배임증재 등은 형법상 장기 3년 미만의 범죄이다.

(2) 체포의 필요성

피의자가 증거를 인멸할 염려가 있는 때, 도망하거나 도망할 우려가 있는 때이다(형사소송법 제200조의3 제1항). 피의자가 증거를 인멸할 염려가 있는 때, 도망하거나 도망할 우려가 있는 때의 1개 요건만 충족되면 긴급체포할 수 있다.

(3) 체포의 긴급성

피의자를 우연히 발견한 경우 등과 같이 긴급을 요하여 판사로부터 체포영장을 발부받을 시간적 여유가 없어야 한다(형사소송법 제200조의3 제1항).

긴급성 요건을 판단함에 있어 '우연성'의 개념을 엄격하게 해석하여 긴급성은 반드시 체포영장에 의한 체포가 객관적으로 불가능해야 한다고 해석하는 견해도 있으나 검사 또는 사법경찰관의 합리적 판단에 의하여 체포의 목적을 달성하는데 위험하다고 인정되면 족한 것으로 해석함이 상당하다.

예컨대 피의자가 조사도중 범죄혐의가 밝혀짐에 따라 구속을 우려하여 귀가를 요구하거나 귀가후 출석요구에 응하지 아니할 염려가 있는 경우에는 우연성의 요소가 다소 희박하더라도 도망 및 증거인멸의 염려가 현저하고 체포영장청구서의 작성과 체포영장의 청구에 상당한 시간이 소요되는 경우에는 긴급체포할 수 있다고 보아야 한다. 이 경우 긴급성의 요건을 소명하기 위하여 피의자의 태도 등에 관한 상세한 수사보고서를 작성하여 첨부할 필요가 있다.[42]

(4) 재체포의 제한

긴급체포후 구속영장을 청구하지 아니하거나 발부받지 못하여 석방한 피의자는 영장없이는 동일한 범죄사실에 관하여 체포하지 못한다(형사소송법 제200조의4 제3항). 따라서 피의자를 긴급체포하려고 할 때에는 반드시 동일한 범죄사실에 의하여 긴급체포된 전력이 있는지 여부를 확인하여야 한다.

나. 긴급체포서의 작성

검사 또는 사법경찰관이 긴급체포한 때에는 즉시 피체포자의 성명·주민등록번호·직업·주거, 변호인, 체포한 일시 및 장소, 범죄사실 및 체포한 사유, 인치·구금한 일시 및 장소, 구금을 집행할 자의 관직 및 성명 등을 기재한 긴급체포서를 작성하고(형사소송법 제200조의3 제3항, 제4항, 경찰수사규칙 제51조 제1항), 긴급체포원부에 적어야 한다(범죄수사규칙 제115조 제2항).

'긴급체포한 사유'란에는 체포영장을 발부받을 시간적 여유가 없었고, 증거를 인멸할 염려 및 도망 또는 도망의 염려가 있다는 점을 설득력 있게 기재한다.

지명수배된 피의자를 발견하여 긴급체포한 경우에는 검거관서

42) 사법연수원, 「수사절차론」, 성문인쇄사, 2008. P.137.

의 사법경찰관이 긴급체포서를 작성하여 신병과 함께 수배관서에 인계하여야 한다. 한편, 구속영장청구에 대비하여 필요한 경우 체포의 과정과 상황 등을 자세히 기재한 수사보고서를 작성하여 구속영장청구기록에 편철하여야 한다.

다. 긴급체포의 승인

사법경찰관은 형사소송법 제200조의3 제2항에 따라 긴급체포 후 12시간 내에 검사에게 긴급체포의 승인을 요청해야 한다(수사준칙 제27조 제1항). 제1항에 따라 긴급체포의 승인을 요청할 때에는 범죄사실의 요지, 긴급체포의 일시·장소, 긴급체포의 사유, 체포를 계속해야 하는 사유 등을 적은 긴급체포 승인요청서로 요청해야 한다(수사준칙 제27조 제2항). 다만, 긴급한 경우에는 형사사법절차 전자화 촉진법 제2조 제4호에 따른 형사사법정보시스템(이하 “형사사법정보시스템”이라 한다) 또는 팩스를 이용하여 긴급체포의 승인을 요청할 수 있다.

다음 각 호의 어느 하나에 해당하는 경우에는 긴급체포 후 24시간 이내에 긴급체포의 승인을 요청해야 한다(수사준칙 제27조 제1항).

1. 수사준칙 제51조 제1항 제4호 가목에 따른 피의자중지 또는 제52조 제1항 제3호에 따른 기소중지 결정이 된 피의자를 소속 경찰관서가 위치하는 특별시·광역시·특별자치시·도 또는 특별자치도 외의 지역에서 긴급체포한 경우
2. 해양경비법 제2조 제2호에 따른 경비수역에서 긴급체포한 경우

검사는 사법경찰관의 긴급체포 승인 요청이 이유 없다고 인정

하는 경우에는 지체 없이 사법경찰관에게 불승인 통보를 해야 한다. 이 경우 사법경찰관은 긴급체포된 피의자를 즉시 석방하고 그 석방 일시와 사유 등을 검사에게 통보해야 한다(수사준칙 제27조 제4항).

라. 체포 전후의 조치

(1) 체포이유와 범죄사실 등의 고지, 체포의 통지

체포영장에 의한 체포의 경우와 같다(형사소송법 제200조의5, 제72조, 제87조 제1항, 제2항).

(2) 구속영장의 청구와 구속기간 기산

사법경찰관이 제200조의3(긴급체포)의 규정에 의하여 피의자를 체포한 경우 피의자를 구속하고자 할 때에는 지체 없이 검사에게 구속영장을 신청하여야 한다. 이 경우 구속영장청구는 피의자를 체포한 때부터 48시간 이내에 하여야 한다(형사소송법 제200조의4 제1항). 사법경찰관이 구속영장을 신청하는 경우 긴급체포서를 첨부하여야 한다.

구속영장 청구와 피의자심문, 구속기간에의 산입 등 기타 사항은 체포영장에 의한 체포의 경우와 같다(형사소송법 제201조의2, 제203조의2).

(3) 피의자의 석방

긴급체포한 피의자를 석방한 때에는 즉시 검사에게 석방 사실을 보고하고, 그 보고서 사본을 사건기록에 편철한다(수사준칙 제36조

제2항 제2호).

긴급체포한 피의자를 석방한 때에는 긴급체포원부에 석방일시 및 석방사유를 적어야 한다(범죄수사규칙 제115조 제3항).

(4) 체포의 적부심사

체포영장에 의한 체포의 경우와 같이 긴급체포된 피의자도 체포적부심사를 청구할 수 있다.

(5) 긴급체포 관련 서류 열람·등사

긴급체포 후 석방된 자 또는 그 변호인 · 법정대리인 · 배우자 · 직계친족 · 형제자매는 통지서 및 관련 서류를 열람하거나 등사할 수 있다(형사소송법 제200조의4 제5항).

4. 현행범인 체포

가. 요건

현행범인 및 현행범인으로 간주되는 자는 누구든지 영장없이 체포할 수 있다(형사소송법 제212조).

헌법은 강제처분에 관하여 영장주의를 선언하면서도 현행범인에 대하여는 긴급체포와 함께 영장없이 체포할 수 있는 근거를 두고 있다(헌법 제12조 제3항 단서). 그러나 현행범인 체포 역시 영장주의 원칙에 대한 예외이므로 신중한 법해석이 필요하다.

(1) 형사소송법 제211조 제1항의 현행범인

(가) 범죄를 실행하고 있는 사람

범죄의 실행행위에 착수하여 아직 범죄종료에 이르지 아니한 자를 말하고, 미수범의 경우 실행의 착수가 있으면 충분하며, 교사범·방조범의 경우에는 정범의 실행행위가 개시된 때에 실행행위에 착수한 것으로 본다.

(나) 범죄를 실행하고 난 직후의 사람

범행과의 시간적·장소적 근접성이 있는 자를 말한다. 근접성은 범행 후의 경과, 범인의 거동, 휴대품, 범죄의 태양과 결과, 범죄의 경중 등을 고려하여 합리적으로 판단한다.

(2) 형사소송법 제211조 제2항의 현행범인(준현행범인)

다음 각 호의 어느 하나에 해당하는 사람은 현행범인으로 본다.

1. 범인으로 불리며 추적되고 있을 때
2. 장물이나 범죄에 사용되었다고 인정하기에 충분한 흉기나 그 밖의 물건을 소지하고 있을 때
3. 신체나 의복류에 증거가 될 만한 뚜렷한 흔적이 있을 때
4. 누구냐고 묻자 도망하려고 할 때

(3) 범인의 명백성

체포시점의 현장상황에 의하여 특정한 범죄의 범인임이 명백하여야 한다. 사법경찰관리는 형사소송법 제212조에 따라 현행범인을 체포할 때에는 현행범인에게 도망 또는 증거인멸의 우려가 있는 등 당장에 체포하지 않으면 안 될 정도의 급박한 사정이 있는지 또는

체포 외에는 현행범인의 위법행위를 제지할 다른 방법이 없는지 등을 고려해야 한다(경찰수사규칙 제52조 제1항).

(4) 경미사건 현행범인체포의 제한

다액 50만원 이하의 벌금, 구류 또는 과료에 해당하는 죄의 현행범인에 대하여는 범인의 주거가 분명하지 아니한 때에 한하여 현행범인으로 체포할 수 있다(형사소송법 제214조).

나. 현행범인체포서의 작성

사법경찰관리는 형사소송법 제212조에 따라 현행범인을 체포한 때에는 현행범인체포서를 작성하고, 형사소송법 제213조에 따라 현행범인을 인도받은 때에는 현행범인인수서를 작성해야 한다(경찰수사규칙 제52조 제2항). 사법경찰관리는 제2항의 현행범인체포서 또는 현행범인인수서를 작성하는 경우 현행범인에 대해서는 범죄와의 시간적 접착성과 범죄의 명백성이 인정되는 상황을, 준현행범인에 대해서는 범죄와의 관련성이 인정되는 상황을 구체적으로 적어야 한다(경찰수사규칙 제52조 제3항). 경찰관은 현행범인을 체포하거나 인도받은 경우에는 현행범인체포원부에 필요한 사항을 적어야 한다(범죄수사규칙 제116조 제2항).

구속영장 청구에 대비하여 체포의 사유란에 체포하지 않으면 범인의 신병을 확보할 수 없어 도망 또는 증거인멸의 염려가 있다는 점을 설득력 있게 기재하여야 한다.

다. 체포된 현행범인의 인수

경찰관은 경찰수사규칙 제52조 제2항에 따라 현행범인인수서를 작성할 때에는 체포자로부터 성명, 주민등록번호(외국인인 경우에는 외국인등록번호, 해당 번호들이 없거나 이를 알 수 없는 경우에는 생년월일 및 성별, 이하 "주민등록번호등"이라 한다), 주거, 직업, 체포일시·장소 및 체포의 사유를 청취하여 적어야 한다(범죄수사규칙 제116조 제1항). 사법경찰관리가 현행범인의 인도를 받은 때에는 체포자의 성명, 주거, 체포의 사유를 물어야 하고 필요한 때에는 체포자에 대하여 경찰관서에 동행함을 요구할 수 있다(형사소송법 제213조 제2항).

라. 체포 전후의 조치

(1) 체포이유와 범죄사실 등의 고지, 체포의 통지

체포영장에 의한 체포의 경우와 같다(형사소송법 제213조의2, 제72조, 제87조 제1항, 제2항).

(2) 구속영장의 청구 및 구속기간 기산

체포영장에 의한 체포의 경우와 같다(형사소송법 제213조의2, 제200조의2 제5항, 제201조의2, 제203조의2).

(3) 현행범인의 조사 및 석방

검사 또는 사법경찰관은 형사소송법 제212조 또는 제213조에 따라 현행범인을 체포하거나 체포된 현행범인을 인수했을 때에는 조사가 현저히 곤란하다고 인정되는 경우가 아니면 지체 없이 조사해야 하며, 조사결과 계속 구금할 필요가 없다고 인정할 때에는 현행범인을 즉시 석방해야 한다(수사준칙 제28조 제1항). 검사 또는 사법경찰관은 제1항에 따라 현행범인을 석방했을 때에는 석방 일시와 사유 등을 적은 피의자 석방서를 작성해 사건기록에 편철한다. 이 경우 사법경찰관은 석방 후 지체 없이 검사에게 석방 사실을 통보해야 한다(동조 제2항).

경찰관은 수사준칙 제28조 제1항에 따라 현행범인을 석방할 때에는 소속 수사부서장의 지휘를 받아야 한다(범죄수사규칙 제117조 제1항). 경찰관은 제1항에 따라 체포한 현행범인을 석방하는 때에는 현행범인 체포원부에 석방일시 및 석방사유를 적어야 한다(동조 제2항).

제3절 피의자의 구속

1. 의의

구속은 체포에 비하여 보다 장기간 피의자를 구금하는 것을 의미한다. 따라서 피의자의 인신을 구속하기 위하여는 당연히 법원의 영장에 의하여야 한다.

원래 구속이란 형사절차의 진행과 형벌의 집행을 확보함을 그 목적으로 하여 인정되는 강제처분으로서 필요 최소한에 국한되어야 한다. 구속영장 재판에서 고려하여야 하는 형사사법의 목적은 피의자의 헌법상의 권리와 형사소송법상의 권리를 보장하는 것과 범죄로부터 사회의 안전과 국민의 권리를 보호하여야 하는 것이다. 헌법과 형사소송법이 지향하는 법 원리인 무죄추정의 원칙과 불구속 수사·재판의 원칙에 입각하여 인신구속을 엄정하게 함으로써 국민의 기본적 인권 보장과 효율적인 형사사법의 운영을 통한 실질적인 법치주의를 확립해야 한다.

또 구속은 형집행의 확보를 하나의 목적으로 하고 있으므로 구속은 당해사건의 의미와 그것에 대하여 기대되는 형벌에 비추어 상당한 때에만 허용된다는 내재적 제약을 받게 된다.

구속기준의 제 원칙은 ①실형기준의 원칙을 엄격하게 운용 ② 형사정책적 고려에 의한 구속영장 발부의 대폭 감소 ③피의자의 방어권 보장, 개인적 불이익을 고려한 불구속의 확대 ④소년 사건에 대한 특별한 배려이다.

2. 요건

형사소송법은 피의자에 대한 수사는 불구속 상태에서 함을 원칙으로 한다(형사소송법 제198조 제1항). 고 규정하여 불구속 수사 원칙을 천명하고 있다. 따라서 구속영장신청시 엄격한 구속요건을 판단해야 한다.

① 피의자가 죄를 범하였다고 의심할 만한 상당한 이유가 있고, 형사소송법 제70조 제1항 각호의 1(구속의 사유)에 해당하는 사유가 있어야 한다(형사소송법 제201조 제1항).

② 범죄의 중대성, 재범의 위험성, 피해자 및 중요 참고인 등에 대한 위해 우려 등을 고려하여야 한다(형사소송법 제70조 제2항).

가. 범죄혐의에 대한 소명

구속영장발부를 위한 첫째 요건으로서 우선 범죄혐의가 인정되어야 한다. 즉 피의자가 죄를 범하였다고 의심할 만한 상당한 이유가 있어야 한다(형사소송법 제201조 제1항 본문).

범죄혐의는 객관적으로 범죄가 행하여졌다는 사실과 주관적으로 피의자가 그 범죄사실의 범인이라는 점을 포괄한다. 범죄혐의는 수사기관의 주관적 혐의만으로는 충분하지 않고 범죄혐의의 유무는 합리적 평균인을 기준으로 판단하여야 할 것이다.

구속영장 발부요건으로서의 범죄혐의는 유죄의 판결을 받을 수 있는 개연성이 높은 것이어야 한다. 따라서 소송조건이 구비되지 아니하였거나 위법성 조각 사유나 책임 조각 사유 등과 같이 범죄성립 조각 사유가 명백할 때에는 범죄혐의를 인정할 수 없다고 할 것이다.[43]

나. 구속 사유

(1) 주거부정

형사소송법 제70조 제1항 제1호와 제201조 제1항은 구속사유로 "일정한 주거가 없는 때"를 규정하고 있다. 주거부정은 "일정한 주소나 거소가 없는 상태"를 의미한다.

주거부정의 여부는 주거의 종류(자택, 여관, 기숙사 등), 거주기간, 주민등록의 유무 등 주거 자체의 안정성, 피의자의 지위, 연령, 직업, 가족관계, 재산상태 등의 생활의 안정성 등 여러 가지 사정을 종합하여 판단하여야 한다.

노숙자, 숙박료를 하루하루 지급하는 여인숙, 목욕탕, PC방 등을 전전하는 경우에는 주거부정에 해당한다. 노숙자 쉼터 거주자, 일주일 단위로 숙박료를 지급하는 쪽방, 공사장이나 주유소 등에서 단기간 거주하는 자에 대해서는 주거부정으로 인정할 여지가 크지만 현 거주장소에서의 거주기간, 거주 생활용품(TV, 냉장고, 조리기구, 책상 등)의 소유와 보관 상태를 확인해 볼 필요가 있다. 여관 또는 고시원에 거주하는 경우에도 일정한 직업이 있거나 장기간 거주해 온 경우에는 쉽게 주거부정으로 판단해서는 안된다.

주민등록 말소만으로 주거부정을 인정할 수는 없고 현재 주거상태에 따라 판단한다. 가족(처, 자녀 또는 부모)과 함께 거주하고 있

43) 사법연수원, 「수사절차론」, 성문인쇄사, 2008. P.146.

는 경우에는 주거 형태를 불문하고 주거부정으로 판단할 수 없다. 그리고 과거 주거부정이었다가 현재 복귀하여 가족과 함께 생활하는 경우에는 주거부정이 아니다.

실무상 주거부정이라고 하여 반드시 구속영장을 발부하는 것은 아니다. 체포 당시에는 주거부정이라도 부모, 가족, 변호인 등 확실한 신원보증인이 있어 출석을 담보할 수 있는 경우에는 구속영장 신청을 하지 않을 수 있다. 특히 소년범의 경우, 가출 후 범죄를 저지르고 주거부정 상태에서 체포되었다고 하더라도 본인에게 가정으로의 복귀 의사가 있고 보호자에게 적극적인 보호의 의지가 있는 경우라면 구속영장 청구를 기각된다. 가출이 수차례 반복된 경우에도 보호자의 관심과 애정 그리고 보호 의지가 강력한 경우에는 기각되고 있다.

(2) 증거를 인멸할 염려

형사소송법 제70조 제1항 제2호와 제201조 제1항은 구속사유로 "증거를 인멸할 염려"를 규정하고 있다. 이는 피의자를 구속하지 않으면 증거를 훼손·변경·위조하거나 공범자·증인·감정인 등에게 간섭 또는 영향을 가하여 수사와 공판의 진행을 혼란시키고 나아가 법원의 진실발견을 곤란하게 할 구체적 위험성이 존재하는 경우를 의미한다.

"증거를 인멸할 염려[44]"는 피의자가 다음과 같은 행위를 하였거

44) 구속의 사유 중 증거를 인멸할 염려는 다음 각 호의 요소를 종합적으로 고려하여 "증거를 인멸할 염려"를 판단한다(대법원 예규, 인신구속사무의 처리에 관한 예규 제48조).
1. 인멸의 대상이 되는 증거가 존재하는지 여부
2. 그 증거가 범죄사실의 입증에 결정적으로 영향을 주는지 여부
3. 피의자측에 의하여 그 증거를 인멸하는 것이 물리적·사회적으로 가능한지 여부
4. 피의자측이 피해자 등 증인에 대하여 어느 정도의 압력이나 영향력을 행사할 수 있는지 여부

나 할 유력한 혐의가 있고 이로 인하여 실체적 진실발견을 곤란하게 할 위험이 있는 경우에 인정된다.

1) 증거를 파기, 변경, 은닉, 위조 또는 변조한 때

2) 공범, 증인 또는 감정인에게 부정한 방법으로 영향력을 행사한 때

3) 제3자에게 위와 같은 행위를 사주할 때

증거인멸의 대상과 관련하여 정상과 범정에 관한 사실증거의 인멸도 양형에 상당한 영향을 미칠 수 있는 한 증거인멸의 대상이 되는 사실에 포함된다(반대 견해 있음). 일반적으로 공범자 사이에 말을 맞추거나 관련 장부를 파기 또는 디지털 기기의 증거분석을 거부하거나 증인을 협박하여 진술을 못하게 하는 등의 방법으로 증거를 인멸할 염려가 크다고 보는 사건 유형은 다음과 같다. 단 죄명만으로 일률적으로 판단할 수는 없다.

1) 뇌물사건 등 부패사건

2) 선거법위반 사건

3) 대규모 경제범죄 사건(회사가 조직적으로 관련된 사건)

4) 조직폭력 사건

5) 공범이 많은 사건

6) 사건이 복잡하고 광범위한 다수의 증거를 수집하는 것이 필요한 사건

7) 공범자, 목격자와 같은 사건관계자가 피의자와 인적관계가 강하거나 이러한 자에 대한 피의자의 영향력이 큰 사건

8) 중요한 증인에 대하여 피의자가 직접 또는 간접으로 불이익을 줄 수 있거나 부당한 압력이 행사될 가능성이 있는 사건

9) 범행이 집단적, 조직적으로 이루어져서 조직을 통한 사건관계자에 대한 진술 방해의 염려가 있는 사건

마약사건, 밀수사건의 경우 단순투약자나 밀수운반책의 경우에는 본안에서 예상되는 형량이 높지 않은 경우에도 상선에 대한 사실을 묵비하고 있어서 석방될 경우 공범의 도피 가능성이 높다고 인정되는 경우에는 “증거를 인멸할 염려”를 인정하여 구속영장을 발부하고 있다. 장물사건의 경우에도 이와 같다.

“증거를 인멸할 염려”가 인정되어 구속영장을 발부하는 경우에는 ①도주한 공범이 있음 ②조사받지 아니한 공범이 있음 ③증거인멸을 준비하고 있음 ④범죄의 특성상 증거인멸의 개연성이 있음 ⑤피해자나 제3자의 생명(신체, 재산)에 위해를 가할 염려가 있음 등을 구속사유로 기재한다(대법원 예규, 인신구속사무의 처리에 관한 예규 제50조).

(3) 도망

형사소송법 제70조 제1항 제3호와 제201조 제1항은 구속사유로 도망을 규정하고 있다. 피의자가 새로운 주거를 신고하지 아니한 채 자신의 주거를 떠남으로써 그에게 우편송달을 할 수 없는 경우, 즉 피의자가 자신과의 연락을 취할 수 없도록 공간적 생활중심지를 이탈하는 것을 말한다. 최근의 생활 방식 변화에 따라 휴대전화 등 통신매체를 통한 연락 가능성도 도망 여부를 판단하는 참고요소로 보고 있다.

피의자가 외국으로 출국한 경우, 우편, 전화, E-메일 등으로 연락 가능하더라도 출국의 목적, 체류기간 등에 비추어 수사 또는 체포를 면할 목적이 인정되면 도망 중인 것으로 인정된다. 도망하였

다가 자수한 경우, 현재 도망 중이 아니므로 "도망할 염려"가 있는지는 별도로 하고 도망중인 것은 아니다. 체포영장이 발부된 상태에서 도망하였던 지명수배 피의자가 불심검문 등으로 체포되어 구속영장이 청구된 경우에는 구속사유를 도망으로 할 수 있지만, 지명수배 피의자 중에는 지명수배 사실을 모르고 생활한 경우도 많은데 이 경우에는 도망 중이라고 할 수 없다.

(4) 도망할 염려

(가) "도망할 염려"의 의의

"도망할 염려"는 수사기관이나 법원이 피의자의 소환과 구인이 불가능하도록 피의자가 종래의 주거를 이탈하여 그 소재가 불명하게 될 염려가 있는 때를 의미한다. 피의자가 수사기간이나 공판기일까지는 일정한 주거가 있지만 공판기일이 진행됨에 따라 소재불명으로 될 가능성이 있는 때에는 결국 형의 집행이 불가능하게 되므로 도망할 염려가 있다고 인정된다.

형사소송법 제95조 제4호는 "도망할 염려가 있다고 믿을 만한 충분한 이유가 있는 때"를 필요적 보석의 예외사유로 규정하고 있다. 구속사유인 "도망의 염려가 있는 때"라 함은 피의자가 도망할 추상적 위험이 있는 때를 의미하고 보석 예외사유인 "도망할 염려가 있다고 믿을 만한 충분한 이유가 있는 때"라 함은 피의자 또는 피고인이 도망할 구체적인 위험이 있는 때를 의미한다. 따라서 추상적 위험은 있지만, 구체적 위험이 소명되지 않은 경우라면 구속 후 보석으로 석방될 것이다.

(나) 도망할 염려의 판단에서 고려할 사항

구속의 사유 중 도망할 염려는 다음 각호의 요소를 종합적으로 고려하여 판단한다(인신구속사무의 처리에 관한 예규 제49조).

1. 범죄사실에 관한 사정

(1) 범죄의 경중, 태양, 동기, 횟수, 수법, 피해 규모, 결과 등

(2) 자수 여부

2. 피의자의 개인적 사정

(1) 직업이 쉽게 포기할 수 있는 것인지 여부

(2) 경력, 범죄경력, 범죄에 의존하지 아니하고도 생계를 유지하였는지 등 그 동안의 생계수단의 변천

(3) 약물복용이나 음주의 경력, 피의자의 도망을 억제할 만한 치료 중인 질병이 있는지 또는 출산을 앞두고 있는지 여부

(4) 다른 곳 특히 외국과의 연결점이 있는지 여부, 여권의 소지 여부 및 여행 특히 해외여행의 빈도

3. 피의자의 가족관계

(1) 가족 간의 결속력

(2) 가족 중에 보호자가 있는지 여부

(3) 배우자 또는 나이가 어리거나 학생인 자녀가 있는지 여부

(4) 연로한 부모와 함께 거주하거나 부모를 부양하고 있는지 여부

(5) 피의자에 대한 가족들의 의존 정도

(6) 가족들이 피의자에게 양심에 호소하는 권고나 충고를 하여 피의자를 선행으로 이끌만한 능력과 의사가 있는지 여부

4. 피의자의 사회적 환경

(1) 피의자의 지역사회에서의 거주기간 및 지역사회에서의 정착성의 정도

(2) 피의자 가족의 지역사회와의 유대의 정도

(3) 교우 등 지원자가 있는지 여부

5. 기타

정당한 이유없이 수사기관의 출석요구에 불응하였는지 여부 또는 주거는 일정하나 거소를 전전 이전하여 소환에 의한 출석요구가 곤란한지 여부

"도망하거나 도망할 염려"가 인정되어 구속영장을 발부하는 경우에는 ①성명(또는 주거)이 판명되지 아니함(묵비 등) ②범죄 사안이 중함 ③누범(또는 상습범)에 해당함 ④집행유예 기간에 해당함 등을 구속사유로 기재한다.

(다) 도망할 염려의 평가(사례별)

1) 생활의 불안정성 때문에 소재불명으로 될 가능성

생활의 안정 또는 불안정은 직업 이력, 재산상태, 학교관계, 가족관계, 연령, 주거형태, 주거의 안정성 정도, 이사 이력, 거주기간 등을 고려하여 판단한다. 직업이 없으면 생활이 불안정하고 소재불명으로 될 가능성이 많고, 안정된 직업이 있어서 생활이 안정된 경우 소재불명으로 될 가능성이 낮다고 평가된다. 직업이 없더라도 연금 등 안정된 수입원이 있으면 소재불명으로 될 가능성이 높지 않은 것으로 평가된다.

2) 처벌을 모면할 목적에서 소재불명으로 될 가능성

사안의 경중, 예상되는 선고형량의 경중, 피의자의 전과·전력, 여죄의 유무, 피해자와의 합의 여부, 범행 후의 정황 등을 고려하여 판단한다. 불법체류 외국인의 경우에는 처벌과 강제출국에 대한 두려움 때문에 도망할 염려가 많은 것으로 평가된다. 가장 혼인을 통하여 입국한 외국인의 경우에도 불법체류 외국인과 동일하게 본다. 적법하게 체류 중인 외국인의 경우에는 내국인과 차별적으로 대우하면 안된다.

3) 기타의 이유로 소재불명으로 될 가능성

이름, 성명 등에 대하여 거짓말을 하거나 묵비하여 신상관계가 불명한 경우 소재불명으로 될 가능성이 높은 것으로 본다. 조직폭력사건과 같이 도망에 조력을 받을 수 있는 경우 도망의 가능성이 더 높은 것으로 보고 있다.

4) 도망을 방해하는 사유

도망의 가능성을 높이는 요소 뿐만 아니라 도망의 가능성을 낮추는 요소까지도 참작하여야 한다. 도망의 가능성을 낮추는 요소로는 질병, 노령, 노쇠, 자수, 자백, 부양가족 등이 있다.

다. 구속 고려 사유

제70조(구속의 사유)②법원은 형사소송법 제70조 제1항의 구속사유를 심사함에 있어서 범죄의 중대성, 재범의 위험성, 피해자 및 참고인 등에 대한 위해 우려 등을 고려하여야 한다.

(1) 보복범죄의 위험성과 재범의 위험성에 대한 고려

(가) 형사소송법 제95조 제6호는 "피의자가 피해자, 당해 사건의 재판에 필요한 사실을 알고 있다고 인정되는 자 또는 그 친족의 생명·신체나 재산에 해를 가하거나 가할 염려가 있다고 믿을만한 충분한 이유가 있는 때"를 보석의 예외사유로 규정하고 있다.

(나) 미국의 보석개혁법은 도망의 염려 외에 타인(개인)이나 사회에 대한 위험이 심각한 경우 보석을 허가하지 아니하고 구속을 명할 수 있도록 하였다. 개인에 대한 위험은 증인이나 배심원 또는 사법관계자에 대한 협박, 위해 등의 위험성 즉 사

법방해 우려를 의미하고 사회에 대한 위험은 재범의 위험성을 의미한다.

(다) 독일 형사소송법은 구속사유로 증거인멸의 염려와 별도로 "반복의 위험성(Wiederholungsgefahr)"을 규정하고 있다. 이는 성범죄와 계속범에 있어서 형사소추절차를 확보하려는 데 있는 것이 아니고 범죄예방과 범죄자들의 재범가능성을 낮추는 기능을 하도록 하려는데 있다. 독일에서는 특히 성범죄의 경우 이 사유를 이유로 구속되는 경우가 많다고 한다.

(2) 실무상 유의할 점

(가) 지금까지 수사·재판에서 구속사유를 판단할 때 사안의 중대성이나 재범의 위험성 등을 고려해 오던 실무 관행을 형사소송법 제70조 제2항 구속 고려 사유로 반영한 것이다.

(나) 범죄의 중대성 및 재범의 위험성은 구속 사유인 '도주의 염려'를 판단할 때 주요 기준으로 적용된다.

(다) 피해자 및 중요 참고인 등에 대한 위해 우려는 '증거인멸 염려' 판단할 때 주요 기준으로 적용된다.

(3) 사안의 중대성

(가) 형사소송법 제95조 제1호 사유가 있는 경우

1) "사형, 무기 또는 장기 10년이 넘는 징역이나 금고에 해당하는 범죄를 범한 때"에는 도망할 염려를 인정한다.

2) 이 경우 구속 이유에는 "높은 처단형(선고형)이 예상되는 경우"로 기재한다.

(나) 형사소송법 제95조 제2호 사유가 있는 경우

1) "누범에 해당하거나 상습범인 죄를 범한 때"에는 도망할 염려를 인정한다.

2) 이 경우 구속 이유에는 "누범(또는 상습범)에 해당함"으로 기재한다.

3) 구속 사유가 인정된다고 반드시 구속영장을 발부하는 것은 아니고 구속 사유가 인정되는 외에 비례의 원칙에 따른 구속의 필요성까지 인정되어야 구속영장을 발부한다. 그런데 상습범 중 일부 범죄 유형은 반드시 사안이 중대하다고 볼 수 없는 점에 유의하여야 한다. 사소한 생계유지형 절도 범행이 반복되는 경우(주거침입 또는 흉기 휴대 등이 없는 단순 절도가 반복된 경우)와 횟수가 많지 않고 판돈이 크지 않은 상습도박의 경우에는 상습범이라고 하여 반드시 영장을 발부하지는 않고 다른 사정을 참작하여 구속의 필요성을 판단한다.

(다) 실형 선고가 예상되는 경우

1) 영장심사 당시의 정상에 비추어 범죄사실이 중하거나 집행유예 결격사유 등으로 실형 선고가 예상되는 경우에는 도망할 염려를 인정하여 원칙적으로 구속영장을 발부한다.

2) 집행유예의 선고가 예상되는 경우에는 주거 부정, 증거인멸의 염려 등 특별한 사정이 없는 한 구속영장을 기각한다.

3) 벌금형이 예상될 정도로 사안이 경미한 경우에는 누범 또는 집행유예 결격자의 경우에도 그리고 주거에 다소 불안정성이 인정되는 경우에도 원칙적으로 구속영장 청구를 기각한다.

(라) 방어권 보장을 위한 구속영장 청구 기각

1) 피의자가 단순히 피의사실을 부인하는 것이 아니라 합리적 근

거 내지 이유를 들어 이를 다투는 경우에는 그러한 주장을 뒷받침할 자료가 수사기록상 나타나 있지 않더라도 방어권 보장 차원에서 원칙적으로 구속영장 청구를 기각한다.

라. 형사정책적 고려

영장전담재판부의 권한내 사항으로 사법경찰관은 개별사건, 사례 등을 참작하여 구속영장 신청을 해야 한다. 구속 사유에 판단은 법원의 권한이다. 사법경찰관은 구속영장 신청 사유 기재시 형사정책적 고려 사유를 기록하여 법원이 판단할 때 고려될 수 있도록 해야 한다.

(1) 의의

(가) 형사정책적 고려라고 함은 도망할 염려 또는 증거를 인멸할 염려가 적지만, 처벌효과와 단속효과 또는 즉시 집행의 필요성 등을 고려하여 특정의 범죄유형, 시간적 또는 지역적인 특성을 가진 범죄유형의 경우에는 다른 일반범죄와는 다른 기준에서 구속영장을 심사할 필요가 있다는 논의를 반영한 것이다.

(나) 공공의 분노, 사회적 파장이 구속사유로 설시될 경우 이는 형사정책적 고려에 따른 것이다.

(다) 시간적 특성을 반영한 사례로는 국제행사에 대비하여 총포·도검·화약류 등 단속사건에서 완화된 구속기준을 적용하여야 한다.

(라) 지역적 특성을 반영한 사례로는 대게 산업이 지역경제의 큰 부분을 차지하는 영덕지역에서 금어기 중의 대게 포획행위로 인한 수산업법위반사건의 경우에는 다른 수산업법위반사건의 경우보다 완화된 구속기준을 적용하여야 한다.

(마) 즉시집행의 필요성을 반영한 사례로는 테러의 위험이 있는 경우 테러 용의자에 대하여서는 완화된 구속기준을 적용하여야 한다.

(바) 처벌효과의 필요성을 반영한 사례로는 음주운전과 같이 적발율이 낮은 사건의 경우 음주운전 행위 즉시 일시 구속하였다가 적부심사 등에 의하여 석방하여야 처벌효과를 얻을 수 있고 벌금형의 선고만으로는 처벌효과가 불확실하다.

(사) 단속효과의 필요성을 반영한 사례로는 성매매행위 일제단속과 같이 사회의 범법 인식의 전환을 시도하는 경우 법원이 구속심사에서 행정부의 단속 목적을 고려하여 완화된 구속기준을 적용하여야 단속효과를 얻을 수 있다.

(2) 비판과 반성

구속영장 심사시 형사정책적 고려를 허용할 것인가에 대하여 많은 논란이 있다. 형사정책적 고려를 지지하는 입장에서도 어떤 사건 유형에서 어느 정도의 형사정책적 고려를 할 것인가에 대해서는 날카로운 견해 대립이 존재한다. 형사정책적 고려에 반대하는 입장에서는 형사정책적 고려를 "위장된 구속사유"라고 부르기도 한다. 형사정책적 고려의 필요성을 긍정하는 입장에서 볼 때에도 형사정책적 고려를 반영하는 범죄유형과 반영의 정도를 감소시키는 것이 적절한 것으로 판단된다.

(3) 정책적 고려 대상인 범죄 유형

(가) 성폭력 사건 중 청소년 성폭행 사건과 친족관계에 있는 자의 성폭행 사건

1) 사회의 충격이 크고, 재범의 위험성이 높은 점을 참작

2) 피해자를 피의자로부터 격리하여 보호하기 위한 제도적 장치가 미흡하므로 구속을 통한 격리의 필요성이 있는 등 피해자 보호의 필요성을 참작

(나) 조직폭력 사건

1) 피해자와 증인에 대한 보복의 위험성과 재범의 위험성에 따른 지역 상인과 서민들의 이익을 보호할 필요성이 있는 경우 그 필요성을 참작

2) 일반적으로 증거를 인멸할 염려 또는 도망할 염려가 크다는 점도 참작

(다) 가정폭력 사건

1) 상습적인 가정폭력의 혐의가 있는 경우 피해자에 대한 적극적인 보호의 필요성을 참작, 접근금지명령이 효력을 발휘하지 못한 경우 그 사정을 참작

2) 다만, 가정의 회복 가능성을 적극적으로 심리하여 참작하여야 함.

(라) 뇌물 등 부패 관련 사건

1) 사회적 분노가 크고 사회발전에 큰 장애가 되고 있으므로 부패를 근절하고자 하는 국가적 의지를 반영할 필요가 있다는 점을 참작

(마) 식품위생 관련 사건과 환경 관련 사건

1) 광범위한 피해를 야기하고 건강에 유해한 영향을 미치는 범죄가 있었고 이러한 범죄에 대하여 국가의 즉각적이고 단호한 단속의지를 보일 필요성이 있는 경우 이러한 필요성을 참작

(바) 일제단속사건의 경우는 정책적 고려의 필요성과 참작 정도를 정함.

(사) 대테러 활동 또는 국제행사 등의 원활한 준비를 위한 단속의 경우에는 정책적 단속 필요성을 고려하여 적절한 범위 내에서 참작

마. 소년범에 대한 특별한 배려

소년에 대한 구속영장은 부득이한 경우가 아니면 발부하지 못한다(소년법 제55조 제1항). 고 규정하고 있다. 소년법의 목적은 반사회성이 있는 소년의 환경 조정과 품행 교정을 위한 보호처분 등의 필요한 조치를 하고, 형사처분에 관한 특별조치를 함으로써 소년이 건전하게 성장하도록 돕는 것을 목적으로 한다(소년법 제1조). 형사소송절차에서 소년을 구속하는 것은 구속이 소년의 심신 및 장래에 미치는 악영향을 고려하여 구속을 제한하자는 취지이다.

소년의 경우에는 사안의 중대성, 증거인멸 또는 도망의 염려에 관한 요소 외에 소년법상의 보호처분에 의한 선도의 가능성을 고려하여 구속 여부를 판단하여야 한다. 연령, 비행의 경력, 학업을 계속하고 있는지, 가출의 이유와 횟수, 보호자의 애정과 관심, 보호 의지와 노력을 참작하여야 한다.

바. 구속의 제한

(1) 경미사건

다액 50만원 이하의 벌금, 구류 또는 과료에 해당하는 범죄에 관하여는 피의자가 일정한 주거가 없는 경우에 한하여 구속할 수 있다(형사소송법 제201조 제1항 단서).

(2) 국회의원, 쟁의노동자 등에 대한 법률상 제약

(가) 국회의원은 현행범인인 경우를 제외하고는 회기 중 국회의 동의없이 체포 또는 구금되지 아니하고(헌법 제44조 제1항),

(나) 근로자는 쟁의행위 기간중에는 현행범 외에는 노동조합 및 노동관계조정법위반을 이유로 구속되지 아니한다(노동조합 및 노동관계조정법 제39조).

(다) 각급선거관리위원회의 위원은 선거인명부작성기준일 또는 국민투표안공고일로부터 개표종료시까지 내란·외환·국교·폭발물·방화·마약·통화·유가증권·우표·인장·살인·폭행·체포·감금·절도·강도 및 국가보안법위반의 범죄에 해당하는 경우를 제외하고는 현행범인이 아니면 체포 또는 구속되지 아니하며 병역소집의 유예를 받는다(선거관리위원회법 제13조).

3. 구속영장의 신청 및 청구

가. 구속영장 신청권자

사법경찰관은 검사에게 신청하여 검사의 청구로 관할지방법원 판사의 구속영장을 발부 받는다(형사소송법 제201조 제1항). 사법경찰관은 체포한 피의자를 구속하고자 할 때에는 체포한 때부터 48시간 내에 구속영장을 신청하되 검사의 영장청구에 필요한 시한을 고려하여야 한다(범죄수사규칙 제119조 제3항). 구속영장을 신청하였을 때에는 구속영장신청부에 필요한 사항을 등재하여야 한다(동조 제4항).

나. 구속영장청구서의 기재사항

구속영장청구서에는 (1)피의자의 성명(분명하지 아니한 때에는 인상, 체격, 그 밖에 피의자를 특정할 수 있는 사항), 주민등록번호 등, 직업, 주거 (2)피의자에게 변호인이 있는 때에는 그 성명 (3)죄명 및 범죄사실의 요지 (4)7일을 넘는 유효기간을 필요로 하는 때에는 그 취지 및 사유 (5)여러통의 영장을 청구하는 때에는 그 취지 및 사유 (6)인치·구금할 장소 (7)형사소송법 제70조제1항 각호에 규정한 구속의 사유 (8)피의자의 체포여부 및 체포된 경우에는 그 형식 (9)형사소송법 제200조의6, 형사소송법 제87조에 의하여 피의자가 지정한 사람에게 체포이유 등을 알린 경우에는 그 사람의 성명과 연락처를 기재하여야 한다(형사소송법 제209조, 제75조, 형사소송규칙 제95조의2).

그 기재요령은 체포영장청구서와 동일하나 구속영장의 유효기간은 실무상 구속영장발부일부터 7일간으로 하여 청구하는 것이 보통이다.[45)]

사법경찰관은 구속영장을 신청할 때에는 체포영장, 긴급체포서, 현행범인체포서 또는 현행범인인수서를 첨부한다. 구속의 이유와 필요성을 입증하기 위하여 체포영장을 청구할 때보다 더욱 구체적인 증거자료를 제출하여야 한다.

다. 재구속의 제한

검사 또는 사법경찰관에 의하여 구속되었다가 석방된 자는 「

45) 사법연수원, 「수사절차론」, 성문인쇄사, 2008. P.152.

다른 중요한 증거를 발견한 경우」[46]를 제외하고는 동일한 범죄사실에 관하여 재차 구속하지 못한다(형사소송법 제208조 제1항). 동일한 범죄사실이라 함은 죄명에 관계없이 「기본적 사실이 동일」[47]함을 말하며 1개의 목적을 위하여 동시 또는 수단결과의 관계에서 행하여진 행위는 동일한 범죄사실로 간주한다(동조 제2항).

검사가 형사소송법 제201조 제1항의 청구를 함에 있어서 동일한 범죄사실에 관하여 그 피의자에 대하여 전에 구속영장을 청구하거나 발부받은 사실이 있을 때에는 다시 구속영장을 취지 및 이유를 기재하여야 한다(형사소송법 제201조 제5항). 사법경찰관은 동일한 범죄사실로 다시 구속영장을 신청하는 경우(구속영장의 신청이 기각된 후 다시 구속영장을 신청하는 경우와 이미 발부받은 구속영장과 동일한 범죄사실로 다시 구속영장을 신청하는 경우를 말한다)에는 그 취지를 구속영장신청서에 적어야 한다(수사준칙 제31조).

---

46) 「다른 중요한 증거를 발견한 경우」
1. 구속수사 중 증거가 불충분하여 구속을 취소하고 석방한 후 수사를 계속하여 다른 증거를 발견한 경우(공범자의 미체포로 석방한 후 공범 검거로 증거확보 등)
2. 검사의 구속취소 결정 후 그 결정이 잘못되었음을 뒷받침하는 결정적인 증거가 새로 발견된 경우(친고죄에 있어서 고소취소가 강박에 의한 것임이 증명된 경우 등)
3. 구속기간 만료로 석방하였다가 그 후 새로운 증거를 발견한 경우

47) 「기본적 사실관계의 동일성」(2003. 12. 11. 대판 2001두8827): 법률적으로 평가하기 이전의 구체적인 사실에 착안하여 그 사실의 기초가 되는 사회적 사실관계가 기본적인 점에서 동일한지 여부는 ①시간적·장소적 접근성 ②행위의 태양과 결과 등을 종합적으로 고려하여 판단해야 한다.

4. 구속전 피의자심문제도

가. 영장실질심사의 의의

영장실질심사제도란 구속영장의 청구를 받은 판사가 피의자를 직접 심문하여 구속사유를 판단하는 것을 말한다. 형사소송법 제200조의2(영장에 의한 체포), 제200조의3(긴급체포) 또는 제212조(현행범인의 체포)에 따라 체포된 피의자에 대하여 구속영장을 청구받은 판사는 지체 없이 피의자를 심문하여야 한다. 이 경우 특별한 사정이 없는 한 구속영장이 청구된 날의 다음날까지 심문하여야 한다(형사소송법 제201조의2 제1항). 체포되지 아니한 피의자에 대하여 구속영장을 청구받은 판사는 피의자가 죄를 범하였다고 의심할 만한 이유가 있는 경우에 구인을 위한 구속영장을 발부하여 피의자를 구인한 후 심문하여야 한다. 다만, 피의자가 도망하는 등의 사유로 심문할 수 없는 경우에는 그러하지 아니하다(동조 제2항).

영장주의가 법관의 사법적 판단에 의하여 구속을 규제하는 제도적 기능을 다하기 위하여는 수사기관이 일방적으로 제출한 수사기록에 대한 형식적 심사만으로 구속 여부를 결정할 것이 아니라 법관이 직접 피의자를 심문하여 구속사유가 충족되었는가를 판단해야 한다는 점에서 영장실질심사는 영장주의 핵심적 내용이 될 뿐만 아니라, 법적 청문권은 헌법상의 법치국가 원리와 적법절차의 이념에서 파생된 핵심적인 권리이므로 구속될 피의자에게도 법관에게 한마디 변명이라도 할 수 있는 청문권을 보장해야 적법절차의 원리가 실현될 수 있다는 것을 근거로 한다.

나. 구속전 피의자심문의 절차

(1) 심문기일의 지정과 통지

구속영장을 청구받은 판사는 심문기일을 정해야 한다. 심문기일은 체포된 피의자에 대하여는 구속영장이 청구된 날의 다음날까지여야 하나, 사전 구속영장이 청구된 피의자에 대하여는 시간의 제한이 없다(형사소송법 제201조의2 제1항, 제2항). 판사는 제1항의 경우에는 즉시, 제2항의 경우에는 피의자를 인치한 후 즉시 검사, 피의자 및 변호인에게 심문기일과 장소를 통지하여야 한다(동조 제3항). 심문기일의 통지는 서면 이외에 구술·전화·모사전송·전자우편·휴대전화 문자전송 그 밖에 적당한 방법으로 신속하게 하여야 한다. 이 경우 통지의 증명은 그 취지를 심문조서에 기재함으로써 할 수 있다(형사소송규칙 제96조의12 제3항).

(2) 피의자의 인치

판사가 구속전 피의자를 심문하기 위하여 피의자를 법원에 인치할 것이 필요하다. 피의자를 법원에 인치하는 방법은 피의자가 체포되어 있는 경우와 그렇지 않은 경우에 따라 구별된다. 먼저 체포된 피의자에 대하여는 체포의 효력을 이용하여 피의자를 법원에 인치한다. 즉, 검사는 피의자가 체포되어 있는 때에는 심문기일에 피의자를 출석시켜야 한다(형사소송법 제201조의2 제3항). 이에 반하여 체포되지 않은 피의자를 바로 구속하는 경우에는 판사가 피의자를 구인하여 심문하게 하고 있다. 즉, 구속영장을 청구받은 판사는 피의자가 죄를 범하였다고 의심할 만한 이유가 있는 경우에 구인을 위한 구속영장을 발부하여 피의자를 구인한후 심문하여야 한다. 다만, 피의자가 도망하는 등의 사유로 심문할 수 없는 경우에는 그러하지 아니하다(동조 제2항). 법원이 인치받은 피의자를 유치할 필요가 있는 경우에는 교도소·구치소 또는 경찰서 유치장에 24시간을 초과하지 않는 범위에서 피의자를 유치할 수 있다(동조 제10항, 제71조의2).

(3) 심문기일의 절차

(가) 피의자의 출석

심문기일에 지방법원판사는 구속사유를 판단하기 위하여 피의자를 심문하고, 검사와 변호인은 심문기일에 출석하여 의견을 진술할 수 있다(형사소송법 제201조의2 제4항).

심문을 함에 있어 지방법원판사는 공범의 분리심문 기타 수사상의 비밀 보호를 위하여 필요한 조치를 하여야 한다(동조 제5항). 판사는 피의자가 심문기일에 출석을 거부하거나 질병 기타 사유로 출석이 현저하게 곤란하고, 피의자를 심문 법정에 인치할 수 없다고 인정되는 때에는 피의자의 출석없이 심문절차를 진행할 수 있다(형사소송규칙 제96조의13 제1항).

(나) 심문의 방법

피의자의 심문은 법원청사내에서 하여야 한다. 다만, 피의자가 출석을 거부하거나 질병 기타 부득이한 사유로 법원에 출석할 수 없는 때에는 경찰서, 구치소 기타 적당한 장소에서 심문할 수 있다(형사소송규칙 제96조의15). 피의자에 대한 심문절차는 공개하지 아니한다. 다만, 판사는 상당하다고 인정하는 경우에는 피의자의 친족, 피해자 등 이해관계인의 방청을 허가할 수 있다(동규칙 제96조의14). 심문에 앞서 판사는 피의자에게 구속영장청구서에 기재된 범죄사실의 요지를 고지하고, 진술을 거부하거나 이익되는 사실을 진술할 수 있음을 알려주어야 한다(동규칙 제96조의16 제1항). 판사는 피의자를 심문함에 있어서 구속 여부를 판단하기 위하여 필요한 사항에 관하여 신속하고 간결하게 심문하여야 하고(동조 제2항), 검사와 변호인은 판사의 심문이 끝난 후에 의견을 진술할 수 있다(형사소송법 제201조의2 제4항). 판사는 구속 여부의 판단을 위하여 필요하다고 인정하는 때에는 심문장소에 출석한 피해자 기타 제3자를 심문할 수 있다(형사소송규칙 제96조의16 제5항). 변호인은 피의자에 대한 심문이 시작되기 전에 피의자를 접견할 수 있고, 판사는 검사 또는 사법경찰관에게 위의 변호인의 접견에 필요한 조치를 요구할 수 있다(동규칙 제96조의20 제1항, 제3항).

(다) 국선변호인의 선정

심문할 피의자에게 변호인이 없는 때에는 지방법원판사는 직권으로 변호인을 선정하여야 한다. 이 경우 변호인의 선정은 피의자에 대한 구속영장 청구가 기각되어 효력이 소멸한 경우를 제외하고는 제1심까지 효력이 있다(형사소송법 제201조의2 제8항). 이에 의하여 모든 구속된 피의자에게 국선변호인이 선정될 수 있게 되었다. 법원은 변호인의 사정이나 그 밖의 사유로 변호인 선정결정이 취소되어 변호인이 없게 된 때에는 직권으로 다시 변호인을 선정할 수 있다(동조 제9항).

(라) 구속전 피의자심문조서의 작성

구속영장이 청구되어 법원이 구속전 피의자심문을 하는 경우 법원사무관 등은 심문의 요지 등을 조서로 작성하여야 한다(형사소송법 제201조의2 제6항). 법원이 피의자심문조서를 작성하는 때에는 조서 작성의 일반원칙에 따라 조서 기재의 정확성 여부를 진술자에게 확인하고, 조서에 간인하여 기명날인 또는 서명을 받아야 하며, 검사·피의자 또는 변호인이 조서 기재의 정확성에 관하여 이의를 제기한 때에는 그 진술의 요지를 기재하고 법관·법원사무관 등이 조서에 기명날인 또는 서명하여야 한다(동조 제10항, 제48조, 제53조). 검사, 피의자 및 변호인은 심문과정의 속기·녹음·영상녹화를 신청할 있으며, 사후 속기록·녹음물·영상녹화물의 사본을 청구할 수 있다(형사소송법 제201조의2 제10항, 재56조의2). 구속전 피의자심문조서는 형사소송법 제311조의 법원 또는 법관의 조서에는 해당하지 않지만, 제315조 제3호의 기타 특히 신용할 만한 정황에 의하여 작성된 문서로서 증거로 할 수 있다.

5. 구속영장청구에 대한 판단

가. 구속영장의 발부

판사는 구속영장의 청구가 상당하다고 인정할 때에는 구속영장을 발부한다(형사소송법 제201조 제4항 본문).

구속영장에는 (1)피의자의 성명·주민등록번호(외국인인 경우에는 외국인등록번호, 주민등록번호가 없거나 이를 알 수 없는 경우에는 생년월일 및 성별)·직업·주거 (2)죄명 (3)피의사실의 요지 (4)인치·구금할 장소 (5)발부연월일 (6)구속영장의 유효기간 및 그 기간을 경과하면 집행에 착수하지 못하며 영장을 반환하여야 할 취지 (7)영장을 청구한 검사의 성명과 그 검사의 청구에 의하여 발부한다는 취지를 기재하여야 한다.

판사는 구속영장을 발부하는 경우 구속영장의 해당란에 구속의 사유를 표시하여야 한다. 다만, 필요한 경우에는 증거를 인멸할 염려 또는 도망할 염려가 있다고 인정하는 주된 요소를 간략하게 기재할 수 있다(인신구속사무의 처리에 관한 예규 제50조).

나. 구속영장의 기각

판사는 (1)청구서의 방식에 현저히 위배되어 검사에게 그 보정을 요구하였으나 상당한 시간내에 그 보정을 하지 아니하거나 보정에도 불구하고 흠이 치유되지 아니한 경우 (2)구속의 사유에 대한 소명이 부족한 경우 (3)구속을 함에 있어서 다른 법률에 정한 동의가 있어야 하는데 그 동의안이 부결된 경우 (4)현행범인체포나 긴급체포에 있어서 체포가 위법한 경우 (5)체포일시로부터 48시간이 경과하여 구속영장이 청구된 경우에는 구속영장청구를 기각한다.[48]

구속영장의 청구를 기각하는 경우에는 구속영장청구서 하단의 해당란 또는 별지에 구속영장을 기각하는 취지와 이유를 간략하게 기재한 다음 연월일을 적고 서명날인하여 검사에게 교부한다(인신구속사무의 처리에 관한 예규 제51조).

6. 구속영장의 집행 및 후속조치

가. 구속영장 집행의 절차

구속영장 집행의 절차 및 요령은 체포영장의 집행과 같다. 즉, 구속영장은 검사가 구속영장집행지휘서에 의하거나 구속영장의 상단에 서명 또는 날인하는 방법으로 지휘하여 사법경찰관리가 집행한다(형사소송법 제209조, 제81조 제1항 본문). 사법경찰관리는

48) 사법연수원, 「수사절차론」, 성문인쇄사, 2008. P.160.

구속영장을 집행할 때에는 신속하고 정확하게 해야 한다(경찰수사규칙 제55조 제1항).

이를 집행함에 있어서는 미리 피의자에 대하여 범죄사실의 요지, 구속의 이유와 변호인을 선임할 수 있음을 말하고 변명할 기회를 준 후가 아니면 구속할 수 없다(형사소송법 제72조). 피의자에게 반드시 이를 제시하고 그 사본을 교부하여야 하며 신속히 지정된 법원 기타 장소에 인치하여야 한다(동법 제209조, 제85조 제1항). 구속영장을 소지하지 아니한 경우에 급속을 요하는 때에는 피고인에 대하여 공소사실의 요지와 영장이 발부되었음을 고하고 집행할 수 있다(동법 제85조 제3항). 전항의 집행을 완료한 후에는 신속히 구속영장을 제시하고 그 사본을 교부하여야 한다(동조 제4항).

구속의 통지는 지체 없이, 구속을 한 때로부터 늦어도 24시간 이내에 서면으로 변호인 또는 피의자가 지정하는 가족 등 변호인 선임권자에게 하여야 한다. 통지 대상자가 없어 통지를 하지 못한 경우에는 그 취지를 기재한 서면을 기록에 철하여야 한다(형사소송법 제87조, 형사소송규칙 제51조 제2항). 급속을 요하는 경우에는 구속되었다는 취지 및 구속의 일시·장소를 전화 또는 모사전송기 기타 상당한 방법에 의하여 통지할 수 있다. 다만, 이 경우에도 구속통지는 다시 서면으로 하여야 한다(형사소송규칙 제51조 제3항).

영장을 집행한 사법경찰관리는 영장하단의 집행란에 집행일시와 장소, 집행자의 관직, 성명을 기재하고 날인하여야 한다(형사소송규칙 제100조 제1항, 제49조 제1항).

나. 구속사건의 표시 및 구속기간 산정 유의

피의자가 영장에 의한 체포·긴급체포·미체포 피의자 구인 또는 현행범인의 규정에 의하여 체포 또는 구인된 경우에는 구속기간은 피의자를 체포 또는 구인한 날로부터 기산한다(형사소송법 제203조의2). 구속영장 발부과정에서 판사가 구속전 피의자심문을 실시하는 경우에는 법원이 구속영장청구서·수사관계서류 및 증거물을 접수한 날부터 구속영장을 발부하여 검찰청에 반환한날까지의 기간은 구속기간에 이를 산입하지 아니한다(동법 제201조의2 제10항).

이처럼 현행 형사소송법에서는 구속기간의 산정이 까다롭고 구속기간은 당사자의 이해관계에 매우 큰 영향을 주는 것이므로 실무상으로는 그 처리에 정확을 기하기 위하여 수사기록의 표지에 구속사건의 표시를 하고 이에 구속일자를 기재하고 있다. 또한 구속만기부전지등을 활용하여 구속기간의 산정에 착오가 없도록 유의해야 한다.[49]

다. 구속영장의 반환

검사 또는 사법경찰관은 구속영장의 유효기간 내에 영장의 집행에 착수하지 못했거나, 그 밖의 사유로 영장의 집행이 불가능하거나 불필요하게 되었을 때에는 즉시 해당 영장을 법원에 반환해야 한다. 이 경우 구속영장이 여러 통 발부된 경우에는 모두 반환해야 한다(수사준칙 제35조 제1항). 검사 또는 사법경찰관은 제1항에 따라 구속영장을 반환하는 경우에는 반환사유 등을 적은 영

49) 사법연수원, 「수사절차론」, 성문인쇄사, 2008. P.162.

장반환서에 해당 영장을 첨부하여 반환하고, 그 사본을 사건기록에 편철한다(동조 2항).

7. 변호인 아닌 자와의 접견 · 교통 금지

검사 또는 사법경찰관은 도망하거나 범죄의 증거를 인멸할 염려가 있다고 인정할 만한 상당한 이유가 있는 때에는 직권 또는 검사의 청구에 의하여 결정으로 구속된 피의자와 형사소송법 제34조에 규정한 변호인이나 변호인이 되려는 자 외의 타인과의 접견을 금지할 수 있고, 서류나 그 밖의 물건을 수수하지 못하게 하거나 검열 또는 압수할 수 있다. 다만, 의류 · 양식 · 의료품은 수수를 금지하거나 압수할 수 없다(형사소송법 제209조, 제91조). 경찰관은 구속된 피의자로부터 타인과의 접견 등[50]의 신청이 있을 때에는 도망 또는 죄증을 인멸할 염려가 있거나 유치장의 보안상 지장이 있다고 판단되는 경우를 제외하고 응하여야 한다(범죄수사규칙 제131조 제3항).

8. 구속의 집행정지 및 구속의 취소

가. 구속의 집행정지

사법경찰관은 형사소송법 제209조에서 준용하는 형사소송법 제101조 제1항에 따라 상당한 이유가 있는 때에는 구속집행정지 결정서에 따라 구속된 피의자를 친족보호단체 기타 적당한 자에게 부탁하거나 피의자의 주거를 제한하여 구속의 집행을 정지할 수

50) 접견 등: 피의자와의 접견, 서류 또는 물건의 수수, 의사의 진료

있다(형사소송법 제209조, 동법 제101조 제1항, 경찰수사규칙 제62조 제1항). 제1항에 따라 구속의 집행을 정지한 사법경찰관은 지체 없이 구속집행정지 통보서를 작성하여 검사에게 그 사실을 통보하고, 그 통보서 사본을 사건기록에 편철해야 한다(경찰수사규칙 제62조 제2항).

사법경찰관은 구속의 집행정지를 받은 피의자가 (1)도망한 때 (2)도망하거나 죄증을 인멸할 염려가 있다고 믿을 만한 충분한 이유가 있는 때 (3)소환을 받고 정당한 사유 없이 출석하지 아니한 때 (4)피해자, 당해 사건의 재판에 필요한 사실을 알고 있다고 인정되는 자 또는 그 친족의 생명·신체·재산에 해를 가하거나 가할 염려가 있다고 믿을 만한 충분한 이유가 있는 때 (5)법원이 정한 조건을 위반한 때에는 구속집행정지 취소 결정서에 의하여 구속의 집행정지를 취소할 수 있다(형사소송법 제209조, 동법 제102조 제2항, 경찰수사규칙 제62조 제3항).

헌법 제44조에 의하여 구속된 국회의원에 대한 석방요구가 있으면 당연히 구속영장의 집행이 정지되고, 회기중에는 구속집행정지를 취소하지 못한다(형사소송법 제101조 제4항, 제102조 제1항 단서).

나. 구속의 취소

사법경찰관은 피의자에 대하여 구속의 사유가 없거나 소멸된 때에는 구속을 취소하여 피의자를 석방할 수 있다. 다만, 형사소송법 제245조의5 제1호(사법경찰관의 사건송치 등)에 따라 검사에게 송치해야 하는 사건인 경우에는 사전에 구속취소 동의 요청서에 따라 검사의 동의를 받아야 한다(형사소송법 제209조, 동법 제93조, 경찰수사규칙 제61조 제1항). 제1항에 따라 구속을 취소한 사법경찰관은 지체 없이 석방 통보서를 작성하여 검사에게 석방사실을 통보하고, 그 통보서 사본을 사건기록에 편철해야 한다(경찰수사규칙 제61조 제2항).

9. 구속의 적부심사

가. 심사의 청구

구속된 피의자 또는 그 변호인, 법정대리인, 배우자, 직계친족, 형제자매나 가족, 동거인 또는 고용주는 관할법원에 구속의 적부심사(適否審査)를 청구할 수 있다(형사소송법 제214조의2 제1항). 구속의 적부심사청구서에는 다음 사항을 기재하여야 한다(형사소송규칙 제102조).

1. 구속된 피의자의 성명, 주민등록번호 등, 주거
2. 구속된 일자
3. 청구의 취지 및 청구의 이유
4. 청구인의 성명 및 구속된 피의자와의 관계

구속영장이 청구되거나 구속된 피의자, 그 변호인, 법정대리인, 배우자, 직계친족, 형제자매나 동거인 또는 고용주는 긴급체포서, 현행범인체포서, 체포영장, 구속영장 또는 그 청구서를 보관하고 있는 검사, 사법경찰관 또는 법원사무관 등에게 그 등본의 교부를 청구할 수 있다(형사소송규칙 제101조).

나. 법원의 심사

구속영장을 발부한 법관은 심문·조사·결정에 관여하지 못하나 그 법관 외에는 심문·조사·결정을 담당할 판사가 없는 경우는 예외이다(형사소송법 제214조의2 제12항).

구속의 적부심사는 구속의 적법 여부 뿐만 아니라 구속의 당부, 즉 구속을 계속할 필요 여부를 판단기준으로 하되, 적부심사시까지의 변경된 사정도 고려하여야 한다. 사안에 따라 무조건의 석방명령이 부적당하다고 보여지는 경우에는 보증금납입을 조건으로 한 석방명령을 활용할 수 있다.

(1) 심문없이 즉시 기각하는 경우

법원은 형사소송법 제214조의2 제1항(적부심사)에 따른 청구가 다음 각 호의 어느 하나에 해당하는 때에는 제4항에 따른 심문 없이 결정으로 청구를 기각할 수 있다(형사소송법 제214조의2 제3항).

1. 청구권자 아닌 사람이 청구하거나 동일한 체포영장 또는 구속영장의 발부에 대하여 재청구한 때
2. 공범이나 공동피의자의 순차청구가 수사 방해를 목적으로 하고 있음이 명백한 때

(2) 심문기일의 지정 및 통지

피의자를 구속한 검사 또는 사법경찰관은 구속된 피의자와 형사소송법 제214조의2 제1항에 규정된 사람 중에서 피의자가 지정하는 사람에게 제1항에 따른 적부심사를 청구할 수 있음을 알려야 한

다(형사소송법 제214조의2 제2항). 구속의 적부심사의 청구를 받은 법원은 지체 없이 청구인, 변호인, 검사 및 피의자를 구금하고 있는 관서(경찰서, 교도소 또는 구치소 등)의 장에게 심문기일과 장소를 통지하여야 한다(형사소송규칙 제104조 제1항). 통지는 서면외에 전화 · 모사전송 · 전자우편 · 휴대전화 문자전송 그 밖에 적당한 방법으로 할 수 있다(형사소송규칙 제104조 제3항, 제54조의2 제3항).

(3) 수사관계서류 등의 제출

사건을 수사 중인 검사 또는 사법경찰관은 심문기일까지 수사관계서류와 증거물을 법원에 제출하여야 하고, 피의자를 구금하고 있는 관서의 장은 위 심문기일에 피의자를 출석시켜야 한다(형사소송규칙 제104조 제2항).

(4) 피의자 심문 및 조사

청구를 받은 법원은 청구서가 접수된 때부터 48시간 이내에 구속된 피의자를 심문하고 수사관계서류와 증거물을 조사한다(형사소송법 제214조의2 제4항). 법원은 피의자의 심문을 합의부원에게 명할 수 있다(형사소송규칙 제105조 제3항). 구속된 피의자에게 변호인이 없는 때에는 제33조(국선변호인)를 준용한다(형사소송법 제214조의2 제10항, 제33조).

심문기일에 출석한 검사 · 변호인 · 청구인은 법원의 심문이 끝난 후 의견을 진술할 수 있다. 다만, 필요한 경우에는 심문 도중에도 판사의 허가를 얻어 의견을 진술할 수 있다(형사소송규칙 제105조 제1항). 검사·변호인·청구인은 의견을 진술할 수 있으며(형사소송법 제214조의2 제9항), 피의자·변호인·청구인은 피의자에게 유리한 자료를 낼 수 있다(형사소송규칙 제105조 제3항). 법원은 공범의 분리심문이나 그 밖에 수사상의 비밀보호를 위한 적절한 조치를 하여야 한다(형사소송법 제214조의2 제11항).

다. 법원의 결정

구속의 적부심사청구에 대한 결정은 구속된 피의자에 대한 심문이 종료된 때로부터 24시간 이내에 이를 하여야 한다(형사소송규칙 제106조). 청구의 기각 또는 석방의 결정에 대하여는 항고할 수 없다(형사소송법 제214조의2 제8항). 심사청구 후 당해사건에 대한 공소제기가 있는 경우에도 기각 또는 석방의 결정을 해야 한다(형사소송법 제214조의2 제4항).

(1) 기각결정

법원은 심사결과 그 청구가 이유 없다고 인정한 경우에는 결정으로 기각한다(형사소송법 제214조의2 제4항).

(2) 석방 결정

법원이 적부심사의 청구를 이유 있다고 인정한 경우에는 결정으로 구속된 피의자의 석방을 명하여야 한다(형사소송법 제214조의2 제4항). 경찰관은 법원이 석방결정을 한 경우에는 피의자를 즉시 석방하여야 하고, 보증금의 납입을 조건으로 석방결정을 한 경우에는 보증금 납입증명서를 제출받은 후 석방하여야 한다(범죄수사규칙 제126조 제3항).

(3) 보증금납입조건부 피의자 석방

(가) 요건

구속된 피의자(심사청구 후 공소제기된 사람을 포함한다) 또는 그 변호인 등이 구속의 적부심사를 청구한 경우 (1)범죄의 증거를 인멸할 염려가 있다고 믿을 만한 충분한 이유가 있는 때 (2)피해자, 당해 사건의 재판에 필요한 사실을 알고 있다고 인정되는 사람 또는 그 친족의 생명·신체나 재산에 해를 가하거나 가할 염려가 있다고 믿을 만한 충분한 이유가 있는 때를 제외하고는 피의자의 출석을 보증할 만한 보증금의 납입을 조건으로 하여 결정으로 피의자의 석방을 명할 수 있다(형사소송법 제214조의2 제5항).

(나) 보증금액의 결정 기타 조건의 부가

법원은 보석의 조건을 정할 때에는 범죄의 성질 및 죄상, 증거의 증명력, 피의자의 전과·성격·환경 및 자산, 피해자에 대한 배상 등 범행 후의 정황에 관련된 사항을 고려하여야 한다(형사소송법 제99조 제1항). 피의자의 자금능력 또는 자산 정도로는 이행할 수 없는 조건을 정할 수 없다(동조 제2항).

석방 결정을 하는 경우에는 주거의 제한, 법원 또는 검사가 지정하는 일시·장소에 출석할 의무, 그 밖의 적당한 조건을 부가할 수 있다(동법 제214조의2 제6항).

(다) 집행

보증금납입조건부 피의자석방결정은 보증금을 납입한 후가 아니면 집행하지 못한다(형사소송법 제214조의2 제7항, 제100조 제1항). 따라서 피의자가 보증금을 납입하지 아니하면 법원의 결정이 있더라도 석방하지 아니한 채 기소할 수 있다.

법원은 유가증권 또는 피의자 이외의 자가 제출한 보증서로써 보증금에 갈음할 것을 허가할 수 있고, 이 보증서에는 보증금액을 언제든지 납입할 것을 기재하여야 한다(동법 제214조의2 제7항, 제100조 제3항, 제4항).

(라) 재구속의 제한

형사소송법 제214조의2 제4항(구속의 적부심사)에 따른 석방된 피의자가 도망하거나 범죄의 증거를 인멸하는 경우를 제외하고는 동일한 범죄사실로 재차 구속할 수 없다(형사소송법 제214조의3 제1항).

형사소송법 제214조의2 제5항에 따라 석방된 피의자에게 다음 각 호의 어느 하나에 해당하는 사유가 있는 경우를 제외하고는 동일한 범죄사실로 재차 구속할 수 없다(동법 제214조의3 제2항).

1. 도망한 때
2. 도망하거나 범죄의 증거를 인멸할 염려가 있다고 믿을 만한 충분한 이유가 있는 때
3. 출석요구를 받고 정당한 이유없이 출석하지 아니한 때
4. 주거의 제한이나 그 밖에 법원이 정한 조건을 위반한 때

(마) 보증금의 몰수

1. 임의적 몰수: 법원은 다음 각 호의 1의 경우에 직권 또는 검사의 청구에 의하여 결정으로 형사소송법 제214조의2 제5항에 따라 납입된 보증금의 전부 또는 일부를 몰수할 수 있다(형사소송법 제214조의4 제1항).

   1) 형사소송법 제214조의2 제5항에 따라 석방된 자를 제214조의3 제2항(재구속의 제한)에 열거된 사유로 재차 구속할 때

2) 공소가 제기된 후 법원이 제214조의2 제5항에 따라 석방된 자를 동일한 범죄사실에 관하여 재차 구속할 때

2. 필요적 몰수: 법원은 형사소송법 제214조의2 제5항에 따라 석방된 자가 동일한 범죄사실에 관하여 형의 선고를 받고 그 판결이 확정된 후, 집행하기 위한 소환을 받고 정당한 이유없이 출석하지 아니하거나 도망한 때에는 직권 또는 검사의 청구에 의하여 결정으로 보증금의 전부 또는 일부를 몰수하여야 한다 (형사소송법 제214조의4 제2항).

(바) 항고

보증금납입조건부 피의자석방결정에 대하여 항고할 수 있는가의 문제가 있다. 형사소송법은 체포 또는 구속적부심사절차에서 법원의 기각 또는 석방결정에 대하여는 항고하지 못한다고 규정하고 있으면서(제214조의2 제8항) 보증금납입조건부 피의자 석방결정에 대하여는 명문의 규정을 두고 있지 않기 때문이다.

이에 대하여 대법원은 보증금 납입 조건부 피의자 석방 결정에 대하여 항고할 수 있다고 하여 이를 인정하고 있다.

체포적부심사 석방에 대한 재항고

(대법원 1997.8.27. 자, 97모21, 결정)

【판시사항】

[1] 체포적부심사절차에서 피의자를 보증금 납입을 조건으로 석방할 수 있는지 여부 (소극)

[2] 보증금 납입을 조건으로 한 피의자 석방결정에 대하여 항고할 수 있는지 여부 (적극)

【판결요지】

[1] 형사소송법은 수사단계에서의 체포와 구속을 명백히 구별하고 있고 이에 따라 체포와 구속의 적부심사를 규정한 같은 법 제214조의2에서 체포와 구속을 서로 구별되는 개념으로 사용하고 있는바, 같은 조 제4항에 기소 전 보증금 납입을 조건으로 한 석방의 대상자가 '구속된 피의자'라고 명시되어 있고, 같은 법 제214조의3 제2항의 취지를 체포된 피의자에 대하여도 보증금 납입을 조건으로 한 석방이 허용되어야 한다는 근거로 보기는 어렵다 할 것이어서 현행법상 체포된 피의자에 대하여는 보증금 납입을 조건으로 한 석방이 허용되지 않는다.

[2] 형사소송법 제402조의 규정에 의하면, 법원의 결정에 대하여 불복이 있으면 항고를 할 수 있으나 다만 같은 법에 특별한 규정이 있는 경우에는 예외로 하도록 되어 있는바, 체포 또는 구속적부심사절차에서의 법원의 결정에 대한 항고의 허용 여부에 관하여 같은 법 제214조의2 제8항은 제3항과 제4항의 기각결정 및 석방결정에 대하여 항고하지 못하는 것으로 규정하고 있을 뿐이고 **제5항에 의한 석방결정에 대하여 항고하지 못한다는 규정은 없을 뿐만 아니라**, 같은 법 제214조의2 제4항의 석방결정은 체포 또는 구속이 불법이거나 이를 계속할 사유가 없는 등 부적법한 경우에 피의자의 석방을 명하는 것임에 비하여, 같은 법 제214조의2 제5항의 석방결정은 구속의 적법을 전제로 하면서 그 단서에서 정한 제한사유가 없는 경우에 한하여 출석을 담보할 만한 보증금의 납입을 조건으로 하여 피의자의 석방을 명하는 것이어서 같은 법 제214조의2 제4항의 석방결정과 제5항의 석방결정은 원래 그 실질적인 취지와 내용을 달리 하는 것이고, 또한 기소 후 보석결정에 대하여 항고가 인정되는 점에 비추어 그 보석결정과 성질 및 내용이 유사한 기

소 전 보증금 납입 조건부 석방결정에 대하여도 항고할 수 있도록 하는 것이 균형에 맞는 측면도 있다 할 것이므로, 같은 법 제214조의2 제5항의 **석방결정에 대하여는 피의자나 검사가 그 취소의 실익이 있는 한** 같은 법 제402조에 의하여 **항고할 수 있다.**

라. 구속기간에의 산입

법원이 수사 관계 서류와 증거물을 접수한 때부터 결정 후 검찰청에 반환된 때까지의 기간은 그 구속기간에 산입하지 아니한다(형사소송법 제214조의2 제13항).

제4절 압수·수색 및 검증

1. 압수와 수색[51)]의 개념과 대상

가. 의의

압수는 증거물 또는 몰수할 것으로 사료되는 물건의 점유를 강제적으로 취득하는 처분이고(형사소송법 제219조, 제106조 제1항), 수색은 위와 같은 물건이나 사람을 발견하기 위하여 사람의 신체, 물건 또는 주거 그 밖의 장소에 강제력을 행사하는 대물적 강제처분을 말한다(동법 제219조, 제109조).

수사기관의 대인적 강제처분인 피의자의 구속이 피의자의 신병확보, 피의자의 도망 및 증거인멸의 방지를 목적으로 함에 대하여 대물적 강제처분인 압수·수색·검증은 주로 증거의 수집·확보를 목적으로 하고 있다. 다만 수색은 피의자의 발견을 위해서도 행하여 진다(동법 제216조 제1항 제1호).

압수와 수색은 성질상 서로 별개의 처분으로서 독자적으로 행하여지는 경우도 있으나, 수색은 물건의 압수를 위하여 이루어지는 경우가 보통이며 상호 수단과 목적 등의 관련성 때문에 함께 행하여지는 경우가 많고, 실제로는 같은 기회에 같은 장소에서 행하여지는 것이 보통이다. 따라서 압수영장과 수색영장을 따로 발부하지 아니하고 이를 묶어서 압수·수색영장이라는 1통의 영장을 사용하고

51) 압수: 물건에 대한 점유의 취득 및 그 점유의 계속을 내용으로 하는 강제처분
수색: 일정한 장소나 물건, 사람의 신체에 대하여 행하는 강제처분

있다(동법 제113조, 제114조).[52]

나. 영장주의(법적근거)

(1) 원칙

압수·수색은 형벌권의 적정한 실현을 위하여 행하는 처분이나 신체의 자유(헌법 제12조 제1항), 주거의 자유(제16조), 사생활의 자유(제17조), 통신의 자유(제18조), 표현의 자유(제21조) 등 개인의 기본적 권리를 침해할 수 있는 강제처분이다. 국민의 인권을 보장하고, 수사기관에 의한 강제수사의 남용을 억제하는 측면에서 헌법상 수사기관의 압수·수색에 대하여 영장주의를 채택하고 있다. 헌법 제12조 제1항은 "누구든지 법률에 의하지 아니하고는 …압수·수색을 받지 아니하며"라고 규정하고, 제3항은 "압수 또는 수색을 할 때에는 적법한 절차에 따라 검사의 신청에 의하여 법관이 발부한 영장을 제시하여야 한다."고 규정하고 있다. 헌법은 검증에 관하여 명문으로 영장주의를 규정하지 아니하고 있으나 수사기관에 의한 검증도 인권제한적 강제처분이므로 영장주의가 지배한다고 할 것이다.

즉, 검사 또는 사법경찰관은 범죄수사에 필요한 때에는 피의자가 죄를 범하였다고 의심할 만한 정황이 있고 해당 사건과 관계가 있다고 인정할 수 있는 것에 한정하여 영장에 의하여 압수, 수색 또는 검증을 할 수 있다(형사소송법 제215조).

영장주의에 위반한 압수물의 증거능력에 관하여 압수물은 압수절차가 위법하다고 하더라도 그 물건 자체의 성질, 형상 등에 관한 증거가치에는 변함이 없다 할 것이므로 증거능력이 있다는 것이 기

52) 사법연수원, 「수사절차론」, 성문인쇄사, 2008. P.178.

존 판례의 태도이다.[53] 그러나 개정 형사소송법은 “적법한 절차에 따르지 아니하고 수집한 증거는 증거로 할 수 없다(형사소송법 제308조의2)”는 위법수집증거의 배제원칙을 선언하였다. 향후 법원이 비진술증거인 증거물에 관하여 이 원칙을 적용할 것으로 판단되므로 경찰로서는 절차적 위법으로 증거가 배제되어 피고인이 무죄로 되는 일이 없도록 특별히 유념하여야 할 것이다. 또한 경찰관의 절차적 위법으로 피고인이 무죄가 선고 될 경우에는 이로 인한 피해자로부터 손해배상이 청구될 가능성이 있다.

(2) 예외[54]

압수·수색의 긴급성에 대처하기 위하여 영장을 받을 수 없는 긴급한 사정이 있는 때에는 예외적으로 영장에 의하지 않는 압수·수색을 허용하는 사전영장의 원칙에 대한 예외가 인정되고 있다.

(가) 검사 또는 사법경찰관은 구속영장에 의한 구속, 체포영장에 의한 체포, 긴급체포, 현행범인체포를 하는 경우에 필요한 때에는 영장없이 타인의 주거나 타인이 간수하는 가옥, 건조물, 항공기, 선차내에서 피의자 수색을 할 수 있다(형사소송법 제216조 제1항 제1호).

(나) 검사 또는 사법경찰관은 구속영장에 의한 구속, 체포영장에 의한 체포, 긴급체포, 현행범인체포를 하는 경우에 필요한 때에는 영장없이 그 체포현장에서 압수수색 또는 검증을 할 수 있다(동항 제2호).

체포현장이라고 하는 것은 체포의 장소와 동일성이 인정되는 범위내의 장소를 가리키는 일정한 범위의 장소적 개념이다.

53) 대법원결정 1996. 5. 14. 96초88, 1987. 6. 23. 87도705 등
54) 사법연수원, 「수사절차론」, 성문인쇄사, 2008. P.179-181.

수사상 구속이나 체포를 할 때 체포현장에서의 압수와 체포 자체 사이에 어느 정도의 시간적 근접성이 요구되는가를 놓고 견해가 갈린다.

이에 대해서는 압수는 체포의 전후를 묻지 않고 허용되며 압수가 체포행위에 시간적·장소적으로 접착되어 있으면 족하다고 보는 견해, 피의자가 현실적으로 체포되는 경우에 한하여 영장없는 압수가 가능하다고 보는 견해, 압수 당시에 구속 또는 체포될 피의자가 현장에 있으면 족하다고 보는 견해 등이 각각 제시되고 있으나, 첫 번째 견해가 타당하다고 하겠다.

형사소송법 제216조에 의한 압수·수색은 체포 또는 구속의 원인이 되는 범죄사실에 관한 증거를 수집·보전하기 위하여 필요한 경우에 한한다. 당해 사건이 아닌 별건의 증거를 발견한 때에는 임의제출을 구하거나 영장에 의하여 압수해야 한다.

(다) 검사 또는 사법경찰관이 피고인에 대한 구속영장을 집행하는 경우에 필요한 때에는 집행현장에서 압수·수색 또는 검증할 수 있다(동법 제216조 제2항).

피고인에 대한 구속영장을 집행함에 있어 그 집행기관이 그 체포현장, 즉 영장집행의 현장에서 압수·수색·검증 영장없이 압수·수색·검증을 할 수 있다는 취지를 규정한 것이다. 피고인에 대한 구속영장의 집행 그 자체는 집행기관으로서의 활동으로서 수사처분은 아니나 구속영장집행의 현장에서 행하는 압수·수색·검증은 수사기관의 지위에서 행하는 수사처분에 속한다.

(라) 범행 중 또는 범행 직후의 범죄장소에서 긴급을 요하여 영장을 발부받을 수 없는 때에는 영장없이 압수·수색 또는 검증을 할 수 있다. 이 경우에는 사후에 지체없이 영장을 발부받

아야 한다(동법 제216조 제3항).

압수·수색의 긴급성에 대처하기 위하여 사전영장주의의 예외를 인정한 것으로서, 피의자의 체포·구속을 전제로 하지 않는다는 점에서 체포현장에서의 압수·수색과 다르다.

수사기관이 범죄의 신고를 받고 그 현장에 도착하였을 때 범인이 이미 도주한 후 이거나 범죄가 경미하여 체포·구속의 필요성이 없는 경우에도 통상적으로 범죄장소에는 범죄에 관한 증거가 많고 또한 증거인멸의 방지를 위한 압수·수색의 긴급성이 요청되는 바, 이러한 경우에 대비하여 본항을 규정한 것이다. 즉, 범죄직후의 범죄장소이면 족하고 범인이 범행현장에 있음을 요하지 아니하며 범인을 체포하지 아니하더라도 무방하다. 이 경우 압수·수색을 한 후 사후영장을 발부받지 못한 때에는 압수한 물건을 즉시 환부하여야 한다.

(마) **검사 또는 사법경찰관은 긴급체포에 따라 체포된 자가 소유, 소지 또는 보관하는 물건에 대하여 긴급히 압수할 필요가 있는 경우에는 체포한 때로부터 24시간 이내에 한하여 영장없이 압수·수색 또는 검증을 할 수 있다(동법 제217조 제1항).**

긴급체포의 경우에도 체포현장에서의 압수·수색 또는 검증은 제216조 제1항 제2호에 의하여 영장없이 할 수 있으므로 본조의 처분은 긴급체포에 따른 부수처분이라고 할 수 없으며, 본조를 적용하는 경우에 체포와의 장소적 동일성 또는 시간적 근접성을 요하는 것은 아니다.

검사 또는 사법경찰관은 긴급체포된 피의자 또는 체포현장에서의 압수, 수색, 검증에 따라 압수한 물건을 계속 압수할 필요가 있는 경우에는 지체 없이 압수수색영장을 청구하여야 한다. 이 경우 압수수색영장의 청구는 체포한 때로부터 48시간 이내에 하여야 한다(동법 제217조 제2항). 검사 또는 사법경찰관은 제2항에 따라 청구한 압수수색영장을 발부받지 못한 때에는 압수한 물건을 즉시 반환하여야 한다(동법 제217조 제3항).

다. 압수·수색의 대상

(1) 혐의자(피의자)

압수·수색의 대상은 피의자이다. 형사소송법 제215조 "…범죄수사에 필요한 때에는 피의자가…영장에 의하여 압수·수색을 할 수 있다."고 규정하고, 형사소송규칙 제108조 제1항은 "형사소송법 제215조의 규정에 의한 청구를 할 때에는 피의자에게 혐의가 있다고 인정되는 …"이라고 규정하고 있다.

(2) 압수의 목적물

압수는 증거물 또는 몰수할 것으로 사료되는 물건에 한하여 허용된다. 압수의 성질상 압수의 목적물은 동산·부동산 등 유체물임을 요한다. 혐의자 이외의 자가 소유·소지·보관하고 있는 물건도 그 필요성이 있는 한 압수의 대상이다. 사람의 신체 자체는 압수의 대상이 되지 아니하나 신체의 일부, 예컨대 두발, 체모, 손톱, 혈액, 정액, 침, 오줌 등은 압수의 대상이 되며, 사람의 사체에 대하여도 압수가 허용된다. 출판물도 압수의 대상이 됨은 물론이나, 헌법상 출판에 대한 사전 검열이 금지[55] 된다(헌법 제21조 제1항).

---

55) 출판 내용에 형법법규에 저촉되어 범죄를 구성하는 혐의가 있는 경우에 그 증거물 또는 몰수할 물건으로서 압수하는 것은 재판절차라는 사법적 규제와 관련된 것이어서 행정적인 규제로서의 사전검열과 같이 볼 수 없으므로 허용된다 할 것이지만, 출판 직전에 그 내용을 문제삼아 압수하는 것은 실질적으로 출판의 사전검열과 같은 효과를 가져 올 수 있는 것이므로 범죄혐의와 강제수사의 요건을 보다 엄격히 해석하여야 한다.

(3) 수색의 대상

수색의 대상에는 제한이 없으며, 피의자 및 피의자 이외의 자의 주거·장소·물건은 물론 사람의 신체도 수색의 대상이다. 이 경우 신체를 뒤져 물건을 찾는 것이 목적이라면 신체에 대한 수색이 되고, 신체적인 특징이나 형상 등을 확인하여 증거로 사용하기 위한 것이라면 검증으로서의 신체검사라고 보아야 할 것이다.

2. 압수·수색영장의 요건

가. 범죄혐의

압수·수색을 함에 있어서는 체포, 구속과 마찬가지로 범죄혐의의 존재가 요구된다. 형사소송법은 범죄수사에 필요한 때라는 점을 명시하여 이를 밝히고 있다(형사소송법 제215조). 범죄혐의가 없다면 처음부터 수사를 개시할 수 없기 때문이다.

압수·수색의 요건으로서 범죄혐의는 인신구속시의 범죄혐의와 동일한가의 문제가 있다. 이에 대하여 수사상 압수·수색과 인신구속에 있어서 범죄혐의는 정도의 차이가 없다는 견해가 있다.

그 논거로서 체포·구속과 압수·수색은 모두 수사상의 강제처분으로 피의자의 기본적 인권을 침해하는 면에서 차이가 없다는 점, 그 때문에 헌법이 체포, 구속과 압수·수색을 동일하게 법관의 영장에 의하도록 하고 있는 점(헌법 제12조 제3항), 형사소송규칙이 압수·수색영장 청구서의 기재사항으로 피의사실의 요지를 들고 있는 점(동규칙 제107조 제1항 제1호, 제95조 제1항 제3호) 등을

들고 있다.[56]

그러나 압수·수색의 경우에는 체포, 구속에 비하여 범죄혐의에 대한 소명의 정도가 낮아도 무방하다고 보는 것이 타당하다. 특히, 수사의 초기단계에서 관련자의 진술이나 다른 객관적인 자료 없이 첩보보고서만을 첨부하여 압수·수색영장을 청구할 수 있다. 피의자가 불상인 경우나 범죄사실이 불명확한 부분이 있는 경우 혐의사실의 구체성 및 중대성, 법정형, 압수·수색으로 인한 법익침해의 가능성, 다른 증거수집 방법의 존부 등을 충분히 판단하여 신청해야 한다.

한편, 제보자의 진술을 첨부하는 경우 제보의 내용, 제보자가 그와 같은 정보를 획득하게 된 경위 등에 관한 구체적인 사정을 종합적으로 고려하여 제보의 신빙성 및 소명자료로서의 가치 여부를 충분히 소명하여 신청해야 한다. 특히, 익명의 제보자의 경우 그 진술을 어느 정도 인정할 것인지를 신중하게 판단하여 그에 대한 신빙성 및 소명자료로서의 가치를 충분히 소명해야 한다.

왜냐하면 형사소송법이 체포, 구속에 관하여는 "죄를 범하였다고 의심할 만한 상당한 이유"를 요구하면서(형사소송법 제200조의2 제1항, 제201조 제1항) 압수·수색의 경우에는 "범죄수사에 필요한 때, 죄를 범하였다고 의심할 만한 정황"을 요구하고 있고, 압수·수색은 대부분 체포, 구속에 앞서서 행하여지고 있기 때문이다.

56) 사법연수원, 「수사절차론」, 성문인쇄사, 2008. P.181.

나. 압수·수색의 필요성

(1) 필요성

수사상 압수·수색은 범죄수사에 필요한 때에 이를 행할 수 있다(형사소송법 제215조 제1항, 제2항). 압수·수색의 필요성은 압수·수색의 범위 등을 결정함에 있어서 과연 어느 정도의 범위까지 압수·수색을 할 것인지 여부를 판단하는 중요한 요소이다.

압수·수색의 필요성은 자의적 판단에 의할 것이 아니라 합리적인 평균인의 관점에서 판단하여야 한다. 압수의 필요성이 있는 때라 함은 수사상 점유취득의 필요성이 있는 경우이고, 수색의 필요성은 수사상 압수할 물건 또는 피의자 등의 발견을 위하여 수색이 필요한 경우이다.

수사상 압수·수색의 필요성은 범죄의 형태와 경중, 대상물의 증거가치, 중요성 및 멸실의 염려, 처분을 받는 자의 불이익의 정도 등 제반사정을 고려하여 결정해야 할 것이다.

(2) 수사의 단서와 여죄 추궁을 위한 영장의 경우

실무상 주로 문제되는 것은 수사단서를 수집하기 위한 압수·수색과 이미 수사가 진행중인 사건과 관련되어 다른 여죄를 추궁하기 위한 압수·수색이다. 이 경우 범죄의 태양과 경중, 범죄혐의 정도와 압수·수색의 목적, 그 대상이나 집행장소 등과의 관련성, 처분을 받을 자의 불이익의 정도 등 제반 사정을 비교교량하여 필요성을 판단한다. 특히, 당사자가 압수의 대상물을 임의로 제출하는 것이 가능한 경우 등 임의수사 방법에 의하여 수사의 목적을 달성할 수 있는 경우에는 강제처분인 압수·수색의 필요성이 없다고 볼 수 있다.

(3) 계좌추적(금융거래자료 등)을 위한 영장의 경우

자금추적을 할 때에는 일반 압수·수색영장과 다른 금융계좌추적용 압수·수색·검증영장을 사용한다. 예금계좌 추적을 위한 압수·수색영장이 발부된 경우, 그에 의하여 예금거래내역이 공개되는 개인은 자신의 의사에 반한 예금거래정보의 공개로 개인의 사생활이 침해되고 그러한 정보가 오용될 수도 있는 불이익을 당하게 된다. 따라서 이러한 영장의 발부 여부를 결정함에 있어서는 수사, 수사기관의 개인에 대한 금융거래정보 수집을 통한 범죄수사라는 공익과 개인의 사생활 및 경제적 이익의 보호라는 사익을 종합적으로 비교교량하여야 한다.

압수할 금융거래 내용이 증거물이거나 몰수할 것인 경우에는 대부분 압수·수색 필요성이 있을 것이나 이 경우에도 범죄의 태양과 경중, 압수물의 증거로서의 가치와 중요성, 압수물이 훼손·인멸될 염려가 있는지, 압수로 인한 피압수자의 불이익 정도 등 제반 사정을 감안하여 그 필요성을 판단해야 한다. 특히 예금계좌 추적을 위한 압수·수색은 그 대상이 크게 확대될 가능성이 있으므로 압수·수색의 허용범위를 결정함에 있어서 압수·수색할 필요성을 충분히 소명하고, 범죄의 단서를 찾기 위한 이른바 탐색적 수색은 이를 허용되지 않는다고 보는 것이 상당하다.

다. 압수·수색의 대상의 특정

(1) 압수할 물건의 특정

압수할 물건은 가능한 한 특정하여야 하고, '혐의사실과 관련된 모든 물건'이라는 등으로 추상적으로 기재하는 경우가 없도록 해야 한다. 다만, 수사 초기단계에서는 지나치게 포괄적이지 않는 한 어느 정도 개괄적·추상적으로 압수물건을 기재하는 것이 불가피하다. 구체적인 범죄내용이 드러나지 아니하고 압수할 물건이 무엇인지조차 판명되어 있지 아니한 경우가 많으며, 현장에 임하여 압수영장을 집행할 단계에 이르러서야 비로소 압수할 필요성이 있는 물건의 구체적인 내용 및 그 범위가 판명될 수도 있다.

(2) 수색할 물건의 특정

수색 장소는 피의자, 공범자, 피해자, 그들의 가족 또는 피용자, 그 외 제3자의 집이나 사무실, 사회단체 또는 공공기관의 사무실, 기타 물건(자동차나 선박 등) 등으로 나누어 볼 수 있다. 수색 장소는 헌법이 정한 영장주의 원칙에 따라 필요한 최소한도의 범위내에서 행하여야 하며, 그 장소를 구체적으로 특정하여야 한다. '기타 위 각 물건이 소재하는 모든 장소'를 수색 장소로 기재하는 때에는 그 장소가 특정되지 않은 경우에 해당한다.

(가) 제3자 주소지 등에 대한 수색

피의자의 집·사무실이 아닌 제3자의 집·사무실, 그 밖에 창고나 공장 등을 수색장소로 신청한 경우 피의자의 집 등에 대한 수색과는 달리 압수할 물건이 그 곳에 있음을 인정할 수 있는 때에 한하여 수색할 수 있고, 그러한 사정을 입증할 자료를 제출하도록 되어 있으므로(형사소송규칙 제108조), 소명자료를 충분히 제출하여야 한다. 한편 피의자의 주거지 등이 공부상 주소지와 다른 경우에는 제3자 주거지에 대한 압수·수색과의 형평상 그 장소가 피의자의 실제 주거지에 해당하는지 여부에 대한 별도의 소명자료가 필요(관련자의 진술 등)하다.

(나) 수색장소가 사무실인 경우

수색장소가 회사 사무실인 경우에는 가능한 한 범죄 혐의사실과 관련된 장소로 제한하여 수색장소를 특정한다. 회사 자체에 대한 범죄 혐의가 인정되는 경우와 직원 개인의 범죄혐의가 인정되는 경우, 각 사안에 따라 수색할 필요성이 있는 장소가 달라질 것이다. 직원 개인의 범죄인 경우 그 직원이 사용하는 사무실 및 집기 이외 부분에 대해서는 특별한 사정이 있는 경우에 한하여 수색을 실시한다.

(다) 수색장소를 구체적으로 특정하지 아니한 경우

수색장소의 특정과 관련하여 '기타 압수·수색의 집행과정에서 피의자 주거지로 확인되는 장소'('기타 혐의사실 입증에 필요한 서류를 은닉한 장소'/ '조사시 확인하는 성명불상 피의자의 사무실, 공장, 창고'/ '조사시 확인되는 피의자들의 변경되는 사무실, 공장, 창고'/ 등도 마찬가지)를 수색장소로 기재한 영장신청은 구체적으로 특정하지 아니한 경우이다.

그러나 이러한 장소는 압수·수색영장을 집행한 이후에야 비로소 그 장소가 특정되는 것이다. 압수·수색영장 집행과정에서 이러한 장소가 새로이 발견된 경우에는 별도 소명자료를 첨부하여 압수·수색영장을 다시 발부받아야 할 것이다. 한편, 수색장소로 피의자 주소를 구체적으로 기재하지 아니한 채 '피의자 주거지' 등으로만 기재한 경우 과연 수색장소로서 특정 되었는지 여부를 검토할 필요성이 있다. 피의자의 주소지를 구체적으로 기재하는데 별다른 어려움이 없다고 보이고(주민등록등본이나 범죄경력조회서 등의 기재에 의하여 쉽게 특정하는 것이 가능), 공문서상 주소지와 수색을 행하려는 피의자 주거지가 다른 경우에는 구체적인 주소를 기재한다.

(3) 압수할 물건과 수색할 물건의 구분

수색 대상에 물건이 포함되는 경우에는 수색할 물건과 압수할 물건을 구체적으로 특정하여 기재한다. 컨테이너에 들어 있는 수입물품 중 일부가 압수 대상에 해당하는 경우, 컨테이너 자체는 수색의 대상이 되는 물건에 불과하므로 이를 압수할 물건과 수색할 물건을 구분하여 영장을 신청한다.

(4) 압수·수색·검증의 범위

(가) 비례성의 원칙

형사절차에 의한 개인의 기본권의 침해는 사건의 의미와 기대되는 형벌에 비추어 상당성이 유지될 때에만 허용된다. 이에 따라 강제처분은 임의수사에 의해서는 형사소송의 목적을 달성할 수 없는 경우에 최후의 수단으로 인정되어야 한다는 제한을 받게 되고, 필요한 최소한 범위안에서만 시행한다(형사소송법 제199조 제1항).

따라서 압수·수색·검증할 필요성이 인정되는 경우라고 하더라도, 과연 어느 정도의 범위까지(수색·검증의 장소, 압수할 대상 물건의 결정 및 거래기간의 한정 등) 압수·수색을 허용할 것인지 여부에 대하여 신중한 판단이 필요하다.

(나) 압수·수색·검증의 범위 제한

일부의 물건이나 장소만을 압수·수색하여도 그 목적을 충분히 달성할 수 있는 경우 신청의 범위를 상당한 정도로 제한하여 신청한다. 이러한 범위를 한정하기가 곤란한 사안의 경우, 압수·수색영장의 집행으로 인하여 얻을 공적인 이익과 침해되는 개인의 이익을 비교 교량하고 범죄의 혐의, 압수·수색의 필요성 등 제반 사정을 고려한다.

3. 압수·수색의 절차

가. 압수·수색영장(사전)의 청구

압수, 수색 또는 검증을 위한 영장의 청구서에는 다음 각호의 사항을 기재하여야 한다(형사소송규칙 제107조 제1항).

1. 형사소송법 제95조 제1호부터 제5호까지에 규정한 사항
   ① 피의자의 성명(분명하지 아니한 때에는 인상, 체격, 그 밖에 피의자를 특정할 수 있는 사항), 주민등록번호 등, 직업, 주거
   ② 피의자에게 변호인이 있는 때에는 그 성명
   ③ 죄명 및 범죄사실의 요지
   ④ 7일을 넘는 유효기간을 필요로 하는 때에는 그 취지 및 사유
   ⑤ 여러 통의 영장을 청구하는 때에는 그 취지 및 사유
2. 압수할 물건, 수색 또는 검증할 장소, 신체나 물건
3. 압수, 수색 또는 검증의 사유
4. 일출전 또는 일몰후에 압수, 수색 또는 검증을 할 필요가 있는 때에는 그 취지 및 사유
5. 형사소송법 제216조 제3항에 따라 청구하는 경우에는 영장 없이 압수, 수색 또는 검증을 한 일시 및 장소
6. 형사소송법 제217조 제2항에 따라 청구하는 경우에는 체포한 일시 및 장소와 영장 없이 압수, 수색 또는 검증을 한 일시 및 장소
7. 통신비밀보호법 제2조 제3호(전기통신)에 따른 전기통신을 압수·수색하고자 할 경우 그 작성기간

압수·수색영장을 청구할 때에는 피의자에게 범죄의 혐의가 있다고 인정되는 자료와 압수, 수색 또는 검증의 필요 및 해당 사건과의 관련성을 인정할 수 있는 자료를 제출하여야 한다(형사소송규칙 제108조 제1항). 피의자 아닌 자의 신체, 물건, 주거 기타 장소의 수색을 위한 영장의 청구를 할 때에는 압수하여야 할 물건이 있다고 인정될 만한 자료를 제출하여야 한다(동조 제2항).

나. 압수·수색영장의 집행

(1) 영장의 집행

압수·수색영장은 검사의 지휘에 의하여 사법경찰관리가 집행한다(형사소송법 제219조, 제115조 제1항 본문).

(2) 집행의 방법

(가) 영장의 제시 등

강제처분으로서의 압수·수색은 개인의 재산권, 주거권, 인격권 등 기본적 인권에 관계되는 것이므로 수사기관이 이를 임의로 할 수 없음은 물론이다. 따라서 수사기관의 압수·수색은 법관이 발부한 압수·수색영장에 의하는 것이 원칙이고, 영장의 원본은 처분을 받은 자에게 반드시 제시되어야 한다[57]. 영장을 제시할 때에는

57) {대법원, 2022. 1. 27. 2021도11170} 수사기관의 압수·수색은 법관이 발부한 영장에 의하여야 하는 것이 원칙이고, 영장의 원본은 처분을 받는 자에게 반드시 제시되어야 한다. 금융계좌추적용 압수·수색영장의 집행도 금융기관에 영장 원본을 사전에 제시하지 않았다면 원칙적으로 적법한 집행이라고 볼 수는 없다. 다만, 금융거래정보에 대하여 영장 사본을 첨부하여 그 제공을 요구한 결과 금융기관의 자발적 협조 의사에 따른 것이며, 그 자료 중 범죄혐의사실과 관련된 금융거래를 선별하는 절차를 거친 후 최종적으로 영장 원본을 제시한 경우에는 일련의 과정을 전체적으로 '하나의 영장에 기하여 적시에 원본을 제시하고 이를 토대로 압수·수색하는 것'으로 평가할 수 있는 경우에 한하여, 예외적으로 영장의 적법한 집행 방법에 해당한다고 할 수 있다.

처분을 받은 자에게 법관이 발부한 영장에 따른 압수·수색이라는 사실과 영장에 기재된 범죄사실 및 수색할 장소·신체·물건, 압수할 물건 등을 명확히 알리고, 처분을 받는 자가 해당 영장을 열람할 수 있도록 해야 한다. 다만, 처분을 받는 자가 피의자인 경우에는 해당 영장의 사본을 교부해야 한다(수사준칙 제38조 제1항). 압수·수색의 처분을 받는 자가 여럿인 경우에는 모두에게 개별적으로 영장을 제시해야 하고, 그 중 피의자에게는 개별적으로 해당 영장의 사본을 교부해야 한다(동조 제2항). 사법경찰관이 제1항 및 제2항에 따라 피의자에게 영장의 사본을 교부한 경우에는 피의자로부터 영장 사본 교부 확인서를 받아 사건기록에 편철한다(동조 제4항). 피의자가 영장의 사본을 수령하기를 거부하거나 영장 사본 교부 확인서에 기명날인 또는 서명하는 것을 거부하는 경우에는 사법경찰관이 영장 사본 교부 확인서 끝부분에 그 사유를 적고 기명날인 또는 서명해야 한다(동조 제5항). 위 영장의 집행중에는 타인의 출입을 금지할 수 있고, 이에 위배한 자에게는 퇴거하게 하거나 집행종료시까지 간수자를 붙일 수 있으며(형사소송법 제219조, 제119조), 영장집행을 중지한 경우에 필요한 때에는 집행이 종료될 때까지 그 장소를 폐쇄하거나 간수자를 둘 수 있다(동법 제219조, 제127조). 압수·수색영장의 집행에 있어서는 건정을 열거나 개봉 기타 필요한 처분을 할 수 있다(동법 제219조, 제120조).

1) 수사기관이 압수·수색영장 집행을 종료하고 동일 영장으로 유효기간 내에 종전의 압수·수색영장으로 다시 압수·수색을 할 수 있는지(대법원결정 99모161)

- 형사소송법 제215조에 의한 압수·수색영장은 수사기관의 압수·수색에 대한 허가장으로서 거기에 기재되는 유효기간은 집행에 착수할 수 있는 종기를 의미하는 것일 뿐이므로, 수사기관이

압수·수색영장을 제시하고 집행에 착수하여 압수·수색을 실시하고 그 집행을 종료하였다면 이미 그 영장은 목적을 달성하여 효력이 상실되는 것이고, 동일한 장소 또는 목적물에 대하여 다시 압수·수색할 필요가 있는 경우라면 그 필요성을 소명하여 법원으로부터 새로운 압수·수색영장을 발부받아야 하는 것이지 앞서 발부 받은 압수·수색영장의 유효기간이 남아있다고 하여 이를 제시하고 다시 압수·수색을 할 수는 없다.58)

(나) 참여

피의자, 변호인은 압수·수색영장의 집행에 참여할 수 있다(형사소송법 제219조, 제121조). 따라서 압수·수색영장을 집행함에는 미리 집행의 일시와 장소를 피의자와 변호인에게 통지하여야 한다. 단, 피의자, 변호인이 참여하지 아니한다는 의사를 명시한 때 또는 급속을 요하는 때에는 그러하지 아니하다(동법 제122조).

헌법 제12조, 형사소송법 제219조, 제122조 본문에 의하여 압수·수색영장 또는 검증영장의 집행에 대한 피의자의 참여권은 보장되고 있으나, 「급속을 요하는 경우에는 예외로 한다」라는 제122조의 단서가 있다.

공무소, 군사용의 항공기 또는 선박·차량 안에서 압수·수색영장을 집행하려면 그 책임자에게 참여할 것을 통지하여야 한다(동법 제219조, 제123조 제1항). 제1항에 규정한 장소 외에 타인의 주거, 간수자 있는 가옥, 건조물, 항공기 또는 선박·차량 안에서 압수·수색영장을 집행할 때에는 주거주, 간수자 또는 이에 준하는 자를 참여하게 하여야 한다(동법 제123조 제2항). 제2항의 사람을 참여하게 하지 못할 때에는 이웃사람 또는 지방자치단체의 직원을 참여하게 하여야 한다(동법 제123조 제3항).

58) 대법원결정 1999. 12. 1. 99모161

일출전, 일몰후에는 압수·수색영장에 야간집행을 할 수 있다는 기재가 없으면 그 영장을 집행하기 위하여 타인의 주거, 간수자 있는 가옥, 건조물, 항공기 또는 선차내에 들어가지 못한다(동법 제219조, 제125조).

그러나 「제216조의 규정에 의한 처분을 하는 경우에 급속을 요할 때는 제123조 제2항, 제125조의 규정에 의함을 요하지 아니한다.」라는 형사소송법 제220조의 규정에 의하여 급속을 요하는 형사소송법 제216조의 강제처분의 경우에는 주거주 등 참여인의 참여없이 압수·수색을 행할 수 있고, 야간에도 이를 행할 수 있다. 형사소송법 제220조에 의한 요급처분은 동법 제216조의 처분을 할 때에만 허용되며 동법 제217조에 의한 압수·수색 또는 검증을 할 경우에는 허용되지 않는다.

또한, 여자의 신체에 대하여 수색할 때에는 성년의 여자를 참여하게 하여야 한다(동법 제219조, 제124조).

(다) 압수목록의 교부[59]

압수한 경우에는 목록을 작성하여 소유자, 소지자, 보관자 기타 이에 준할 자에게 교부하여야 한다(형사소송법 제129조). 압수목록을 교부하는 경우에는 압수목록 교부서에 따른다. 이 경우 전자정보에 대한 압수목록 교부서는 전자파일의 형태로 복사해 주거나 전자우편으로 전송하는 등의 방식으로 교부할 수 있다(경찰수사규칙 제64조 제2항).

(라) 압수조서와 압수목록

검사 또는 사법경찰관은 증거물 또는 몰수할 물건을 압수했을

59) 압수물이 있는 경우 압수목록을 기록한 압수증명서를, 압수물이 없는 경우 압수물이 없다는 취지의 수색증명서를 각 교부한다.

때에는 압수의 일시·장소, 압수 경위 등을 적은 압수조서와 압수물건의 품종·수량 등을 적은 압수목록을 작성해야 한다. 다만, 피의자신문조서, 진술조서, 검증조서에 압수의 취지를 적은 경우에는 그렇지 않다(수사준칙 제40조).

다. 압수·수색의 제한

(1) 우체물의 압수

사법경찰관은 필요한 때에는 피의사건과 관계가 있다고 인정할 수 있는 것에 한정하여 우체물 또는 통신비밀보호법 제2조 제3호에 따른 전기통신(이하 "전기통신"이라 한다)에 관한 것으로서 체신관서, 그 밖의 관련 기관 등이 소지 또는 보관하는 물건의 제출을 명하거나 압수를 할 수 있다(형사소송법 제219조, 제107조 제1항). 제1항에 따른 처분을 할 때에는 수사에 방해될 염려가 있는 경우를 제외하고는 발신인이나 수신인에게 그 취지를 통지하여야 한다(동법 제107조 제3항).

(2) 군사상 비밀

군사상 비밀을 요하는 장소에서는 그 책임자의 승낙없이는 수색 및 압수할 수 없으나 그 책임자는 국가의 중대한 이익을 해하는 경우를 제외하고는 승낙을 거부하지 못한다(동법 제219조, 제110조).

(3) 공무상 비밀

공무원 또는 공무원이었던 자가 소지 또는 보관하는 물건에 관하여는 본인 또는 그 당해 공무소가 직무상의 비밀에 관한 것임을 신고한 때에는 그 소속 공무소 또는 당해 감독관공서의 승낙없이는 압수하지 못한다. 그러나 소속공무소 또는 당해 감독관공서는 국가의 중대한 이익을 해하는 경우를 제외하고는 승낙을 거부하지 못한다(동법 제219조, 제111조).

(4) 업무상 비밀

변호사·변리사·공증인·공인회계사·세무사·대서업자·의사·한의사·치과의사·약사·약종상·조산사·간호사·종교의 직에 있는 자 또는 이러한 직에 있던 자가 그 업무상 위탁을 받아 소지 또는 보관하는 물건으로서 타인의 비밀에 관한 것은 압수를 거부할 수 있다. 단, 그 타인의 승낙이 있거나 중대한 공익상의 필요가 있는 때에는 예외로 한다(동법 제219조, 제112조).

(5) 야간집행의 제한

일출전, 일몰후에는 압수·수색영장에 야간집행을 할 수 있는 기재가 없으면 그 영장의 집행을 위하여 타인의 주거, 간수자 있는 가옥, 건조물, 항공기, 선차내에 들어가지 못한다(동법 제219조, 제125조).

다만, 도박 기타 풍속을 해하는 행위에 상용된다고 인정되는 장소, 공개한 시간내의 여관, 음식점 기타 야간에 공중이 출입할 수 있는 장소에서의 압수·수색은 그러한 제한을 받지 아니한다(동법 제219조, 제126조).

4. 압수물의 처리

가. 압수물의 의의

압수물이라 함은 수사기관이나 법원이 법령에 의하여 압수한 증거물, 몰수할 것으로 사료되는 물건(형사소송법 제106조 제1항) 또는 우편물(동법 제107조), 제출명령에 의하여 제출된 증거물, 몰수대상물(동법 제106조 제2항), 임의 제출물 또는 유류물(동법 제108조)을 말한다. 압수·수색영장에 의하여 압수한 물건뿐 아니라, 체포·구속에 수반하여 압수한 물건 그리고 임의로 제출한 물건도 압수물에 해당한다. 몰수대상물도 증거적 가치를 갖고 있기 때문에 압수물은 원칙적으로 형사소송에서 증거로 사용된다.

나. 주의사항

압수물건은 범죄수사와 공소유지에 중요한 증거자료이므로 그 상실 또는 파손 등의 방지를 위하여 상당한 조치를 하여야 한다(형사소송법 제219조, 제131조).

다. 대가보관 및 폐기

운반 또는 보관에 불편한 압수물에 관하여는 간수자를 두거나 소유자 또는 적당한 자의 승낙을 얻어 보관하게 할 수 있다(형사소송법 제219조, 제130조 제1항). 이때에는 보관자로부터 「압수물 보관 서약서」를 받아야 한다(경찰수사규칙 제67조 제3항).

사법경찰관은 위험발생의 염려가 있는 압수물은 폐기할 수 있다(형사소송법 제219조, 제130조 제2항). 사법경찰관은 압수물을 폐기하려는 경우에는 압수물 처분 지휘요청서를 작성하여 검사에게 제출해야 한다(경찰수사규칙 제68조 제1항). 사법경찰관은 제1항에 따라 압수물을 폐기하는 경우에는 압수물 폐기 조서를 작성하고 사진을 촬영하여 사건기록에 편철해야 한다(동규칙 제68조 제2항). 사법경찰관은 압수물을 폐기하는 경우에는 소유자 등 권한 있는 사람으로부터 압수물 폐기 동의서를 제출받거나 진술조서 등에 그 취지를 적어야 한다(동규칙 제68조 제3항).

경찰관은 몰수하여야 할 압수물로서 멸실·파손·부패 또는 현저한 가치감소의 염려가 있거나 보관하기 어려운 압수물은 매각하여 대가를 보관할 수 있다(형사소송법 제219조, 제132조). 환부하여야 할 압수물 중 환부받을 자가 누구인지 알 수 없거나 그 소재가 불명한 경우로서 그 압수물의 멸실·파손·부패 또는 현저한 가치감소의 염려가 있거나 보관하기 어려운 때에는 대가를 보관할 수 있다(동조 제2항). 이때에는 피해자와 피의자(또는 변호인)에게 미리 통지하여야 한다(동법 제219조, 제135조). 단, 사법경찰관이 제132조(압수물의 대가보관)에 따른 처분을 함에는 검사의 지휘를 받아야 한다(형사소송법 제219조 단서, 제132조).

라. 압수물의 환부 및 가환부

검사는 사본을 확보한 경우 등 압수를 계속할 필요가 없다고 인정되는 압수물 및 증거에 사용할 압수물에 대하여 공소제기 전이라도 소유자, 소지자, 보관자 또는 제출인의 청구가 있는 때에는 환부 또는 가환부하여야 한다(형사소송법 제218조2 제1항). 사법경찰관은 형사소송법 제218조의2 제1항 및 제4항에 따라 압수물에 대해 그 소유자, 소지자, 보관자 또는 제출인(이하 이 조에서 "소유자등"이라 한다)으로부터 환부 또는 가환부의 청구를 받거나 형사소송법 제219조에서 준용하는 형사소송법 제134조에 따라 압수장물을 피해자에게 환부하려는 경우에는 압수물 처분 지휘요청서를 작성하여 검사에게 제출해야 한다(경찰수사규칙 제66조 제1항). 사법경찰관은 제1항에 따른 압수물의 환부 또는 가환부의 청구를 받은 경우 소유자등으로부터 압수물 환부·가환부 청구서를 제출받아 압수물 처분 지휘요청서에 첨부한다(동조 제2항).

환부할 이유가 명백한 때라 함에 사법상 피해자가 그 압수물의 인도를 청구할 수 있는 권리가 있음이 명백한 경우를 의미하고 그 권리에 관하여 사실상, 법률상 다소라도 의문이 있는 경우에는 이에 해당하지 않는다.[60] 압수를 계속할 필요가 없다고 인정되는 압수물은 피고사건 종결 전이라도 결정으로 환부하여야 하고(형사소송법 제133조 제1항), 압수한 장물은 피해자에게 환부할 이유가 명백한 때에는 피고사건 종결 전에 결정으로 피해자에게 환부할 수 있다(동법 제134조). 경찰관은 압수물의 소유자가 그 물건의 소유권을 포기한다는 의사표시를 하였을 때에는 소유권포기서를 제출받아야 한다(범죄수사규칙 제139조). 피압수자 등 압수물을 환부받을 자가 수사기관에 대하여 형사소송법상의 환부청구권을 포기한다는 의사표시를 한 경우에 있어서도 그 효력이 없어 그에 의하여 수사기관의 필요적 환부의무가 면제된다고 볼 수는 없으며, 그 환부의무에 대응하는 압수물의 환부를 청구할 수 있는 절차법

60) 대법원결정 1984. 7. 16. 84모38.

상의 권리가 소멸하는 것은 아니다.

수사기관의 환부처분에 의하여 수사상 압수는 그 효력을 상실한다. 압수물건에 대한 환부처분의 효력은 압수상태를 해제하는 효력이 있을 뿐, 환부처분에 의하여 환부를 받을 자에게 환부목적물에 대한 소유권 기타 실체법상의 권리를 부여하거나 이러한 권리를 확정시키는 효력이 있는 것은 아니다. 단지 압수를 해제하여 압수 이전의 상태로 환원시키는 것이다.[61]

압수물의 환부를 받을 자의 소재가 불명하거나 기타 사유로 인하여 환부를 할 수 없는 경우에는 검사는 그 사유를 관보에 공고하여야 한다. 공고한 후 3월 이내에 환부의 청구가 없는 때에는 그 물건은 국고에 귀속한다. 이 기간내에도 가치없는 물건은 폐기할수 있고 보관하기 곤란한 물건은 공매하여 그 대가를 보관할 수 있다(형사소송법 제219조, 제486조).

형사소송법 제219조에 의하여 준용되는 제133조 제1항에서 규정하고 있는 증거에만 공할 압수물을 가환부 할 것인지의 여부는 범죄의 태양·경중, 압수물의 증거로서의 가치, 압수물이 은닉·인멸·손괴될 위험, 수사나 공판진행상의 지장 유무, 압수에 의하여 받는 피압수자의 불이익 정도 등 여러 사정을 종합적으로 판단하여 결정한다.[62] 증거에만 공할 목적으로 압수한 물건으로서 그 소유자 또는 소지자가 계속 사용하여야 할 물건은 사진촬영 기타 원형보존의 조치를 취하고 신속히 가환부하여야 한다(형사소송법 제133조 제2항).

61) 대판 1962. 7. 21. 62다311
62) 대법원결정 1992. 9. 18. 92모22.

압수물건의 환부·가환부를 하고자 하면 미리 피해자와 피의자(또는 변호인)에게 통지하여야 하고, 사법경찰관이 환부·가환부의 처분을 하고자 하면 검사의 지휘를 받아야 한다(형사소송법 제219조, 제135조, 제134조). 미리 피해자와 피의자 등에게 통지하는 이유는 그들로 하여금 압수물의 환부·가환부에 대한 의견을 진술할 기회를 주기 위한 것이므로 이를 생략한 압수물 환부·가환부 조치는 위법하다.[63]

그리고 압수물건에 대하여 환부·가환부의 처분을 함에 있어서는 이해관계가 대립되는 자 사이에서 정당한 권리자에게 회복할 수 없는 손해가 발생할 위험성이 있음을 명심하여 신중을 기하여야 한다.

마. 수사·공판 절차상의 압수물 처리

(1) 사건종결전의 처리

검사 또는 사법경찰관은 수사절차가 종료하기 전에라도 결정으로 압수물을 처리할 수 있다. 검사 또는 사법경찰관은 사건종결 전 수사기관의 압수물 처리로는 압수물의 폐기처분(제130조 제2항, 제3항), 위탁보관(제130조 제1항), 환가처분 또는 대가보관(제132조), 결정에 의한 환부, 가환부(제133조) 및 피해자환부(제134조) 등이 있다. 단, 사법경찰관이 제130조(압수장물의 보관과 폐기)[64], 제132조(압수물의 대가보관) 및 제134조(압수장물의 피해자 환부)에 따른 처분을 함에는 검사의 지휘를 받아야 한다(형사소송법 제219

63) 대법원결정 1980. 2. 5. 80모3.
64) 개정법이 압수물의 보관 및 폐기시 검사지휘를 받도록 하는 규정 신설

조 단서). 소유자·소지자·보관자 등이 임의로 증거물을 제출할 경우 영장없이 압수할 수 있다. 영장에 의한 압수와 동일하며, 사후에 압수·수색영장은 발부받을 필요가 없다.

(2) 사건종결시의 처리

검사 또는 사법경찰관은 사건을 종결할 경우에 압수물의 계속보관, 압수물의 환부, 피해자환부 등의 처분이 있을 수 있다. 몰수하여야 할 압수물로서 멸실·파손·부패 또는 현저한 가치 감소의 염려가 있거나 보관하기 어려운 압수물은 매각하여 대가를 보관할 수 있다(형사소송법 제132조 제1항). 환부하여야 할 압수물 중 환부를 받을 자가 누구인지 알 수 없거나 그 소재가 불명한 경우로서 그 압수물의 멸실·파손·부패 또는 현저한 가치 감소의 염려가 있거나 보관하기 어려운 압수물은 매각하여 대가를 보관할 수 있다(동조 제2항).

(3) 공소제기와 압수물의 처리

검사가 사건에 대하여 공소를 제기하게 되면 대부분 공판절차에서 증거로 사용하거나 몰수에 대비하여 압수물을 계속 보관하여야 할 것으므로 공소제기시에는 압수물의 계속 보관처분이 일반적이다. 그러나 이미 충분한 증거물을 확보하고 있거나 자백사건인 경우, 몰수대상물이 아닌 증거물은 필요한 범위에서만 계속보관하고 나머지 압수물은 압수계속의 필요가 없으므로 피의자·피고인이나 피해자에게 환부하여야 할 것이다. 기타 환부가 적당하지 않을 때에도 가환부제도를 적극 활용하여 가능한 범위에서 피압수자, 피해자의 재산권행사를 보장하는 것이 바람직하다.[65]

---

65) 대결 1998. 4. 16. 97모25는 "형사소송법 제133조 제1항 후단이, 제2항의 '증거에만 공할' 목적으로 압수할 물건과는 따로이, '증거에 공할' 압수물에 대하여 법원의

(4) 불송치·불기소 처분과 압수물의 환부

사법경찰관이 검찰송치를 하지 아니하는 처분(기소중지, 참고인중지 또는 수사중지 결정을 제외한다) 또는 입건을 하지 아니하는 처분을 한 경우나 검사가 「혐의없음」, 「죄가안됨」, 「공소권없음」 등 협의의 불기소 처분으로 수사를 종결하는 경우에는 압수물을 계속보관 할 필요도 이유도 없으므로 이러한 위의 처분과 함께 부수처분으로서 압수물은 원칙적으로 피압수자 또는 피해자에게 환부하여야 한다. 다만, 고소·고발사건에서 검찰항고, 재정신청 등이 제기된 경우 중요한 증거물은 이후 절차를 위하여 필요하므로 불복절차가 종료된 후에 압수물 환부절차를 취하여야 한다. 압수물이 법금물인 경우. 예컨대 마약인 줄 알고 압수했으나 검사결과 마약이 아닌 경우를 제외하고, 압수물이 마약임이 분명한 때에는 「죄가안됨」, 「공소권없음」등의 처분시에도 압수물을 환부할 수 없다.

5. 검증

가. 서설

(1) 의의

검증이라 함은 사람의 신체나 장소 또는 물건의 존재·형태·움직임을 오관의 작용으로 실험, 관찰 등 직접 경험하는 강제처분으로

재량에 의하여 가환부할 수 있도록 규정한 것을 보면, '증거에 공할 압수물'에는 증거물로서의 성격과 몰수할 것으로 사료되는 물건으로서의 성격을 가진 압수물이 포함되어 있다고 해석함이 상당하다."고 하여 몰수대상물도 임의적 몰수에 해당하는 한 제133조 1항 후단에 의하여 법원이 재량으로 가환부할 수 있다고 판시함으로써 가환부의 대상을 확대하였다.

서 내용에 있어서는 실황조사와 같으나 강제력에 의한다는 점에서 서로 다르다. 사실을 발견함에 필요한 때에는 검증을 할 수 있다. 검증의 필요성이란 증거수집의 필요성을 의미한다.

또 검증조서에 검증시 참여한 자의 어떠한 진술의 취지가 기재되어 있는 경우에는 그 부분에 대하여는 일반조서와 같이 취급되고 있다.66)

(2) 실황조사의 구별

검증조서라 함은 검증의 상황 및 경과를 명백히 기재한 조서를 말한다. 검증조서는 내용에 있어서는 실황조사와 같으나 검증은 강제수사의 일종이고, 실황조사는 임의수사의 수단에 의하는 점에서 구별된다. 따라서 검증을 함에는 원칙적으로 영장을 발부받아야 하나, 실황조사는 영장을 받을 필요가 없다.

(3) 검증의 대상

검증의 대상에는 제한이 없으며 장소·물건·서류는 물론 사람의 신체나 시체의 해부와 검사도 그 대상이다. 신체의 내부, 예컨대 입속, 위장내, 질내도 검증의 대상이며 물건은 동산이냐 부동산이냐를 불문한다. 검증을 함에도 신체의 검사, 분묘의 발굴, 물건의 파괴 기타 필요한 처분을 할 수 있다.

나. 절차

검증의 절차에 관하여는 영장주의의 원칙과 그 예외, 영장의 제시, 참여, 검증조서의 작성, 검증의 제한 등이 모두 압수·수색의 경우와 같다(형사소송법 제215조 내지 제217조, 제219조, 형사소

66) 사법연수원, 「수사절차론」, 성문인쇄사, 2008. P.190.

송규칙 제110조).

검증을 함에 있어서 피의자에게 검증기일을 통지하여 참여할 기회를 준 이상 피의자가 실제로 참여하지 아니하였다 하더라도 검증결과를 증거로 채택할 수 있다.

다. 방법

검증의 방법에 관하여는 특별한 제한이 없다. 즉, 검증을 함에는 신체의 검사, 사체의 해부, 분묘의 발굴, 물건의 파괴 기타 필요한 처분을 할 수 있다(형사소송법 제219조, 제140조).

다만 「신체의 검사」는 인권에 직접 관계되는 중대한 처분이므로 검사를 받는 사람의 성별, 나이, 건강상태, 그 밖의 사정을 고려하여 그 사람의 건강과 명예를 해하지 아니하도록 주의하여야 한다. 피의자 아닌 사람의 신체검사는 증거가 될 만한 흔적을 확인할 수 있는 현저한 사유가 있는 경우에만 할 수 있다. 여자의 신체를 검사하는 경우에는 의사나 성년 여자를 참여하게 하여야 한다. 시체의 해부 또는 분묘의 발굴을 하는 때에는 예(禮)에 어긋나지 아니하도록 주의하고 미리 유족에게 통지하여야 한다(동법 제219조, 제141조 제1항 내지 제4항).

라. 검증조서의 작성방법

(1) 기재사항

검증조서에는 피의자의 성명, 사건명, 검증관의 관직과 성명, 검증일시, 검증을 한 장소 또는 물건, 검증목적, 참여인(성명, 직업,

생년월일, 연령 등), 현장의 위치, 현장 부근의 상황, 현장의 상황, 피해 상황, 증거물, 참여인의 지시설명, 검증관의 의견이나 판단, 도면·사진 등 구체적이고 실질적으로 기재하여야 한다.

(2) 검증내용의 기재요령

첫째, 사건에 관련된다고 판단되는 사항은 경중을 막론하고 기재하여야 한다. 둘째, 도면, 사진을 첨부한다. 도면 작성자가 따로 있을 때에는 작성일자와 작성자의 직책과 성명 등을 표시해 둘 필요가 있다. 사진은 검증시의 관찰순서에 따라 전경 사진, 현장주변 사진, 범행현장 사진, 피해 상황, 유류품 등의 사진 순으로 촬영한다. 넷째, 검증관의 의견이나 판단을 기재하여야 한다. 다섯째, 반드시 현장에서 조서를 작성하여야 하는 것은 아니다. 사정에 따라 적당한 일시, 장소에서 작성하여도 무방하다.[67]

67) 사법연수원, 「수사절차론」, 성문인쇄사, 2008. P.191-192.

제5절 디지털증거 압수·수색 및 검증

1. 서설

가. 의의

디지털 증거는 범죄와 관련하여 디지털 형태로 저장되거나 전송되는 증거로서의 가치가 있는 전자정보를 말한다. 디지털포렌식은 전자정보를 수집·보존·운반·분석·현출·관리하여 범죄사실 규명을 위한 증거로 활용할 수 있도록 하는 과학적인 절차와 기술을 말한다.

나. 디지털 증거의 처리원칙

형사소송법 제308조의2 "적법한 절차에 따르지 아니하고 수집한 증거는 증거로 할 수 없다".고 규정하여 위법수집증거의 배제원칙을 규정하고 있다. 특히 디지털 증거의 절차적 정당성 확보는 중요하다고 할 것이다. 디지털 증거는 수집시부터 수사 종결시까지 변경 또는 훼손되지 않아야 하며, 정보저장매체등에 저장된 전자정보와 동일성이 유지되어야 한다.(디지털 증거의 처리 등에 관한 규칙 제5조 제1항). 디지털 증거 처리의 각 단계에서 업무처리자 변동 등의 이력이 관리되어야 하며(동조 제2항), 디지털 증거 처리시에는 디지털 증거 처리과정에서 이용한 장비의 기계적 정확성, 프로그램의 신뢰성, 처리자의 전문적인 기술능력과 정확성이 담보되어야 한다(동조 제3항).

다. 디지털 증거의 특징

(1) 비가시성

하드디스크 등에 저장된 디지털 증거의 경우 해당 증거의 내용 및 그 존재를 수사관의 지각으로 바로 인식할 수 없기 때문에 증거로 사용되기 위해서는 반드시 일정한 절차(가독화)를 거쳐야 하는 특징이다. 즉 그 정보를 활용하기 위해서는 저장된 정보를 가독성이 있는 화면으로 전환하거나 암호화된 파일을 해독 또는 삭제된 파일의 복원 등 특수한 기술이 필요하다.

(2) 복제용이성

디지털 증거는 복제를 통해 원본과 동일한 사본을 만들 수 있으며, 이 경우 원본과 복제본의 구별이 불가능하다. 따라서 증거법 일반원칙상 증거는 원본이 제출되어야 하나 복제 용이성으로 복제한 사본을 증거로 제출하는 것이 가능하다.

(3) 취약성

디지털 증거는 간단한 명령어 입력을 통하여 위·변조 및 삭제가 매우 용이하다. 증거수집·분석 등 일련의 취급과정에서 프로그램 조작자의 부주의로 인해 의도하지 않게 증거물 파일의 내용이 쉽게 변경될 가능성이 높다.

(4) 대량성

저장기술의 발전으로 방대한 분량의 정보를 하나의 저장매체로 저장할 수 있다. 압수대상이 되는 디지털 증거가 단독으로 존재하기 보다는 사건과 관련 없는 개인적인 자료 또는 전자정보와 혼재되어 있는 경우가 많다. 회사 서버와 같은 경우 정보의 대량 보관의 가능으로 해당 정보가 저장되어 있는 매체에는 그 매체를 이용하는 다수의 사람들에 대한 정보가 보관되어 있을 가능성이 상존한다. 따라서 하나의 저장매체에 접근할 수 있는 통로를 얻은 경우에도 그 전체 정보를 압수·수색에는 신중해야 한다.

2. 디지털증거 압수방법

가. 선별압수(원칙)

사법경찰관은 압수의 목적물이 컴퓨터용 디스크, 그 밖에 이와 비슷한 정보저장매체(이하 "정보저장매체등"이라 한다)인 경우에는 기억된 정보의 범위를 정하여 출력하거나 복제하여 제출받아야 한다. 다만, 범위를 정하여 출력 또는 복제하는 방법이 불가능하거나 압수의 목적을 달성하기에 현저히 곤란하다고 인정되는 때에는 정보저장매체등을 압수할 수 있다(형사소송법 제219조, 제106조 제3항). 특히, 스마트폰은 실무상 여러사유로 인해 현장에서 선별 압수하거나 복제하는 것이 곤란하므로 기기를 봉인하고, 원본을 반출하는 것이 일반적이다[68]. 아동·청소년 성착취물 등 보관이 금지된 내용이 저장된 경우, 불법사이트 운영, 불법촬영물 유포 등 원본을 다시 범죄에 이용하거나 유포할 우려가 있는 경우, 형법 제48조 제1항의 '몰수' 사유에 해당하는 경우와 같이 원본 압수가 필요한 경우도 있다

68) 부산고법 2013. 6. 5. 2012노667 판결

나. 복제본의 획득·반출

형사소송법 제106조 제3항 본문에 따른 압수방법의 실행이 불가능하거나 그 방법으로는 압수의 목적을 달성하는 것이 현저히 곤란한 경우에는 압수 · 수색 또는 검증 현장에서 정보저장매체등에 들어 있는 전자정보 전부를 복제하여 그 복제본을 정보저장매체등의 소재지 외의 장소로 반출할 수 있다(수사준칙 제41조 제2항, 디지털 증거의 처리 등에 관한 규칙 제15조 제1항).

1. 피압수자 등이 협조하지 않거나 협조를 기대할 수 없는 경우
2. 혐의사실과 관련될 개연성이 있는 전자정보가 삭제·폐기된 정황이 발견되는 경우
3. 출력·복제에 의한 집행이 피압수자 등의 영업활동이나 사생활의 평온을 침해한다는 이유로 피압수자 등이 요청하는 경우
4. 그 밖에 위 각 호에 준하는 경우

다. 정보저장매체 등 원본 반출

형사소송법 제106조 제3항 본문 및 수사준칙 제41조 제2항에 따른 압수방법의 실행이 불가능하거나 그 방법으로는 압수의 목적을 달성하는 것이 현저히 곤란한 경우에는 피압수자 또는 형사소송법 제123조(영장의 집행과 책임자의 참여)에 따라 압수 · 수색영장을 집행할 때 참여하게 해야 하는 사람(이하 “피압수자등”이라 한다)이 참여한 상태에서 정보저장매체등의 원본을 봉인하여 정보저장매체등의 소재지 외의 장소로 반출할 수 있다(수사준칙 제41조 제3항, 디지털 증거의 처리 등에 관한 규칙 제16조 제1항).

1. 영장 집행현장에서 하드카피·이미징 등 복제본 획득이 물리적·기술적으로 불가능하거나 극히 곤란한 경우
2. 하드카피·이미징에 의한 집행이 피압수자 등의 영업활동이나 사생활의 평온을 침해한다는 이유로 피압수자 등이 요청하는 경우
3. 그 밖에 위 각 호에 준하는 경우

3. 디지털 증거분석

가. 수사관 분석물 직접 의뢰

경찰관은 디지털 증거분석을 의뢰하는 경우 디지털 증거분석 의뢰물이 충격, 자기장, 습기 및 먼지 등에 의해 손상되지 않고 안전하게 보관될 수 있도록 봉인 봉투 등으로 봉인한 후 직접 운반하여야 한다(디지털 증거의 처리 등에 관한 규칙 제23조 제1항). 경찰관은 수사상 필요한 범위 내에서 디지털 증거분석이 원활하게 이루어질 수 있도록 증거분석관에게 분석에 필요한 검색어, 검색 대상기간, 파일명, 확장자 등의 정보를 구체적으로 제공하여야 한다(동조 제3항).

나. 디지털 증거분석 의뢰물의 분석

증거분석관은 디지털 증거분석 의뢰물이 변경되지 않도록 분석의뢰물을 복제하여 디지털 증거분석을 수행하여야 한다. 이 경우 분석의뢰물과 복제한 전자정보의 해시값을 비교·기록하여 동일성을 유지하여야 한다(디지털 증거의 처리 등에 관한 규칙 제27조 제1항).

4. 압수·수색·검증시 유의사항

가. 전자정보의 압수·수색 또는 검증 시 유의사항

수사준칙 제42조는 전자정보를 압수·수색 또는 검증 시 유의사항를 규정하고 있다.

1. 검사 또는 사법경찰관은 전자정보의 탐색·복제·출력을 완료한 경우에는 지체 없이 피압수자등에게 압수한 전자정보의 목록을 교부69)해야 한다.
2. 검사 또는 사법경찰관은 제1항의 목록에 포함되지 않은 전자정보가 있는 경우에는 해당 전자정보를 지체 없이 삭제 또는 폐기하거나 반환해야 한다. 이 경우 삭제·폐기 또는 반환확인서를 작성하여 피압수자등에게 교부해야 한다.
3. 검사 또는 사법경찰관은 전자정보의 복제본을 취득하거나 전자정보를 복제할 때에는 해시값(파일의 고유값으로서 일종의 전자지문을 말한다)을 확인하거나 압수·수색 또는 검증의 과정을 촬영하는 등 전자적 증거의 동일성과 무결성을 보장할 수 있는 적절한 방법과 조치를 취해야 한다.
4. 검사 또는 사법경찰관은 압수·수색 또는 검증의 전 과정에 걸쳐 피압수자등이나 변호인의 참여권을 보장해야 하며, 피압수자등과 변호인이 참여를 거부하는 경우에는 신뢰성과 전문성을 담보할 수 있는 상당한 방법으로 압수·수색 또는 검증을 해야 한다.
5. 검사 또는 사법경찰관은 제4항에 따라 참여한 피압수자등이나 변호인이 압수 대상 전자정보와 사건의 관련성에 관하여 의견을 제시한 때에는 이를 조서에 적어야 한다.

---

69) 2018 2. 8. 2017도13263 판결

나. 압수·수색·검증 시 참여 보장

전자정보를 압수·수색·검증할 경우에는 피의자 또는 변호인, 소유자, 소지자, 보관자의 참여를 보장하여야 한다(디지털 증거의 처리 등에 관한 규칙 제13조 제1항). 참여의 기회를 보장하지 않거나 압수목록을 교부하지 않은 경우 절차위반으로 증거능력이 부정된다.[70] 형사소송법 제219조, 제121조가 규정한 변호인의 참여권은 피압수자의 보호를 위하여 변호인에게 주어진 고유권이다. 따라서 설령 피압수자가 수사기관에 압수·수색영장의 집행에 참여하지 않는다는 의사를 명시하였다고 하더라도, 특별한 사정이 없는 한 그 변호인에게는 형사소송법 제219조, 제122조에 따라 미리 집행의 일시와 장소를 통지하는 등으로 압수·수색영장의 집행에 참여할 기회를 별도로 보장하여야 한다.[71]

다. 현장 외 압수 시 참여 보장

경찰관은 복제본 또는 정보저장매체등 원본을 반출하여 현장 이외의 장소에서 전자정보의 압수·수색·검증을 계속하는 경우(이하 "현장 외 압수"라고 한다) 피압수자 등에게 현장 외 압수 일시와 장소를 통지하여야 한다(디지털 증거의 처리 등에 관한 규칙 제17조 제1항).

---

70) 압수의 대상이 되는 전자정보와 그렇지 않은 전자정보가 혼재된 정보저장매체나 그 복제본을 임의제출받아 수사기관 사무실로 옮겨 탐색·복제·출력하는 경우, 피압수자나 변호인에게 참여의 기회를 보장하지 않고, 전자정보의 파일 명세가 특정된 압수목록을 교부하지 않았다며 압수·수색이 적법하다고 평가할 수 없고, 범죄혐의사실과 관련된 전자정보만을 북제·출력하였다고 하더라도 증거능력이 부정된다 (2021도11170).

71) 2020. 11. 26. 2020도10729 판결

현장 외 압수 일시에 피압수자 등이 출석하지 않은 경우 경찰관은 일시를 다시 정한 후 이를 피압수자 등에게 통지하여야 한다. 다만, 피압수자 등이 다음 각호의 사유로 불출석하는 경우에는 현장 외 압수를 진행할 수 있다(동조 제5항).

1. 피압수자 등의 소재를 확인할 수 없거나 불명인 경우
2. 피압수자 등이 도망하였거나 도망한 것으로 볼 수 있는 경우
3. 피압수자 등이 증거인멸 또는 수사지연, 수사방해 등을 목적으로 출석하지 않은 경우
4. 그 밖에 위의 사유에 준하는 경우

라. 피압수자 등 분석 참여 없이[72] '현장 외 압수'를 진행할 수 있는 경우

피압수자 등의 참여 없이 현장 외 압수를 하는 경우에는 해시값의 동일성을 확인하거나 압수·수색·검증과정에 대한 사진 또는 동영상 촬영 등 신뢰성과 전문성을 담보할 수 있는 상당한 방법으로 압수하여야 한다(디지털 증거의 처리 등에 관한 규칙 제17조 제2항).

수사방해 등 목적의 분석일시 변경이나 분석 참여 의사표시 후 불참하여 참여 없이 증거분석을 실시할 경우 불참 사유, 권리남용·포기로 판단한 사유 수사보고 등 관련 사유 기록유지 등으로 절차를 준수해야 한다.

72) 2022. 7. 28. 2022도2960 판결

마. 별건 혐의[73] 발견

디지털 증거 압수 후 탐색 과정에서 별건 혐의를 발견한 경우에는 추가 탐색을 중단한 후 별건 혐의에 대해 제2영장을 신청해야 한다. 제2영장 집행 시에도 피압수자의 참여권 보장, 전자정보 상세목록 교부 등 절차를 준수해야 한다.

73) 피의자의 휴대폰을 탐색·복제·출력하는 과정에서 피의자의 참여권이 보장되지 않았으므로 위법수집 증거에 해당되어 유죄의 증거로 사용할 수 없고, 피의자가 수사단계에서 피의사실을 모두 인정하고 압수절차의 위법성을 다투지 않았다거나, B사건 증거가 A사건 혐의사실과 비교할 때 범행 방법이 동일하여 피의자의 방어권이 침해되지 않았다는 등의 이유만으로는 위법수집증거라도 유죄의 증거로 사용할 수 있는 예외적인 경우에 해당하지 않는다며 결론적으로 수사관이 압수한 불법촬영 사진과 동영상을 유죄의 증거로 사용할 수 없다 (2019도10309).

제6절 통신수사

1. 의의

가. 통신수사 유형

(1) 통신제한조치는 우편물의 검열 및 전기통신의 감청으로 이루어진다(통신비밀보호법 제2조 제1호 내지 제3호). 우편물의 검열이라 함은 우편물에 대하여 당사자의 동의없이 이를 개봉하거나 기타의 방법으로 그 내용을 지득 또는 채록하거나 유치하는 것을 말하고(통신비밀보호법 제2조 제6호), 전기통신의 감청이라 함은 전기통신에 대하여 당사자의 동의없이 전자장치·기계장치 등을 사용하여 통신의 음향·문언·부호·영상을 청취·공독하여 그 내용을 지득 또는 채록하거나 전기통신의 송·수신을 방해하는 것을 말한다(동조 제7호).

(2) 통신사실확인자료라 함은 다음 각목의 어느 하나에 해당하는 전기통신사실에 관한 자료를 말한다(동조 제11호).

가. 가입자의 전기통신일시

나. 전기통신개시·종료시간

다. 발·착신 통신번호 등 상대방의 가입자번호

라. 사용도수

마. 컴퓨터 통신 또는 인터넷의 사용자가 전기통신역무를 이용한 사실에 관한 컴퓨터 통신 또는 인터넷의 로그기록 자료

바. 정보통신망에 접속된 정보통신기기의 위치를 확인할 수 있는

발신기지국의 위치추적자료

사. 컴퓨터 통신 또는 인터넷의 사용자가 정보통신망에 접속하기 위하여 사용하는 정보통신기기의 위치를 확인할 수 있는 접속지의 추적자료

나. 통신비밀보호

경찰관은 통신수사를 할 때에는 통신 및 대화의 비밀을 침해하지 않도록 필요 최소한도로 실시하여야 하며 직무상 알게 된 사항을 외부에 공개하거나 누설하지 말고 통신비밀보호에 최선을 다하여야 한다(통신비밀보호법 제3조 제1항, 제2항, 범죄수사규칙 제152조).

2. 남용방지

통신비밀보호법 제6조 제2항, 제13조 제1항의 규정에 따른 통신제한조치 및 통신사실확인자료 제공요청의 허가신청은 사법경찰관이 하여야 한다.

가. 통신제한조치

사법경찰관은 통신제한조치 허가신청을 할 때에는 통신비밀보호법 제5조(범죄수사를 위한 통신제한조치의 허가요건), 제6조(범죄수사를 위한 통신제한조치의 허가절차)에서 규정한 대상 범죄, 신청방법, 관할법원, 허가요건 등을 충분히 검토하여 남용되지 않도록 하여야 한다(범죄수사규칙 제153조 제1항).

나. 통신사실확인자료

사법경찰관은 통신사실확인자료 제공요청 허가신청을 할 때에는 요청사유, 해당 가입자와의 연관성, 필요한 자료의 범위 등을 명확히 하여 남용되지 않도록 하여야 한다(범죄수사규칙 제153조 제2항).

3. 허가신청방법 등

가. 범죄수사를 위한 통신제한조치의 허가절차

사법경찰관은 통신비밀보호법 제5조 제1항(범죄수사를 위한 통신제한조치의 허가요건)의 요건이 구비된 경우에는 각 피의자별 또는 각 피조사자별로 반드시 서면으로 통신제한조치에 대한 허가를 신청한다(통신비밀보호법 제6조 제2항).

통신제한조치청구서에는 필요한 통신제한조치의 종류·그 목적·대상·범위·기간·집행장소·방법 및 당해 통신제한조치가 제5조 제1항의 허가요건을 충족하는 사유등의 청구이유를 기재한 서면(이하 "청구서"라 한다)으로 하여야 하며, 청구이유에 대한 소명자료를 첨부하여야 하고(통신비밀보호법 제6조 제4항), 혐의사실의 요지, 여러 통의 허가서를 동시에 청구하는 경우에는 그 취지 및 사유를 적어야 한다(통신비밀보호법 시행령 제4조 제1항).

나. 통신사실 확인자료제공 요청 등

사법경찰관은 통신비밀보호법 제13조 제1항(범죄수사를 위한 통신사실 확인자료 제공의 절차)에 따라 전기통신사업자에게 통신사실 확인자료 제공을 요청하는 경우에는 통신사실 확인자료 제공요청서에 따르고, 통신사실 확인자료 제공요청 집행대장(사전허가용)에 해당 사항을 적어야 한다(범죄수사규칙 제160조 제1항). 통신사실 확인자료 제공을 요청한 사법경찰관은 통신사실 확인자료 제공요청 집행조서를 작성하여야 한다(동조 제2항).

4. 긴급 통신수사

가. 긴급 통신제한조치 등

(1) 사법경찰관이 긴급 통신제한조치를 할 경우에는 미리 검사의 지휘를 받아야 한다. 다만, 특히 급속을 요하여 미리 지휘를 받을 수 없는 사유가 있는 경우에는 긴급 통신제한조치의 집행착수 후 지체 없이 검사의 승인을 얻어야 한다(통신비밀보호법 제8조 제3항). 사법경찰관이 긴급 통신제한조치를 하고자 하는 경우에는 반드시 긴급검열서 또는 긴급감청서(이하 “긴급감청서등”이라 한다)에 의하여야 하며 소속기관에 긴급 통신제한조치대장을 비치하여야 한다(동조 제4항). 사법경찰관은 긴급 통신제한조치의 집행에 착수한 때부터 36시간 이내에 법원의 허가를 받지 못한 경우에는 해당 조치를 즉시 중지하고 해당 조치로 취득한 자료를 폐기하여야 한다(동조 제5항).

(2) 사법경찰관은 통신비밀보호법 제8조 제5항(긴급 통신제한조치)에 따라 긴급 통신제한조치가 종료되어 법원의 허가를 받을 필요가 없는 경우에는 지체 없이 긴급 통신제한조치 통보서를 작성하여 관할 지방검찰청 검사장에게 제출하여야 한다(범죄수사규칙 제

155조 제5항).

나. 긴급 통신사실 확인자료 제공요청 허가신청 등

사법경찰관은 통신비밀보호법 제13조 제3항 단서 및 같은 조 제9항에서 준용하는 같은법 제6조 제2항에 따라 전기통신사업자에게 긴급 통신사실 확인자료 제공을 요청하는 경우에는 긴급 통신사실 확인자료 제공요청서에 따른다(범죄수사규칙 제159조 제1항). 사법경찰관은 제1항에 따라 긴급 통신사실 확인자료 제공을 요청하고, 사후에 검사에게 통신사실 확인자료 제공요청 허가를 신청하는 경우에는 통신사실 확인자료 제공요청 허가신청서(사후)에 따른다(동조 제2항). 사법경찰관은 제1항에 따라 긴급 통신사실 확인자료 제공을 요청한 경우에는 통신사실 확인자료 제공요청 집행대장(사후허가용)에 해당 사항을 적어야 한다(동조 제3항).

5. 통신수사 집행후 조치

가. 통신제한조치 집행 후의 조치[74)]

사법경찰관은 통신제한조치를 집행하여 수사 또는 입건 전 조사한 사건을 종결할 경우 그 결과를 검사에게 보고하여야 한다. 다만, 그 사건을 송치하는 경우에는 그러하지 아니하다(통신비밀보호법 시행령 제18조 제2항).

---

74) 범죄수사규칙 제164조 (집행결과보고) 경찰관은 통신비밀보호법 시행령 제18조 제2항 또는 제37조 제3항에 따라 검사에게 보고할 때에는 통신제한조치 집행결과 보고 또는 통신사실 확인자료 제공요청 집행결과 보고에 따른다. 고 규정되어 있다.

나. 통신제한조치 등 집행사실 통지

(1) 사법경찰관은 통신비밀보호법 제6조 제1항 및 제8조 제1항에 따라 통신제한조치를 집행한 사건에 관하여 검사로부터 공소를 제기하거나 제기하지 아니하는 처분(기소중지 또는 참고인중지 결정은 제외한다)의 통보를 받거나 검찰송치를 하지 아니하는 처분(수사중지 결정은 제외한다) 또는 입건전 조사사건에 관하여 입건하지 아니하는 처분을 한 때에는 그 날부터 30일 이내에 우편물 검열의 경우에는 그 대상자에게, 감청의 경우에는 그 대상이 된 전기통신의 가입자에게 통신제한조치를 집행한 사실과 집행기관 및 그 기간 등을 서면으로 통지하여야 한다(통신비밀보호법 제9조의2 제2항).

(2) 사법경찰관은 통신비밀보호법 제9조의2 제2항의 규정에 불구하고 다음 각호의 1에 해당하는 사유가 있는 때에는 그 사유가 해소될 때까지 통지를 유예할 수 있다(통신비밀보호법 제9조의2 제4항).

1. 통신제한조치를 통지할 경우 국가의 안전보장·공공의 안녕질서를 위태롭게 할 현저한 우려가 있는 때

2. 통신제한조치를 통지할 경우 사람의 생명·신체에 중대한 위험을 초래할 염려가 현저한 때

(3) 사법경찰관은 제4항에 따라 통지를 유예하려는 경우에는 소명자료를 첨부하여 미리 관할지방검찰청검사장의 승인을 받아야 한다(통신비밀보호법 제9조의2 제5항). 사법경찰관은 제4항 각호의 사유가 해소된 때에는 그 사유가 해소된 날부터 30일 이내에 제2항의 규정에 의한 통지를 하여야 한다(통신비밀보호법 제9조의2 제6항).

(4) 통신비밀보호법 제9조의2(제14조 제2항의 타인의 대화비밀 침해금지의 규정에 의하여 적용하는 경우를 포함한다)의 규정에 위반하여 통신제한조치의 집행에 관한 통지를 하지 아니한 자는 3년 이하의 징역 또는 1천만원 이하의 벌금에 처한다(통신비밀보호법 제17조 제2항).

다. 범죄수사를 위한 통신사실 확인자료제공의 통지

(1) 사법경찰관은 통신비밀보호법 제13조에 따라 통신사실 확인자료제공을 받은 사건에 관하여 다음 각 호의 구분에 따라 정한 기간 내에 통신사실 확인자료제공을 받은 사실과 제공요청기관 및 그 기간 등을 통신사실 확인자료제공의 대상이 된 당사자에게 서면으로 통지하여야 한다(통신비밀보호법 제13조의3 제1항).

1. 공소를 제기하거나, 공소제기 · 검찰송치를 하지 아니하는 처분(기소중지 · 참고인중지 또는 수사중지 결정은 제외한다) 또는 입건을 하지 아니하는 처분을 한 경우: 그 처분을 한 날부터 30일 이내
   다만, 사법경찰관이 형사소송법 제245조의5 제1호에 따라 검사에게 송치한 사건으로서 검사로부터 공소를 제기하거나 제기하지 아니하는 처분(기소중지 또는 참고인중지 결정은 제외한다)의 통보를 받은 경우: 그 통보를 받은 날부터 30일 이내
2. 기소중지 · 참고인중지 또는 수사중지 결정을 한 경우: 그 결정을 한 날부터 1년(제6조 제8항[75] 각 호의 어느 하나에 해당하

75) 제6조 ⑧ 사법경찰관은 다음 각 호의 어느 하나에 해당하는 범죄의 경우에는 통신제한조치의 총 연장기간이 3년을 초과할 수 없다.
1. 형법 제2편 중 제1장 내란의 죄, 제2장 외환의 죄 중 제92조부터 제101조까지의 죄, 제4장 국교에 관한 죄 중 제107조, 제108조, 제111조부터 제113조까지의 죄, 제5장 공안을 해하는 죄 중 제114조, 제115조의 죄 및 제6장 폭발물에 관한 죄

는 범죄인 경우에는 3년)이 경과한 때부터 30일 이내
다만, 사법경찰관이 형사소송법 제245조의5 제1호에 따라 검사에게 송치한 사건으로서 검사로부터 기소중지 또는 참고인중지 결정의 통보를 받은 경우: 그 통보를 받은 날로부터 1년(제6조 제8항 각 호의 어느 하나에 해당하는 범죄인 경우에는 3년)이 경과한 때부터 30일 이내

3. 수사가 진행 중인 경우: 통신사실 확인자료제공을 받은 날부터 1년(제6조 제8항 각 호의 어느 하나에 해당하는 범죄인 경우에는 3년)이 경과한 때부터 30일 이내

(2) 사법경찰관은 통신비밀보호법 제13조의3 제1항 제2호 및 제3호에도 불구하고 다음 각 호의 어느 하나에 해당하는 사유가 있는 경우에는 그 사유가 해소될 때까지 같은 항에 따른 통지를 유예할 수 있다(통신비밀보호법 제13조의3 제2항).

1. 국가의 안전보장, 공공의 안녕질서를 위태롭게 할 우려가 있는 경우
2. 피해자 또는 그 밖의 사건관계인의 생명이나 신체의 안전을 위협할 우려가 있는 경우
3. 증거인멸, 도주, 증인 위협 등 공정한 사법절차의 진행을 방해할 우려가 있는 경우
4. 피의자, 피해자 또는 그 밖의 사건관계인의 명예나 사생활을 침해할 우려가 있는 경우

---

2. 군형법 제2편 중 제1장 반란의 죄, 제2장 이적의 죄, 제11장 군용물에 관한 죄 및 제12장 위령의 죄 중 제78조 · 제80조 · 제81조의 죄
3. 국가보안법에 규정된 죄
4. 군사기밀보호법에 규정된 죄
5. 군사기지 및 군사시설보호법에 규정된 죄

(3) 사법경찰관은 통신비밀보호법 제13조의3 제2항에 따라 통지를 유예하려는 경우에는 소명자료를 첨부하여 미리 관할 지방검찰청 검사장의 승인을 받아야 한다(통신비밀보호법 제13조의3 제3항). 사법경찰관은 통신비밀보호법 제13조의2 제2항 각 호의 사유가 해소된 때에는 그날부터 30일 이내에 제1항에 따른 통지를 하여야 한다(동조 제4항).

(4) 통신비밀보호법 제13조의3 제1항 또는 제4항에 따라 통신사실 확인자료제공을 받은 사실 등을 통지받은 당사자는 해당 통신사실 확인자료제공을 요청한 사유를 알려 주도록 서면으로 신청할 수 있다(동조 제5항). 그 외에 통신사실 확인자료제공을 받은 사실 등에 관하여는 제9조의2(제3항은 제외한다)를 준용한다.

라. 통신사실 확인자료제공 요청사유의 고지 신청

통신비밀보호법 제13조의3 제1항 또는 제4항에 따른 신청을 사법경찰관은 같은 조 제2항 각 호의 어느 하나에 해당하는 경우를 제외하고는 그 신청을 받은 날부터 30일 이내에 해당 통신사실 확인자료제공 요청의 사유를 서면으로 통지하여야 한다(통신비밀보호법 제13조의3 제6항).

제7절 기타 강제수사 방법

1. 증거보전

가. 의의

검사, 피고인, 피의자 또는 변호인은 미리 증거를 보전하지 아니하면 그 증거를 사용하기 곤란한 사정이 있는 때에는 제1회 공판기일 전이라도 판사에게 압수, 수색, 검증, 증인신문 또는 감정을 청구할 수 있다(형사소송법 제184조 제1항). 증거보전이라 함은 공판기일에서의 정상적인 증거조사를 기다리다가는 증거의 사용이 불능으로 되거나 현저하게 곤란한 사정이 있는 때에 그 증거를 보전하기 위하여 검사·피의자 등의 청구에 의하여 판사가 제1회 공판기일전에 압수·수색·검증·증인신문·감정을 하여 두는 제도를 말한다.

성폭력범죄의 피해자나 그 법정대리인 또는 사법경찰관은 피해자가 공판기일에 출석하여 증언하는 것에 현저히 곤란한 사정이 있을 때에는 그 사유를 소명하여 성폭력범죄의 처벌 등에 관한 특례법 제30조에 따라 영상녹화된 영상녹화물 또는 그 밖의 다른 증거에 대하여 해당 성폭력범죄를 수사하는 검사에게 형사소송법 제184조 제1항에 따른 증거보전의 청구를 할 것을 요청할 수 있다. 이 경우 피해자가 19세 미만 피해자등인 경우에는 공판기일에 출석하여 증언하는 것에 현저히 곤란한 사정이 있는 것으로 본다(성폭력범죄의 처벌 등에 관한 특례법 제41조 제1항). 제1항의 요청을 받은 검사는 그 요청이 타당하다고 인정할 때에는 증거보전의 청구를 할 수 있다. 다만, 19세 미만 피해자등이나 그 법정대리인이 제1항의 요청을 하는 경우에는 특별한 사정이 없는 한 형사소송법 제184조 제1항에 따라 관할 지방법원판사에게 증거보전을 청구하여야 한다(동조 제2항)[76].고 규정하여 증거보존의 특례를 규정을 두고 있다.

나. 요건

(1) 증거보전의 필요성

미리 증거를 보전하지 아니하면 그 증거를 사용하기 곤란한 사정이 있어야 한다. 증거를 사용하기 곤란한 경우란 그 증거에 대한 조사가 불가능하게 되거나 곤란하게 되는 경우 뿐만 아니라 증거의 실질적 가치에 변화가 와서 본래의 증명력을 발휘하기 곤란한 경우를 포함한다.

(2) 제1심 제1회 공판기일전

제1심 제1회 공판기일 이후에는 법원에 증거조사를 신청하면 되는 것이므로 증거보전은 제1심 제1회 공판기일전 임을 요한다. 기소의 전후는 불문하고, 수사단계에 있어서는 피의자의 특정 여부와도 상관없다. 따라서 재심청구사건에서는 제1회 공판기일 이전이라도 증거보전절차는 허용되지 않는다.

(3) 증거보전의 방법

증거보전의 방법은 압수·수색·검증·증인신문·감정에 한한다. 증거보전의 방법으로 피고인 신문을 청구할 수 없고,[77] 피의자 신문에

76) 시행일: 2023. 10. 12. / 피해자 연령 변경(16세→19세), 19세 미만 피해자 등에 경우 청구 의무 부여

해당하는 사항을 증거보전의 방법으로 청구할 수 없다.[78] 증거보전 절차에서 작성된 증인신문조서 중 증인에 대한 반대신문과정에서 피의자가 진술한 내용은 증거로 할 수 없다.[79] 다만, 공동피고인과 피고인이 뇌물을 주고 받은 사이로 필요적 공범관계에 있다고 하더라도 검사는 수사단계에서 피고인에 대한 증거를 미리 보전하기 위하여 필요한 경우에는 판사에게 공동피고인을 증인으로 신문할 것을 청구할 수 있다.[80]

다. 절차

(1) 청구권자

청구권자는 검사와 피고인, 피의자 또는 변호인에 한한다(형사소송법 제184조 제1항). 형사입건이 되기 전에는 청구권자가 될 수 없다. 사법경찰관은 미리 증거를 보전하지 않으면 그 증거를 사용하기 곤란한 경우에는 증거보전 신청서를 작성하여 검사에게 형사소송법 제184조 제1항(증거보전의 청구와 그 절차)에 따른 증거보전의 청구를 신청할 수 있다(경찰수사규칙 제71조). 다만, 19세미만 피해자 등이나 그 법정대리인이 성폭력범죄의 처벌등에 관한 특례법 제41조 제1항의 요청을 하는 경우에는 특별한 사정이 없는 한 형사소송법 제184조 제1항에 따라 관할 지방법원판사에게 증거보전을 청구하여야 한다(성폭력범죄의 처벌등에 관한 특례법 제41조 제2항).

77) 대판 1972. 11. 28. 72도2104.
78) 대판 1979. 6. 12. 79도792.
79) 대판 1984. 5. 15. 84도508.
80) 대판 1988. 11. 8. 86도1646.

(2) 청구의 방식

증거보전의 청구를 함에는 서면으로 그 사유를 소명하여야 한다(형사소송법 제184조 제3항). 증거보전청구서에는 다음 사항을 기재하여야 한다(형사소송규칙 제92조 제1항).

1. 사건의 개요
2. 증명할 사실
3. 증거 및 보전의 방법
4. 증거보전을 필요로 하는 사유

(3) 증거보전의 결정

증거보전의 청구를 받은 관할지방법원판사는 증거보전의 요건이 갖추어지지 아니한 경우에는 그 청구를 기각한다. 그러나 요건이 구비된 경우에는 별도의 명시적 결정을 하지 않고 바로 청구된 처분을 행한다. 증거보전의 청구를 기각하는 결정에 대하여는 3일 이내에 항고할 수 있다(형사소송법 제184조 제4항).

(4) 증거보전의 실시

증거보전청구의 요건이 구비된 경우에 관할지방법원판사는 압수, 수색, 검증, 증인신문 또는 감정 등 증거보전을 행하게 된다. 증거보전의 청구를 받은 판사는 그 처분에 관하여 법원 또는 재판장과 동일한 권한이 있다(형사소송법 제184조 제2항).

판사는 강제처분이 필요한 경우에는 영장을 발부받아 증거보전을 행하고, 소송관계인의 참여권 등은 수소법원이 증거조사를 행하는 경우와 동일하게 이를 인정하여야 한다. 증거보전절차로서 증인신문을 하면서 그 일시와 장소를 피의자 및 변호인에게 미리 통지하지 아니하였고 변호인이 후에 이에 대하여 이의신청한 경우 위 증인신문조서는 증거능력이 없다 할 것이고, 증인이 후에 법정에서 그 조서의 진정성립을 인정한다 하여 다시 그 증거능력을 취득한다고 볼 수도 없다.[81]

(5) 보전된 증거의 활용

검사, 피고인, 피의자 또는 변호인은 판사의 허가를 얻어 증거보전의 처분에 관한 서류와 증거물을 열람 또는 등사할 수 있다(형사소송법 제185조). 증거보전절차에서 작성된 조서는 증거로 할 수 있으므로(동법 제311조 후단), 공판기일에 당사자의 신청에 의해 증거조사의 과정을 거쳐 증거로 활용된다.

2. 증인신문의 청구

가. 의의

증인신문의 청구라 함은 임의수사의 방법에 의한 참고인조사(형사소송법 제221조)만으로는 수사의 목적을 달성하기 어렵거나 불가능하다고 인정되는 경우에 증거보전을 위하여 검사가 제1회 공판기일전에 판사에게 그 신문을 청구함으로써 이루어지는 증인신문의 절차를 말하는 것으로서 참고인에 대하여는 수사기관이 강제력을 행사할 수 없으므로 이를 보완하기 위하여 만들어진 제도이다(동법 제221조의2).

---

81) 대판 1992. 2. 28. 91도2337

나. 요건

범죄의 수사에 없어서는 아니될 사실을 안다고 명백히 인정되는 자가 형사소송법 제221조(제3자의 출석요구 등)의 규정에 의한 출석 또는 진술을 거부한 경우에는 검사는 제1회 공판기일 전에 한하여 판사에게 그에 대한 증인신문을 청구할 수 있다(형사소송법 제221조의2 제1항). 검사가 판사에 대하여 증인신문의 청구를 하려면 신문의 상대방이 증인적격을 갖추어야 하고 일정한 증거보전의 필요성이 인정되면 그 청구가 수소법원에 제1회 공판기일전에 행하여져야 한다.

(1) 증인적격

판사의 증인신문을 받게 될 참고인은 범죄수사 또는 범죄증명에 필요한 사실을 진술할 수 있는 자이어야 한다. 공범자 및 공동피고인은 다른 피의자에 대하여 제3자의 관계에 있으므로 증인신문의 상대방이 될 수 있다고 본다.

(2) 증거보전의 필요성

판사의 증인신문에 의한 증거보전이 필요한 경우는 범죄의 수사에 없어서는 아니될 사실을 안다고 명백히 인정되는 자가 검사 또는 사법경찰관에의 출석이나 진술을 거부하는 때이다(형사소송법 제221조의2 제1항).

형사소송법은 실체적 진실발견의 촉진을 위하여 피의사실에 대한 핵심적 사실을 알고 있음이 명백한 참고인에 대하여 예외적으로 법관에 의한 증인신문을 인정하도록 하고 있다. 따라서 신문의 상대방은 문제되는 사실을 안다고 명백히 인정될 수 있는 자이어야 한다. 참고인이 수사기관에 출석하여 진술은 하였으나 진술조서에 서명을 거부하는 때에도 일단 진술거부에 준하여 증인신문이 허용된다고 본다.

(3) 시기 및 대상

증인신문의 청구는 기소의 전후를 불문하고 제1회 공판기일전이면 가능하다. 증인신문청구는 고소, 고발 또는 자수를 받거나 수사기관 스스로 범죄의 혐의가 있다고 보아 수사를 개시하는 범죄의 인지 등 수사의 대상으로 삼고 있음을 외부적으로 표현한 때에 비로소 그 존재를 인정할 수 있다.[82] 수사단계에서의 피의자 이외의 자의 진술이므로 참고인에 대한 증인신문에 한한다. 따라서 피의자나 피고인 본인에 대한 증인신문청구는 허용되지 아니한다. 다만 공범이나 공동피고인에 대한 증인신문은 가능하다.

다. 절차

(1) 청구권자

청구권자는 검사에 한한다. 사법경찰관은 범죄의 수사에 없어서는 안 되는 사실을 안다고 명백히 인정되는 사람이 출석 또는 진술을 거부하는 경우에는 증인신문 신청서를 작성하여 검사에게 형사소송법 제221조의2 제1항에 따른 증인신문의 청구를 신청할 수 있다(경찰수사규칙 제72조).

82) 대판 1989. 6. 20. 89도648

(2) 증인신문청구서 기재사항

증인신문의 청구를 함에는 서면으로 그 사유를 소명하여야 한다(형사소송법 제221조의2 제3항). 증인신문의 청구는 「증인신문청구서」에 의하되 형사소송법 제221조의2에 따른 증인신문 청구서에는 다음 각 호의 사항을 기재하여야 한다(형사소송규칙 제111조)

1. 증인의 성명, 직업 및 주거
2. 피의자 또는 피고인의 성명
3. 죄명 및 범죄사실의 요지
4. 증명할 사실
5. 신문사항
6. 증인신문청구의 요건이 되는 사실
7. 피의자 또는 피고인에게 변호인이 있는 때에는 그 성명

(3) 참여

증인신문에 임하는 판사는 증인신문의 청구에 따라 증인신문기일을 정한 때에는 피고인·피의자 또는 변호인에게 이를 통지하여 증인신문에 참여할 수 있도록 하여야 한다(형사소송법 제221조의2 제5항). 이때에는 피고인, 피의자 또는 변호인에게 신문기일과 장소 및 증인신문에 참여할 수 있다는 취지를 통지하여야 한다(형사소송규칙 제112조).

(4) 증인신문조서의 활용

판사가 증인신문의 청구에 의한 증인신문을 한 때에는 지체 없

이 증인신문조서 등 일건기록을 검사에게 송부하여야 한다(형사소송법 제221조의2 제6항). 검사는 이를 수사 및 공소유지에 있어서 증거로 사용하게 된다.

3. 감정유치 및 감정처분 허가 신청

감정유치의 청구권자는 검사에 한한다(형사소송법 제221조의3 제1항). 사법경찰관은 형사소송법 제221조 제2항의 감정을 위하여 형사소송법 제172조 제3항(법원 외 감정)에 따른 유치가 필요한 경우에는 감정유치장 신청서를 작성하여 검사에게 제출해야 한다(경찰수사규칙 제73조 제1항). 감정유치기간은 미결구금일수의 산입에 있어서 이를 구속기간으로 간주한다(형사소송법 제221조의3 제2항, 제172조 제8항).

사법경찰관은 형사소송법 제221조의4 제1항에 따라 형사소송법 제173조 제1항(감정에 필요한 처분)에 따른 처분을 위한 허가가 필요한 경우에는 감정처분허가장 신청서를 작성하여 검사에게 제출해야 한다(경찰수사규칙 제73조 제2항).

판사로부터 「감정처분허가장」을 발부받은 검사는 이를 (감정위촉서와 함께) 감정인에게 교부하고, 이를 교부받은 감정인은 처분을 받는 자에게 이를 제시한 후 처분을 할 수 있다(형사소송법 제221조의4 제4항, 제173조 제3항).

그 처분을 행함에 있어서는 신체검사 및 시체해부 또는 분묘발굴에 있어서의 주의사항(동법 제141조)과 시각의 제한(동법 제143조)에 관한 규정을 준수하여야 한다(동법 제221조의4 제4항, 제173조 제5항).

4. 출국금지 및 입국시 통보

법무부장관은 범죄 수사를 위하여 출국이 적당하지 아니하다고 인정되는 사람에 대하여는 1개월 이내의 기간을 정하여 출국을 금지할 수 있다. 다만, 다음 각 호에 해당하는 사람은 그 호에서 정한 기간으로 한다(출입국관리법 제4조 제2항).

1. 소재를 알 수 없어 기소중지 또는 수사중지(피의자중지로 한정한다)된 사람 또는 도주 등 특별한 사유가 있어 수사진행이 어려운 사람: 3개월 이내
2. 기소중지 또는 수사중지(피의자중지로 한정한다)된 경우로서 체포영장 또는 구속영장이 발부된 사람: 영장 유효기간 이내

경찰청장은 소관 업무와 관련하여 출입국관리법 제4조 제2항 각 호의 어느 하나에 해당하는 사람이 있다고 인정할 때에는 법무부장관에게 출국금지를 요청할 수 있다(출입국관리법 제4조 제3항).

따라서 수사기관이 범죄혐의를 포착하고 수사를 개시하여 범죄를 인정한 경우와 고소인·고발인 등이 수사기관에 고소장 등을 제출하여 조사가 진행중인 경우에는 출국이 금지될 수 있다. 또한 입건전 조사는 수사의 전단계이지만 피조사자에 대한 범죄혐의 유무를 밝히는 행위이므로 넓은 의미에서의 수사라 할 수 있고, 따라서 피조사자에 대한 출국이 부적당하다고 인정될 때에는 출국금지 조치를 취할 수 있다.[83]

83) 사법연수원, 「수사절차론」, 성문인쇄사, 2008. P.111.

한편, 피의자가 현재 출국중이고 단기간 내에 귀국한다는 자료가 없을 때에는 기소중지 결정을 함과 동시에 법무부에 피의자의 입국시 통보를 요청하고 입국시 통보만으로는 피의자의 신병확보가 어려운 경우에는 입국시 통보 및 입국 후 출국금지를 요청하여야 한다.

5. 지명수배(통보) 및 해제

가. 지명수배

사법경찰관리는 다음 각 호의 어느 하나에 해당하는 사람의 소재를 알 수 없을 때에는 지명수배를 할 수 있다(경찰수사규칙 제45조 제1항).

1. 법정형이 사형, 무기 또는 장기 3년 이상의 징역이나 금고에 해당하는 죄를 범했다고 의심할 만한 상당한 이유가 있어 체포영장 또는 구속영장이 발부된 사람
2. 제47조에 따른 지명통보의 대상인 사람 중 지명수배를 할 필요가 있어 체포영장 또는 구속영장이 발부된 사람

경찰수사규칙 제45조 제1항에도 불구하고 형사소송법 제200조의3 제1항에 따른 긴급체포를 하지 않으면 수사에 현저한 지장을 초래하는 경우에는 영장을 발부받지 않고 지명수배할 수 있다. 이 경우 지명수배 후 신속히 체포영장을 발부받아야 하며, 체포영장을 발부받지 못한 때에는 즉시 지명수배를 해제해야 한다(경찰수사규칙 제45조 제2항).

나. 지명수배자 발견시 조치

사법경찰관리는 경찰수사규칙 제45조 제1항에 따라 지명수배된 사람(이하 "지명수배자"라 한다)을 발견한 때에는 체포영장 또는 구속영장을 제시하고 그 사본을 교부해야 하고, 피의자에게 범죄사실의 요지, 체포·구속의 이유와 변호인을 선임할 수 있음을 말하고 변명할 기회를 준 후 체포 또는 구속하며 권리 고지 확인서를 받아야 한다. 다만, 체포영장 또는 구속영장을 소지하지 않은 경우 긴급하게 필요하면 지명수배자에게 영장이 발부되었음을 고지한 후 체포 또는 구속할 수 있으며 사후에 지체 없이 그 영장 원본을 제시하고, 그 사본을 교부해야 한다(경찰수사규칙 제46조 제1항).

사법경찰관은 체포영장 또는 구속영장을 발부받지 않고 지명수배한 경우에는 피의자에게 긴급체포한다는 사실 및 범죄사실의 요지, 체포의 이유와 변호인을 선임할 수 있음을 고지하고 변명의 기회를 준 후 지명수배자를 긴급체포하여야 하며, 즉시 확인서를 받고 긴급체포서를 작성하여야 한다(동규칙 제46조 제2항).

다. 수배관서 인계 순위

경찰관은 검거한 지명수배자에 대하여 지명수배가 여러 건인 경우에는 다음 각호의 수배관서 순위에 따라 검거된 지명수배자를 인계받아 조사하여야 한다(범죄수사규칙 제99조 제3항).

1. 공소시효 만료 3개월 이내이거나 공범에 대한 수사 또는 재판이 진행중인 수배관서

2. 법정형이 중한 죄명으로 지명수배한 수배관서
3. 검거관서와 동일한 지방검찰청 또는 지청의 관할구역에 있는 수배관서
4. 검거관서와 거리 또는 교통상 가장 인접한 수배관서

라. 지명통보

(1) 지명통보 대상

사법경찰관리는 다음 각 호의 어느 하나에 해당하는 사람의 소재를 알 수 없을 때에는 지명통보를 할 수 있다(경찰수사규칙 제47조).

1. 법정형이 장기 3년 미만의 징역 또는 금고, 벌금에 해당하는 죄를 범했다고 의심할 만한 상당한 이유가 있고, 출석요구에 응하지 않은 사람
2. 법정형이 장기 3년 이상의 징역이나 금고에 해당하는 죄를 범했다고 의심되더라도 사안이 경미하고, 출석요구에 응하지 않은 사람

(2) 지명통보자 발견 시 조치

(가) 지명통보자 발견시 처리절차

경찰관은 지명통보자를 발견한 때에는 지명통보자에게 지명통보된 사실 등을 고지한 뒤 지명통보사실 통지서를 교부하고, 지명통보자 소재발견 보고서를 작성한 후 사건이송서와 함께 통보관서에 인계하여야 한다. 다만, 지명통보된 사실 등을 고지받은 지명통보자가 지명통보사실통지서를 교부받기 거부하는 경우에는 그 취지를 지명통보자 소재발견 보고서에 기재하여야 한다(범죄수사규칙 제106조 제1항). 제1항의 경우 여러 건의 지명통보가 된 사람을

발견하였을 때에는 각 건마다 지명통보사실 통지서를 작성하여 교부하고 지명통보자 소재발견 보고서를 작성하여야 한다(동조 제2항). 사건담당은 즉시 지명통보된 피의자에게 출석하거나 사건이송신청서를 제출하라는 취지의 출석요구서를 발송하여야 한다. 이에 응하지 아니하는 때에는 지명수배 절차를 진행할 수 있다.

(나) 지명통보자에 대한 특칙

행정기관 고발사건 중 법정형이 2년 이하의 징역에 해당하는 범죄로 수사중지된 자를 발견한 발견관서의 경찰관은 통보관서로부터 수사중지결정서를 팩스 등의 방법으로 송부받아 피의자를 조사한 후 조사서류만 통보관서로 보낼 수 있다. 다만, 피의자가 상습적인 법규위반자 또는 전과자이거나 위반사실을 부인하는 경우에는 그러하지 아니 하다(범죄수사규칙 제107조).

제4장
임의수사
(任意搜査)

제1절 서설

1. 임의수사의 의의

수사기관은 수사에 관하여는 그 목적을 달성하기 위하여 필요한 조사를 할 수 있다. 다만, 강제처분은 형사소송법에 특별한 규정이 있는 경우에 한하며, 필요한 최소한도의 범위 안에서만 하여야 한다(형사소송법 제199조 제1항). 체포·구속, 압수·수색 등 강제처분에 의한 수사를 강제수사라고 하고 강제수사 이외의 수사를 임의수사라고 한다.

임의수사는 그 수단·방법에 특별한 제한이 없고, 수사기관의 판단과 재량에 맡겨져 있다. 법령에 규정되어 있는 임의수사의 방법으로는 피의자 신문, 참고인 조사, 영상녹화, 감정 또는 통역·번역 위촉, 사실조회, 실황조사, 임의제출물 압수 등이 있다. 이러한 규정들은 임의수사의 유형을 예시한 것에 불과하며, 상대방의 동의·승낙을 전제로 하거나 성질상 어느 누구의 동의·승낙없이도 할 수 있는 것이면 어떠한 방법에 의하여서도 수사할 수 있다.

그러나 임의수사라 하더라도 피의자 기타 관계인의 권익침해 정도나 불편이 필요한 최소한도에 그치도록 하여야 하고, 특별히 법률이 정하는 방법·절차가 있으면 그에 따라야 하는 것은 당연하다(경찰수사에 관한 인권보호규칙 제8조 제1항).

2. 수사할 사항

수사기관이 수사할 사항은 범인, 범죄사실, 증거이다(형사소송법 제196조, 제197조). 즉 ①누가(범죄의 주체) ②언제(일시) ③어디서(장소) ④무엇을 또는 누구에 대하여(범죄의 객체 또는 피해자) ⑤어떻게(범행의 수단·방법) ⑥무엇을 하였는가 또는 어떻게 되었는가(범행의 종별 및 결과)를 기본적(이를 '6하의 원칙'이라고 한다)으로 규명하여야 하고, 나아가 ⑦누구와(공범의 유무) ⑧왜(범행의 동기·원인)까지(이를 합하여 '8하의 원칙'이라고 한다) 규명하여 각 이에 따른 증거를 수집해야 한다.

또한 범죄가 발생하면 수사기관은 수사할 사항을 염두에 두고 범죄에 관한 사실과 관련사실을 분석하여 어떤 점을 어떤 방향으로 수사할 것인지 충분한 수사계획을 수립하고, 계획적인 수사를 진행하여야 한다.

가. 범인에 관계되는 사항

1. 단독범인지 공범인지 여부, 조직범이면 그 계보
2. 전과의 유무
3. 범인의 직업, 연령, 환경, 가족관계, 교우 관계, 성격, 평소의 행동, 성장과정
4. 범행의 방법, 동기(직접동기·간접동기), 목적
5. 범인의 인상(범인이 특정되지 않았을 때에 한함)
6. 범행까지의 과정, 범행후의 동태

나. 피해자에 관계되는 사항

1. 피해자의 직업, 가정상황, 평소의 행동, 성격, 재산정도, 환경
2. 피해자의 주변인물
3. 피해자의 집에 출입한 사람
4. 피해일시, 기상
5. 피해상황
6. 피해장소의 위치, 주변상황
7. 피해물건의 종류, 수량, 위치, 특징
8. 범인과의 관계
9. 피해복구 여부

다. 사회에 관계되는 사항

1. 유사 또는 동종범죄의 발생 여부
2. 사회에 미치는 영향
3. 국민의 감정
4. 동종범죄의 일반적 발생원인
5. 동종범죄의 예방방법과 그 대책

3. 수사에 임하는 자세 및 방향

1. 수사에 임하는 자세는 자신감을 가지고, 단정한 복장과 용모를 갖추고, 진실하고 성의 있는 자세로 냉정·침착한 태도를 견지해

야 한다. 선입관이나 감정에 치우치면 안된다.

2. 수사착수에 앞서 증거관계 및 수사의 조건을 따져 수사착수에 신중을 기하고, 불확실한 범죄에 대하여 수사를 개시함으로써 피의자로 지목된 자나 그 주변인물을 괴롭히거나 애매한 일로 무고한 범죄자를 양산하여서도 아니된다.

3. 범죄현상의 전부에 걸쳐 단 하나의 증거물도 빠뜨리지 아니하고 철저한 기초조사를 토대로 세밀한 관찰과 합리적인 추론을 한 후 체계적이고 계획적인 수사를 진행해야 한다.

예컨대 "A가 범인이다"라는 것이 정당하다고 하기 위해서는 어떠한 것이 있어야 한다는 것을 추론해야 한다. 즉, 수사할 사항을 결정해야 한다. 그 추론이 추측의 진실성을 확인할 수사할 사항이 되는 것이며, 추론이 많으면 많을수록 수사는 정밀하게 되어 실체적 진실에 접근할 수 있게 된다.

4. 사법경찰관리는 수사를 할 때에는 합리적 이유 없이 피의자와 그 밖의 피해자 · 참고인 등(이하 "사건관계인"이라 한다)의 성별, 종교, 나이, 장애, 사회적 신분, 출신지역, 인종, 국적, 외모 등 신체조건, 병력(病歷), 혼인 여부, 정치적 의견 및 성적(性的) 지향 등을 이유로 차별해서는 안 된다(경찰수사규칙 제2조 제1항).

5. 검사사법경찰관리와 그 밖에 직무상 수사에 관계있는 자는 피의자 또는 다른 사람의 인권을 존중하고 수사과정에서 취득한 비밀을 엄수하며 수사에 방해되는 일이 없도록 하여야 한다(형사소송법 제198조 제2항). 경찰관은 수사를 할 때에는 피의자, 피해자 등 사건관계인의 명예를 훼손하지 않도록 주의하여야 하며, 인권을 존중하고 적법한 절차를 따라야 한다.

6. 사실을 명백히 하기 위하여 피의자 이외의 관계자를 조사할 필요가 있을 때에는 되도록 그 사실을 직접 경험한 사람의 진술을 들어야 한다(범죄수사규칙 제69조 제1항). 또한 사건 수사에 있어 중요한 사항에 속한 것으로서 타인의 진술을 내용으로 하는 진술을 들었을 때에는 그 사실을 직접 경험한 사람의 진술을 듣도록 노력하여야 한다(동조 제2항).

4. 참고인 및 피의자 조사

가. 조사의 의의

조사라 함은 범죄사실을 확정하기 위하여 피의자·피해자 기타 사건관계인들에게 질문하여 임의로 그 진술을 듣고 사실의 진상을 발견하는 수사기관의 활동을 말한다.

나. 중요성

범죄의 진상을 가장 잘 알고 있는 자는 누구보다도 범행을 실행한 범인 자신인 것이다. 따라서 피의자가 진범인으로서 자신이 실행한 범죄사실에 대해서 자백만 한다면 사건의 진상이 명백해질 것은 자명하다. 또한 피해자 등 참고인도 진술을 통해 범죄사실을 확정하고, 그 범죄사실에 대한 증거관계를 확인하는데 있어 매우 중요하다. 그러므로 조사는 중요한 수사기술이라고 할 수 있다.

다. 목적

(1) 수사자료를 얻을 목적으로 행한다.

이미 수집된 자료 이외에 범죄를 직접 또는 간접으로 증명할 새로운 수사자료를 발견 수집을 하는 것을 목적으로 행한다.

(2) 범인의 주관적 요건(고의, 동기, 목적 등)을 얻기 위하여 행한다.

(3) 수사한 결과 얻은 추정을 확인할 목적으로 행한다.

수집된 수사자료에 의한 사건(범인 및 범죄사실)의 추정을 하나의 가설로서 그 진위는 다시 확인하여야 하기 때문이다.

라. 근거

(1) 피의자 조사권

(가) 형사소송법 제199조 제1항: 수사에 관하여는 그 목적을 달성하기 위하여 조사를 할 수 있다.

(나) 형사소송법 제200조: 사법경찰관은 수사에 필요한 때에는 피의자의 출석을 요구하여 진술을 들을 수 있다.

(2) 참고인 조사권

(가) 형사소송법 제199조 제1항

(나) 형사소송법 제221조: 사법경찰관은 수사에 필요한 때에는 피의자 아닌 자(참고인)의 출석을 요구하여 그 진술을 들을 수 있다.

마. 조사의 준비

(1) 조사방법의 검토

사건의 초점을 파악하여 조사의 목적을 확정한 후 질문할 사항·순서·방법 등을 잘 생각해 두어야 한다. 특히 범죄사실을 특정하는 구체적 구성요건을 6하(8하)원칙에 따라 조사하면 좋을 것이다.

(2) 조사자료의 활용

사건내용을 검토한 후 관계법령 및 판례 등 연구하고, 증거물 조사자료는 검토 정리하여 기억해 두어야 한다. 피조사자에 대한 자료를 수집·검토하여 예비지식을 얻어 둘 것이다. 피의자의 경우 피의자의 교육정도, 경력, 가족관계, 생활과 재산정도, 전과사실 유무, 건강상태, 조사에 대한 태도, 편견 유무, 직장에서의 태도, 취미 등 피의자 신문전에 확인 가능한 사항은 충분히 파악해 두어야 한다.

(3) 조사실 선정

피의자가 솔직한 진술을 하기 쉬운 장소는 분위기가 부드러우며 잡음이 없는 정숙한 장소로 외부의 소리가 들리지 않고 외부를 바라 볼 수 없는 차단된 장소가 적당하다. 또한 조사실내는 잘 정돈하고 책상위에 송곳이나 칼, 화분 등 위험한 물건을 두지 말아야 한다. 비치된 화장지도 두루마리 보다는 티슈가 적당하며 이러한 세심한 주의가 필요하다. 이는 피조사자의 주의력이나 기억력 등이 흐트러지지 않게 하고 자해행위를 예방하기 위함이다. 또한, 제3자의 출입이나 조사실내 대기시키지 않도록 유의한다.

제2절 참고인 조사

1. 서설

가. 의의

참고인 조사라 함은 범죄사실을 확정하기 위하여 피해자 기타 사건관계인들에게 질문하여 임의로 그 진술을 듣고 사실의 진상을 발견하는 수사기관의 활동을 말한다. 참고인은 피의자 아닌 모든 자를 말하며, 수사기관은 피의자 진술의 진위 여부를 증거자료에 의해 입증하는 경우도 있지만, 범죄사실이나 관련된 사실을 직접 경험한 사람으로부터 참고인 진술을 듣는 것은 객관적 진실 발견을 위해서 꼭 필요하다. 고소·고발인도 참고인에 포함된다.

피의자는 형사책임을 직접 부담하므로 이를 모면하기 위해 허위의 진술을 할 가능성이 많다. 물론 물적증거에 의하여 객관적 진실이 모두 규명되는 경우도 있지만, 물적 증거가 있는 경우에도 이를 보완할 참고인의 진술이 필요하다. 또한 참고인의 진술을 포함한 다른 증거에 의해 범죄사실이 규명될 수 있어 피의자가 범행을 부인하면 양형상 불이익만 받을 것을 우려하여 피의자가 스스로 범행을 자백하는 경우도 많다. 따라서 객관적 실체진실 발견을 위해 참고인 조사는 매우 중요하다.

나. 피의자 아닌 사람에 대한 조사사항 (범죄수사규칙 제72조)

경찰관은 피의자 아닌 사람을 조사하는 경우에는 특별한 사정이 없는 한 다음 각 호의 사항에 유의하여 진술조서를 작성하여야 한다(범죄수사규칙 제72조).

1. 피해자의 피해상황
2. 범죄로 인하여 피해자 및 사회에 미치는 영향
3. 피해회복의 여부
4. 처벌희망의 여부
5. 피의자와의 관계
6. 그 밖의 수사상 필요한 사항

다. 참고인 조사시 유의사항

(가) 참고인의 출석을 요구하는 경우 불필요하게 여러 차례 출석하지 않도록 사전에 준비하고, 출석일시나 조사시간 등을 정할 때 생업 등에 지장이 없도록 배려한다. 출석한 참고인에 대하여 지체 없이 진술을 들어야 하며 참고인이 장시간 기다리게 하는 일이 없도록 하여야 한다(범죄수사규칙 제61조).

(나) 참고인에게 출석요구를 할 때에는 출석요구를 하기 전에 우편·전자우편·전화를 통한 진술 등 출석을 대체할 수 있는 방법의 선택 가능성을 고려해야 한다.

(다) 기업체를 양벌규정에 따라 처벌하는 경우에는 가능한 한 우편진술제 등을 활용함으로써 기업활동이 위축되지 않도록 배려한다.

(라) 장시간 대기하지 않도록 시차를 두어 출석을 요구하고, 조사가 늦어지거나 조사를 하지 못한 경우 이를 설명하여 이해를 구해야 한다.

(마) 참고인은 수사의 협조자로서 임의로 진술을 하는 것이지, 신

문을 당하는 것이 아니기 때문에 진술조서를 작성함에 있어서도 임의로 진술내용을 기재하는 것이 바람직하다. 또한, 참고인의 진술이 가장 중요한 증거가 되는 경우들이 많으므로 이를 고려하여 임의성이 확보되도록 생생하게 실감이 가도록 조서를 작성하여야 한다.

2. 참고인 조사전 절차

가. 출석요구(경찰수사규칙 제34조)

수사준칙 제19조 제3항 본문 또는 같은 조 제6항에 따라 피의자 외의 사람에게 출석요구를 하려는 경우에는 출석요구서에 따른다(경찰수사규칙 제34조). 특별한 사정이 없는 한 참고인은 수사관서에 출석시켜 조사한다. 출석시키는 방법은 피의자의 경우와 같이 원칙적으로 참고인출석요구서에 의하고 필요한 경우에는 전화·문자메시지·그 밖의 상당한 방법으로 출석요구를 할 수 있다(수사준칙 제19조 제3항, 제6항).

참고인은 수사관서로부터 출석요구를 받더라도 반드시 출석할 의무가 있는 것은 아니다. 그러나 범죄의 수사에 없어서는 아니될 사실을 안다고 명백히 인정되는 자가 출석이나 진술을 거부한 경우에는 검사는 제1회 공판기일 전에 한하여 판사에게 그에 대한 증인신문을 청구할 수 있다(형사소송법 제221조의2 제1항).

수사에 협조를 구하기 위해 소환하는 전문지식 및 특수경험 보유자로서 사건의 직접 당사자가 아닌 의사나 감정인 등 전문직 종사자, 통역인, 대학교수, 사회 저명인사 등 일반사건관계인과 달리 예우해야 할 필요가 있다고 인정되는 참고인을 소환할 때에는 참고인출석요구서에 의하지 아니하고 수사협조요청서에 의하되 출석의 필요성·협조할 사항·조사 소요예정시간·지참할 물건 또는 자료 등을 상세히 기재하며 일방적 소환을 지양하고 출석 요청기간 중에서 편리한 일시를 스스로 결정하도록 하는 것이 바람직하다.[84)]

나. 참여 및 진술거부권 고지 불요

참고인에게는 진술거부권을 알릴 필요가 없고, 피의자신문과 달리 사법경찰관리의 참여 없이 조사할 수 있다.

다. 신뢰관계에 있는 자의 동석(법 제163조의2)

범죄로 인한 피해자를 조사하는 경우 그 연령, 심신의 상태, 그 밖의 사정을 고려하여 현저하게 불안 또는 긴장을 느낄 우려가 있다고 인정하는 때에는 직권 또는 피해자·법정대리인의 신청에 따라 피해자와 신뢰관계에 있는 자를 동석하게 할 수 있다(형사소송법 제163조의2 제1항). 범죄로 인한 피해자가 13세 미만이거나 신체적 또는 정신적 장애로 사물을 변별하거나 의사를 결정할 능력이 미약한 경우에 심리적 안정과 원활한 진술 도모를 위한 규정이다. 형사소송법은 이들을 증인으로 신문하는 경우에 관하여 신뢰관계에 있는 자의 동석을 규정하고 이들을 수사과정에서 참고인으로 조사하는 경우에 준용하고 있다. 여기서 신뢰관계에 있는 자의 범위는 피의자 신문시 신뢰관계에 있는 자의 동석의 경우에 준한다(수사준칙 제24조 제1항). 사법경찰관은 동석 신청이 없더라도 동석이 필요하다고 인정되면 피해자와의 신뢰관계 유무를 확인한

84) 사법연수원, 「수사절차론」, 성문인쇄사, 2008. P.90.

후 직권으로 신뢰관계에 있는 사람을 동석하게 할 수 있다. 이 경우 그 관계 및 취지를 조서나 수사보고서에 적어야 한다(경찰수사규칙 제38조 제3항). 사법경찰관은 신뢰관계인의 동석으로 인하여 신문이 방해되거나, 수사기밀이 누설되는 등 정당한 사유가 있는 경우에는 동석을 거부할 수 있으며, 신뢰관계인이 피해자 조사를 방해하거나 그 진술의 내용에 부당한 영향을 미칠 수 있는 행위를 하는 등 수사에 현저한 지장을 초래하는 경우에는 피해자 조사 중에도 동석을 제한할 수 있다(동조 제4항).

3. 참고인 조사

가. 조사사항

참고인 조사에 있어서는 ①피의자 및 피해자와의 관계 ②범죄사실과 관련되어 경험하였거나 알고 있는 내용 ③경험하였거나 알게 된 경위 ④직접 경험한 것인지 아니면 다른 사람으로부터 전문한 것인지 여부 ⑤기타 진술 동기 등을 명백히 하여야 한다. 피해자의 진술조서에는 반드시 피해회복 여부와 처벌 희망 여부를 물어야 하고, 상해를 입은 피해자에 대해서는 상해 발생 당시 작성된 진단서의 소견에만 의존하지 말고 진술 당시의 치료정도를 물어 치료기간을 확인하여야 한다.

나. 참고인 진술의 신빙성 확보(법 제308조)

(1) 피고인의 처의 증언의 신빙성 (83도823)

- 피고인의 처의 증언이라 하여 항상 신빙성이 없다고 단정할 수 없다.

(2) 형이 확정된 공범자들의 번복 증언의 신빙성(83도3283)

- 피고인과 공범자들이 차를 이용해서 한 3회 범행의 시간, 장소, 주행 방향에 미루어 보아 피고인이 제1 범행에 가담하지 아니하였다는 것이 부자연스럽고, 공범자들이 이미 형이 확정되어 복역중이어서 피고인에게 유리하게 진술할 가능성도 배제할 수 없다고 할 것이므로 당초의 진술을 번복하여 피고인이 범행에 가담하지 않았다는 위 공범자들의 증언은 믿기 어렵다.

(3) 피의자와 이해관계가 상반되는 참고인: 대리인의 권한유월의 문서작성과 문서위조죄의 성부(83도332), 특수강도 사건에 있어 신빙성이 의심스러운 공범자의 진술만으로 유죄판결을 한 위법이 있다고 원심판결을 파기(86도320)

- 문서위조죄에 있어서 타인의 대표자 또는 대리자가 그 대표명의 또는 대리명의를 써서 또는 직접 본인의 명의를 사용하여 문서를 작성할 권한을 가지는 경우에 그 지위를 남용하여 단순히 자기 또는 제3자의 이익을 도모할 목적인 경우 문서위조죄는 성립하지 않는다(83도332).

(4) 범법사실을 신고하는 것을 일삼는 자의 진술을 쉽사리 믿어 노래연습장 업주인 피고인이 술을 판매하고 접대부를 알선하였다는 공소사실에 관하여 적극적인 증명이 있다고 본 원심판결을 파기(2005도8965)

- 일반적으로 불순한 동기를 가지고 타인의 범법을 탐지하여 감독관청에 고자질함을 일삼는 사람의 언행에는 허위가 개입될 개연성이 농후하므로, 이를 신빙하여 유죄의 선고를 함에 있어서는 특히 신중하여야 하는 것임에도, 노래연습장에서 주류판매 및 접대부 알선 등의 범법사실을 신고하는 것을 반복하는 자의

진술을 쉽사리 믿어 노래연습장 업주인 피고인이 술을 판매하고 접대부를 알선하였다는 공소사실에 관하여 적극적인 증명이 있다고 본 원심판결을 파기

(5) 절차위반 등의 증거능력이 없는 증거

가) 검사 또는 사법경찰관이 작성한 피의자 아닌 자에 대한 진술조서의 성립의 진정의 의미(94도1318, 92도737)

나) 수사관 작성의 진술조서에 관하여 참고인이 법정에서 수사관이 자신의 진술을 받아 기재한 것이 아니라 수사관이 범죄사실에 관하여 진술한 내용을 미리 기재하여 놓은 후 자신의 서명 무인만을 받았다고 진술한 경우 위 진술조서의 증거능력 유무(92도737)

- 피의자 아닌 자의 진술을 기재한 조사는 공판준비 또는 공판기일에서의 원진술자의 진술에 의하여 성립의 진정함이 인정되는 때에 증거로 할 수 있는 바, 그 성립의 진정이란 간인, 서명, 날인 등 조서의 형식적인 진정성립과 그 조서가 진술자의 진술 내용대로 기재된 것이라는 실질적인 진정성립을 포함하는 의미이다.
- 사법경찰관리 작성의 진술조서에 관하여 원진술자가 수사관이 자신의 진술을 받아 기재한 것이 아니라, 수사관이 범죄사실에 관하여 진술한 내용을 미리 기재하여 놓은 다음 자신의 서명 무인만을 받은 것이라는 취지로 진술함으로써 위 진술조서의 실질적인 성립의 진정을 부인하고 있다면 위 진술조서는 증거로 할 수 없다.
- 증거능력이 없는 증거들이나 일관성이 없고 서로 모순되거나 객관적 사실과 어긋나는 것으로서 신빙성이 희박하여 믿기 어려운 증거들만으로 공소사실을 유죄로 인정한 원심판결이 채증법칙을 위반하여 사실을 오인한 위법을 이유로 파기

(6) 경험칙에 어긋나는 진술 (90도1263, 83도3067)

- 경찰이 피고인으로부터 자백을 받은 후에 그 사실을 피해자의 친족에게 알려주어 그들을 면담하게 하여 피고인으로 하여금 자백의 취지를 피해자 가족에게 진술하게 함으로써 자백의 증거력에 보강할 목적으로 의도적으로 면회를 시켰다고 의심할 여지가 충분하므로 그 진술이 피고인을 이 사건의 범인으로 단정하기에 어느 정도의 신빙성이 있는지 의심이 가고, 증언내용은 경험칙에 비추어 수긍하기 어려운 경우는 신빙성이 없다.

(7) 피해자의 진술에 증명력이 없다고 본 사례(77도3995)

- 피해자가 5, 6회나 소매치기를 당하였고 그 때마다 같은 경찰서 같은 순경에게만 피의자를 데리고 가서 입건토록 하였다면 달리 합리적인 이유가 없는 한 위 피해자의 증언은 신빙성이 없다.

(8) 범인을 잘 기억한다면서도 경찰이 피고인을 검거한 후에야 피고인을 범인으로 지목한 피해자 진술의 신빙성(84도460)

- 피해자가 범인을 확인할 수 있을 만큼 분명히 기억한다고 진술하였으면서도, 같은 회사에 근무하여 평소 안면 있는 피고인을 경찰에서 대면할 때까지 범인으로 지목하지 않다가 경찰이 피고인을 범인으로 검거한 후에야 피고인을 범인이라 지목한 경우라면 그 진술은 납득하기 어렵다.

4. 성폭력 피해자 등에 대한 조사

가. 목적

주로 여성이 피해자인 성폭력 등 범죄는 그 성격상 피해자가 신체적·정신적으로 심각한 고통을 받고 있고, 사건 또한 개인의 은밀한 사생활에 관한 것이어서 수사과정에서도 피해자의 사생활의 비밀을 보호하고 그들의 인격이나 명예가 손상되지 않도록 하는 동시에 효율적인 조사기법을 활용하여 실체적 진실에 접근하여야 한다.

나. 특례규정

성폭력범죄의 처벌 등에 관한 특례법[85]은 성폭력범죄의 피해자에 대한 전담조사제(동법 제26조), 영상녹화 및 보존 등(동법 제30조), 증거보전의 특례(동법 제41조)을 규정하고 있다. 경찰청장은 각 경찰서장으로 하여금 성폭력범죄 전담사법경찰관을 지정하도록 하여 특별한 사정이 없는 이들로 하여금 피해자를 조사하게 하여야 한다(동법 제26조 제2항).

다. 19세미만 피해자 등 진술 내용 등의 영상녹화 및 보존 등

그 동안 성폭력 피해자 조사 과정상 문제점으로 지적되었던 것은 성폭력 책임을 피해자에게 전가하는 등 조사자의 잘못된 통념의 문제, 피해자의 잦은 소환과 부적절하거나 불필요한 질문 등 잘못된 질문 방식의 문제, 다른 사건 관계인들이 함께 조사를 받는 개방된 장소에서의 조사 등 조사환경상의 문제 등이었다.

(1) 검사 또는 사법경찰관은 19세미만 피해자 등의 진술 내용과 조사 과정을 영상녹화장치로 녹화(녹음이 포함된 것을 말하며, 이하 "영상녹화"라 한다)하고, 그 영상녹화물을 보존하여야 한다

85) 2023. 10. 12. 시행

(성폭력범죄의 처벌등에 관한 특례법 제30조 제1항). 제1항에도 불구하고 19세미만 피해자 등 또는 그 법정대리인(법정대리인이 가해자이거나 가해자의 배우자인 경우는 제외한다)이 이를 원하지 아니하는 의사를 표시하는 경우에는 영상녹화를 하여서는 아니된다(동조 제3항).

(2) 검사 또는 사법경찰관은 19세미만 피해자 등이나 그 법정대리인이 신청하는 경우에는 영상녹화 과정에서 작성한 조서의 사본 또는 영상녹화물에 녹음된 내용을 옮겨 적은 녹취서의 사본을 신청인에게 발급하거나 영상녹화물을 재생하여 시청하게 하여야 한다(동조 제7항).

(3) 누구든지 제1항에 따라 영상녹화한 영상녹화물을 수사 및 재판의 용도 외에 다른 목적으로 사용하여서는 아니된다(동조 제8항).

5. 진술조서 작성

가. 의의

사법경찰관리가 피의자가 아닌 사람의 진술을 조서에 적는 경우에는 진술조서에 따른다(경찰수사규칙 제39조 제2항). 피의자가 아닌 사람의 진술을 듣는 경우 진술 사항이 복잡하거나 진술인이 서면 진술을 원하면 진술서를 작성하여 제출하게 할 수 있다(동조 제3항). 또한, 다음과 같은 경우에는 우편진술서의 서식을 참고인에게 송달하고 참고인으로부터 자필진술서를 받아 진술조서의 작성에 갈음할 수 있다.

(1) 고소·고발사건 중 내용 자체가 전혀 사실에 기반하지 않고, 허무맹랑하여 별도 진술조서를 받지 않아도 다른 수사자료만으로 불기소 결정을 함에 지장이 없는 경우

(2) 사안이 중하지 않고, 양벌규정에 의하여 처벌되는 법인의 대표자와 같이 직접 행위자나 관련자 등을 조사하거나 다른 수사자료에 의하여서도 사건처리에 지장이 없는 경우

(3) 교통·폭력사범 등 범죄사실이 정형화된 사건의 참고인 진술을 필요로 하는 경우

(4) 다수 피해자 사건인 해외취업사기·계사기 등에 있어 주요 피해자를 조사했고, 나머지 동일 또는 유사한 유형의 진술이 필요한 경우

(5) 기타 우편진술에 의하여서도 사건규명에 지장이 없는 경우

나. 진술조서 작성방법

(1) 성명, 주민등록번호, 직업, 주거, 등록기준지, 직장 주소, 연락처 등을 기재하고, 피의자 및 피의사실과의 관계를 기재한다.

1. 피의자와의 관계
   저는 피의자 ○○○와 모르는 관계에 있습니다.
1. 피의사실과의 관계
   저는 피의사실과 관련하여 참고인(목격자) 자격으로서 출석하였습니다.
   이때, 진술의 취지를 더욱 명백히 하기 위하여 다음과 같이 임의로 문답하다.

(2) 피해자인 경우 권리 고지 및 조사 대상자에게 발달장애인 여부를 확인한다.

> 문: (피해자인 경우) 담당조사관으로부터 형사절차상 범죄피해자의 권리 및 지원 정보에 대한 안내서를 교부받고, 가해자로부터 보복범죄 우려시 경찰에 범죄 피해자 안전조치를 요청할 수 있음을 안내받았나요.
>
> 답:
>
> 문: 「발달장애인 권리보장 및 지원에 관한 법률」과 「장애인차별금지 및 권리구제 등에 관한 법률」에 따라 수사기관은 조사 대상자가 발달장애인인지 여부를 확인하여 권리를 보장하여야 하므로 모든 조사 대상자에게 발달장애인 여부를 확인하고 있습니다.
>
> 진술인은 발달장애인법에서 규정하는 '발달장애인'에 해당하나요. / 의사소통이나 의사 표현에 어려움이 있나요.

(예) 발달장애인에 해당하는 경우, 진술인에게 형사사법 절차에서 조력을 받을 수 있음과 그 구체적인 조력의 내용을 알려준 뒤 '장애인 등록증' 등 객관적인 자료를 확인하고, 객관적 자료로 확인되지 않더라도, 중앙발달장애인지원센터 및 지역발달장애인지원센터의 직원이나 그 밖에 발달장애인과 신뢰관계에 있는 사람을 동석하게 하고, 발달장애인 전담 조사관이 직접 조사 등 권리보장 후 지자체를 통해 관련 자료 확보

(아니오) 진술인이 의사소통이나 의사 표현에 어려움을 겪는 것으로 판단된다면 '예'로 대답한 경우와 같이 우선적으로 권리를 보장하고 사후적으로 발달장애인 관련 자료 확인

(3) 참고인의 진술을 영상녹화하는 경우에 피의자의 경우와 달리 그의 동의를 받아야 한다(형사소송법 제221조 제1항).

(4) 참고인이 다른 사람으로부터 전해 들은 사실이나 추측한 사실을 진술할 때에는 직접 경험한 사실이 아님을 분명히 알 수 있게 조서에 나타내어야 한다.

문: 진술인은 그 말을 피의자로부터 직접 들었나요.
답: 직접 들은 것은 아니고 그 다음날인 12. 25. 오후 2시경 ○○ 식당에서 같이 식사했던 피의자의 친구인 ○○○으로부터 전해 들었습니다.

(5) 진술조서를 작성하는 중에 참고인의 진술이 앞부분과 상반되거나 변경이 될 때에는 반드시 그 사실을 조서에 표시하고 합리적인 이유를 기재하여 누구든지 납득이 가도록 하여야 한다.

문: 진술인은 지난번에 말할 때에는 차량 판매일이 2022. 1. 10.인 것으로 기억된다고 하였다가 지금은 2. 10. 이라고 말하였는데 어느 것이 맞나요.
답: 지난 번에 시간이 지나 착각을 일으킨 것입니다. 진술을 하고 집에 가서 그 당시에 제가 차량을 팔고, 그 내용을 기입한 판매내역서를 찾아보니 2. 10. 로 적혀 있었습니다. 해당 판매내역서 부분을 사본하여 제출하겠습니다.

(6) 참고인이 그 사실을 정확히 알고 있는 특별한 이유나 근거를 조서에 나타내야 한다.

문: 참고인 위 차량을 구입한 내역 및 판매한 내역이 있는가요.
이때, 참고인이 자동차 양도증명서와 인터넷 판매글 캡처 사진

을 제출하여 기록에 첨부하다.
답: 네. 제가 600만원에 구입하고, ○○○에게 750만원에 판매한 양도증명서와 차량을 인터넷에 게시했던 판매글 캡처 사진을 제출하겠습니다.

(7) 범죄 구성요건 부분에 대한 집중적이고 상세한 질문과 답변을 기재해야 한다.

문: 허위 매물이라고 생각하는 이유는 무엇인가요.
답: 먼저, 판매금액이 말도 안됩니다. 통상적으로 수십만원 정도는 이해 될 수 있지만, 이렇게 크게 차이가 날 수 없습니다. 제가 캡처하여 제출한 사진을 보면 판매가격을 750만원으로 기재하였는데, 이 금액이 마지노선입니다. 이 차량을 판매하면 판매자는 저에게 750만원을 주어야 한다는 뜻입니다. 그리고 그 이상의 판매대금은 알선 딜러가 받을 수 있는데, 제가 750만원에 올린 판매 차량을 370만원에 팔 수가 없습니다.

(8) 친고죄나 반의사불벌죄의 고소인이나 피해자가 고소취소나 처벌불원의 의사표시(처벌희망의사표시의 철회)를 하는 경우에는 강압이나 기망에 의한 것인지 여부, 그 경위와 이유, 재고소 금지(형사소송법 제232조 제2항, 제3항)의 규정을 알고 있는지 여부 등을 물어 상세히 기재하여 후일의 분쟁을 미리 방지하여야 한다.

문: 진술인은 ○○○에 대한 명예훼손 고소를 취소하는 것이 분명한가요.
답: 그렇습니다.
문: 고소를 취소하는 이유는 무엇인가요.
답: ○○○으로부터 사과 및 충분한 위자료를 지급받고 서로 원만히 합의하였기 때문에 고소를 취소하는 것입니다.
문: ○○○이나 다른 사람으로부터 위협을 당하거나 거짓말에 속아서

취소하는 것은 아닌가요.
답: 아닙니다. 사과 및 현금을 이미 받았고 스스로 취소하는 것입니다.
문: 이번에 고소를 취소하게 되면 앞으로 이 사건으로는 다시 고소할 수 없다는 사실을 알고 있는가요.
답: 잘 알고 있습니다.

(9) 조사 말미에 추가적으로 서면 의견이나 자료를 제출한 것인지를 확인해야 한다. 조사 대상자에게 수사종결 전 자료 또는 의견 제출의사를 확인하고, 제출 의사가 있는 경우 대략적인 송치 또는 송부 일정 등을 설명 후 자료나 의견 제출기한을 협의한다.

문: 추가적으로 서면 의견이나 자료를 제출할 것인가요.
답: 차량 매매 계약서를 추후 제출 하겠습니다.

(10) 참고인의 진술과 피의자의 진술이 상이하여 대질조사가 필요한 경우에는 먼저 참고인 진술조서를 작성하여 참고인의 진술내용을 명확히 한 뒤 피의자와 대질하는 형식을 취하는 것이 좋다.

다. 수사과정의 기록

참고인을 조사하는 경우에도 피의자를 조사하는 경우와 같이 수사과정을 기록하여야 한다(형사소송법 제244조의4 제3항).

제3절 피의자 조사(신문)

1. 서설

가. 의의

검사 또는 사법경찰관은 수사에 필요한 때에는 피의자의 출석을 요구하여 진술을 들을 수 있다(형사소송법 제200조). 피의자에 대하여는 원칙적으로 피의자 신문을 하여야 한다. 왜냐하면, 피의자는 범죄실행 여부 뿐만 아니라 만약 범행을 하였다면 그 경위에 관하여 누구보다도 잘 알고 있으므로 우선 피의자 신문을 통하여 진실을 발견함과 아울러 피의자에게도 변명의 기회를 주기 위하여 필요한 수사절차이기 때문이다. 따라서 사법경찰관리가 피의자 신문의 방법과 기술을 알고 익힌다는 것은 수사 현장에서 매우 중요한 일이다.

과학수사 방법이 발달한다고 하여도 과학수사 장비의 이용과 감식에는 한계가 있는 것이다. 예컨대, 공범간의 실행행위 분담 정도, 범행의 동기 등과 같이 피의자 자신만이 유일하게 알고 있는 사실은 피의자의 진술을 통해 밝혀낼 수 있기 때문에 과학수사 방법의 발달에도 불구하고 피의자 신문의 중요성은 상존하며 그러한 의미에서 피의자 신문은 참고인 조사와 함께 수사의 중심을 이룬다고 말할 수 있다.

나. 피의자신문조서 등 작성시 주의사항

경찰관은 피의자신문조서를 작성할 때에는 다음 각 호의 사항에 주의하여야 한다(범죄수사규칙 제73조 제1항).

1. 형식에 흐르지 말고 추측이나 과장을 배제하며 범의 착수의 방법, 실행행위의 태양, 미수·기수의 구별, 공모 사실 등 범죄 구성요건에 관한 사항에 대하여는 특히 명확히 기재할 것
2. 필요할 때에는 진술자의 진술 태도 등을 기입하여 진술의 내용뿐 아니라 진술 당시의 상황을 명백히 알 수 있도록 할 것.

또한, 경찰관은 조사가 진행중인 동안에는 수갑·포승 등을 해제하여야 한다. 다만, 자살, 자해, 도주, 폭행의 우려가 현저한 사람으로서 담당경찰관 및 유치인 보호주무자가 수갑·포승 등 사용이 반드시 필요하다고 인정한 사람에 대하여는 예외로 한다(범죄수사규칙 제73조 제2항).

피의자는 피의자 신문의 대상이나 동일한 사안에 대한 법원의 확정판결이 있는 사건, 명백히 공소권없음에 해당하는 사건, 명백히 범죄가 되지 않는 사건 및 각하되어야 할 고소·고발사건 등에 있어서는 굳이 피의자를 신문할 필요가 없으므로 피의자 신문 없이 사건을 처리하고 있다.

일반적으로 피의자가 범행을 자백하면 수사가 쉽게 진행되므로 자연히 자백 편중의 수사를 하게 되는 경향이 있을 수 있으나 무리하게 자백을 받으려고 하면 그 과정에서 인권침해가 따를 수 있기 때문에 이는 지양되어야 한다. 따라서 인권침해의 소지가 없는 디

지털 증거분석 등 과학수사 방법을 지속적으로 개발해야 한다.

2. 피의자 신문 전 절차

가. 피의자의 출석요구(법 제200조)

검사 또는 사법경찰관은 수사에 필요한 때에는 피의자의 출석을 요구하여 진술을 들을 수 있다(형사소송법 제200조). 사법경찰관은 피의자 및 사건관계인에게 출석요구를 할 때에는 다음 각 호의 사항을 유의해야 한다(수사준칙 제19조 제1항).

1. 출석요구를 하기 전에 우편 · 전자우편 · 전화를 통한 진술 등 출석을 대체할 수 있는 방법의 선택 가능성을 고려할 것
2. 출석요구의 방법, 출석의 일시 · 장소 등을 정할 때에는 피의자의 명예 또는 사생활의 비밀이 침해되지 않도록 주의할 것
3. 출석요구를 할 때에는 피의자의 생업에 지장을 주지 않도록 충분한 시간적 여유를 두도록 하고, 피의자가 출석 일시의 연기를 요청하는 경우 특별한 사정이 없으면 출석 일시를 조정할 것
4. 불필요하게 여러 차례 출석요구를 하지 않을 것

사법경찰관은 피의자에게 출석요구를 하려는 경우 피의자와 조사의 일시 · 장소에 관하여 협의해야 한다. 이 경우 변호인이 있는 경우에는 변호인과도 협의해야 한다(수사준칙 제19조 제2항). 피의자에게 출석요구를 하려는 경우 피의사실의 요지 등 출석요구의 취지를 구체적으로 적은 출석요구서를 발송해야 한다. 다만, 신속한 출석요구가 필요한 경우 등 부득이한 사정이 있는 경우에는 전화, 문자메시지, 그 밖의 상당한 방법으로 출석요구를 할 수 있다(동조 제3항). 제3항 본문에 따른 방법으로 출석요구를 했을 때

에는 출석요구서의 사본을, 같은 항 단서에 따른 방법으로 출석요구를 했을 때에는 그 취지를 적은 수사보고서를 각각 사건기록에 편철한다(동조 제4항).

사법경찰관리는 출석요구시에는 출석요구통지부에 필요사항을 등재하여 그 처리상황을 명백히 정리하여야 한다. 피의자가 출석요구서 등을 통한 출석요구를 받고서도 출석치 않으면 체포·구속영장 신청시 도주염려의 판단 사유가 될 수 있고, 출석요구서 자체가 반송된다면 피의자의 주거부정 사유의 근거가 될 수 있다. 따라서 출석요구서가 반송되면 반송된 출석요구서를 첨부한 수사보고서를 작성하고, 출석요구서 반송없이 피의자가 출석하지 않으면 관련 내용을 수사보고서로 작성하여 기록에 편철해야 한다. 왜냐하면, 정당한 이유 없이 출석요구에 응하지 않는 것은 체포영장청구의 요건이 되고(형사소송법 제200조의2 제1항), 양형의 조건 또는 정상참작의 자료로 활용될 수 있기 때문이다.

피의자가 치료 등 수사관서에 출석하여 조사를 받는 것이 현저히 곤란한 사정이 있는 경우에는 수사관서 외의 장소에서 조사할 수 있다(수사준칙 제19조 제5항). 경찰관은 조사를 할 때에는 경찰관서 사무실 또는 조사실에서 하여야 하며 부득이한 사유로 수사관서 이외의 장소에서 하는 경우에는 소속 경찰관서장의 사전 승인을 받아야 한다(범죄수사규칙 제62조 제1항). 경찰관은 치료 등 건강상의 이유로 출석이 현저히 곤란한 피의자 또는 사건관계인을 경찰관서 이외의 장소에서 조사하는 경우에는 피조사자의 건강상태를 충분히 고려하여야 하며, 수사에 중대한 지장이 없으면 가족, 의사, 그 밖의 적당한 사람을 참여시켜야 한다(범죄수사규칙

제62조 제2항).

피의자 출석요구는 효과적인 피의자 신문을 행하기 위한 첫 준비단계이므로 다음 사항을 유의하여야 한다.

(1) 피의자 신문시에 필요한 상피의자·참고인·기타 보조자 등 사건관계인의 출석요구, 물건·서류의 확보 등을 철저히 하여 한번 출석한 피의자를 불필요하게 재소환하는 일이 없도록 하여야 한다. 출석한 피의자는 지체 없이 진술을 들어야 하며 피의자가 장기간 기다리게 하는 일이 없도록 하여야 한다(범죄수사규칙 제61조).

(2) 출석요구 방법, 출석 일시, 조사시간 등을 정할 때에 사생활이 침해되거나 명예가 훼손되는 일이 없도록 하고 생업이 지장받지 않도록 배려한다. 충분한 시간적 여유를 주어야 한다.

(3) 전화로 출석요구를 할 때에는 친절한 말 등 언어 사용에 신중을 기해 불필요하게 불쾌감을 갖게 한 나머지 출석을 기피하는 일이 없도록 해야 한다.

(4) 수사의 공정성에 의심을 받을 염려가 있는 출석요구 방법을 사용하지 말아야 한다. 특히, 고소인을 통하여 피의자를 소환하는 것 등은 삼가야 한다.

나. 피의자 신문과 참여자(법 제243조)

검사가 피의자를 신문함에는 검찰청 수사관 또는 서기관이나 서기를 참여하게 하여야 하고, 사법경찰관이 피의자를 신문함에는 사법경찰관리를 참여하게 하여야 한다(형사소송법 제243조). 사법경찰관이 조사를 시작하기 전에 피의자에게 조사에게 참여하는 경

찰관의 계급과 성명을 고지해야 한다.86)

다. 진술거부권 등의 고지(법 제244조의3)

(1) 피의자 신문시 진술거부권 등의 고지

수사기관은 피의자를 신문하기 전에 다음 각 호의 사항을 알려 주어야 한다(형사소송법 제244조의3 제1항).

1. 일체의 진술을 하지 아니하거나 개개의 질문에 대하여 진술을 하지 아니할 수 있다는 것
2. 진술을 하지 아니하더라도 불이익을 받지 아니한다는 것
3. 진술을 거부할 권리를 포기하고 행한 진술은 법정에서 유죄의 증거로 사용될 수 있다는 것
4. 신문을 받을 때에는 변호인을 참여하게 하는 등 변호인의 조력을 받을 수 있다는 것

피의자의 진술거부권은 헌법이 보장하는 형사상 자기에게 불리한 진술을 강요당하지 않는 자기부죄거부의 권리에 터잡은 것이므로, 수사기관이 피의자를 신문함에 있어서 피의자에게 미리 진술거부권을 고지하지 않은 때에는 그 피의자의 진술은 위법하게 수집된 증거로서 진술의 임의성이 인정되는 경우라도 증거능력이 부인되어야 한다.87) 진술조서 또는 진술서 형식으로 피의자를 조사할 경우 진술거부권이 고지되지 않았다면 유죄의 증거로 사용할 수 없다. 진술거부권의 고지는 조사를 상당 시간 중단하거나 회차를 달리하거나 담당 경찰관이 교체된 경우에도 다시 하여야 한다(범죄수사규칙 제64조).

86) 대판 1973. 12. 24. 73도2361
87) 대판 2009. 8. 20. 2008도8213

(2) 실황조사시 진술거부권 등의 고지

피의자의 진술에 의하여 흉기, 장물, 그밖의 증거자료를 발견하였을 경우에 증명력 확보를 위하여 필요한 때에는 실황조사를 하여 그 발견의 상황을 실황조사서에 정확히 작성해야 한다. 피의자의 진술에 관하여는 미리 피의자에게 형사소송법 제244조의3에 따른 진술거부권 등을 고지하고 이를 조서에 명백히 작성하여야 한다.

라. 변호인의 피의자 신문 참여(법 제243조의2)

사법경찰관리는 형사소송법 제243조의2 제1항에 따라 피의자 또는 그 변호인 · 법정대리인 · 배우자 · 직계친족 · 형제자매의 신청이 있는 경우 변호인의 참여로 인하여 신문이 방해되거나 수사기밀이 누설되는 등 정당한 사유가 있는 경우를 제외하고는 피의자에 대한 신문에 변호인을 참여하게 해야 한다(경찰수사규칙 제12조 제1항). 제1항의 변호인의 피의자신문 참여 신청을 받은 사법경찰관리는 신청인으로부터 변호인의 피의자신문 참여 전에 변호인 선임서, 변호인 참여 신청서를 제출받아야 한다(동조 제2항). 조사·면담 등에 참여 변호인은 법적인 조언·상담을 위한 메모를 할 수 있다.

(1) 신문 중 변호인의 참여 제한(법 제243조의2 제4항)

검사 또는 사법경찰관은 변호인의 신문참여 및 그 제한에 관한 사항을 피의자신문조서에 기재하여야 한다. 사법경찰관리는 변호인의 참여로 증거를 인멸 · 은닉 · 조작할 위험이 구체적으로 드러나거나 신문 방해, 수사기밀 누설 등 수사에 현저한 지장을 초래하는 경우에는 피의자신문 중이라도 변호인의 참여를 제한할 수 있다.

이 경우 피의자와 변호인에게 변호인의 참여를 제한하는 처분에 대해 형사소송법 제417조에 따른 준항고를 제기할 수 있다는 사실을 고지해야 한다(경찰수사규칙 제13조 제1항). 사법경찰관리가 변호인 참여를 제한하는 경우 사법경찰관리는 피의자 또는 변호인에게 그 사유를 설명하고 의견을 진술할 기회와 다른 변호인을 참여시킬 기회를 주어야 한다(동규칙 제13조 제2항). 제1항에 따라 변호인의 참여를 제한한 후 그 사유가 해소된 때에는 변호인을 신문에 참여하게 해야 한다(동규칙 제13조 제3항).

(2) 참여 변호인의 의견진술권(법 제243조의2 제3항)

신문에 참여한 변호인은 신문 후 의견을 진술할 수 있다. 다만, 신문 중이라도 부당한 신문방법에 대하여 이의를 제기할 수 있고, 검사 또는 사법경찰관의 승인을 받아 의견을 진술할 수 있다. 피의자 신문에 참여한 변호인은 검사 또는 사법경찰관의 신문 후 조서를 열람하고 의견을 진술할 수 있다. 이 경우 변호인은 별도의 서면으로 의견을 제출할 수 있으며, 검사 또는 사법경찰관은 해당 서면을 사건기록에 편철한다(수사준칙 제14조 제1항). 참여 변호인은 신문중에 승인을 받아 의견을 진술 할 수 있고, 정당한 사유가 있는 경우를 제외하고는 변호인의 의견 진술 요청을 승인해야 한다(동조 제2항). 참여 변호인은 부당한 신문 방법에 승인 없이 이의를 제기할 수 있다(동조 제3항).

마. 장애인 등 특별히 보호를 요하는 자에 대한 특칙(법 제244조의5)

검사 또는 사법경찰관은 피의자를 신문하는 경우 다음 각호의 어느 하나에 해당하는 때에는 직권 또는 피의자·법정대리인의 신청에 따라 피의자와 신뢰관계 있는 자를 동석하게 할 수 있다(형사소송법 제244조의5).

1. 피의자가 신체적 또는 정신적 장애로 사물을 변별하거나 의사를 결정 · 전달할 능력이 미약한 때
2. 피의자의 연령 · 성별 · 국적 등의 사정을 고려하여 그 심리적 안정의 도모와 원활한 의사소통을 위하여 필요한 경우

사법경찰관은 전항에 의한 신청이 없더라도 동석의 필요성이 있다고 인정되는 때에는 피의자와의 신뢰관계 유무를 확인한 후 직권으로 신뢰관계자를 동석하게 할 수 있다. 다만, 이러한 취지를 조서나 수사보고서에 기재한다.

3. 피의자 신문사항(법 제242조)

가. 서설

검사 또는 사법경찰관은 피의자에 대하여 범죄사실과 정상에 관한 필요사항을 신문하여야 하며 피의자에게 이익되는 사실을 진술할 기회를 주어야 한다(형사소송법 제242조).

범죄사실의 규명에 급급한 나머지 피의자에게 불리한 사실의 추궁에만 몰두하게 되면 피의자의 불만과 원성을 불러일으키는 원인이 될 뿐만 아니라 진실발견에도 지장을 받게 된다. 그리고 사실을 발견함에 필요한 때에는 피의자와 다른 피의자 또는 피의자 아닌 자와 대질하게 할 수 있다(형사소송법 제245조).

나. 피의자에 대한 조사사항(범죄수사규칙 제71조)

피의자에 대하여는 범죄사실과 정상에 관한 필요사항을 신문하여야 하며 그 이익되는 사실을 진술할 기회를 주어야 한다(형사소송법 제242조). 그 신문사항을 구체적으로 살펴보면 다음과 같다.

(1) 범인에 관한 사항

(가) 피의자 신문(피의자 특정)

검사 또는 사법경찰관이 피의자를 신문함에는 먼저 그 성명, 연령, 등록기준지, 주거와 직업을 물어 피의자임에 틀림없음을 확인하여야 한다(형사소송법 제241조). 주민등록증이나 기타 증표를 제시받아 본인임을 확인하여야 한다. 사건의 성격과 유형을 고려하였을 때 범죄사실 및 정상과 관련이 없는 불필요한 질문은 지양하여야 한다(범죄수사규칙 제71조).

구체적으로 성명, 연령, 생년월일, 주민등록번호, 등록기준지, 주거, 직업, 출생지, 피의자가 법인 또는 단체인 경우에는 명칭, 상호, 소재지, 대표자의 성명 및 주거, 설립목적, 기구(범죄수사규칙 제71조 제1항 제1호). 구(舊)성명, 개명, 이명, 위명, 통칭 또는 별명(범죄수사규칙 제71조 제1항 제2호)도 신문한다. 피의자가 법인 또는 단체인 경우에는 피의자신문을 할 수는 없는 것이므로 그 대표자나 관리인 등을 상대로 명칭, 상호, 소재지, 대표자의 성명 및 주거, 설립목적, 기구를 조사하고 이에 대한 진술조서를 작성하는 것이 실무상 관행이다. 피의자가 인정신문시 진술거부권을 행사하는 경우 인정신문 사항은 원칙적으로 진술거부권을 행사할 수 없다는 것을 설득하여 진술토록 한다.

(나) 전과관계

전과의 유무(만약 있다면 그 죄명, 형명, 형기, 벌금 또는 과료의 금액, 형의 집행유예 선고의 유무, 범죄사실의 개요, 재판한 법원의 명칭과 연월일, 출소한 연월일 및 교도소명)(범죄수사규칙 제71조 제1항 제3호). 형의 집행정지, 가석방, 사면에 의한 형의 감면이나 형의 소멸의 유무(제4호). 기소유예 또는 선고유예 등 처분을 받은 사실의 유무(만약 있다면 범죄사실의 개요, 처분한 검찰청 또는 법원의 명칭과 처분년월일)(제5호). 소년보호 처분을 받은 사실의 유무(만약 있다면 그 처분의 내용, 처분을 한 법원명과 처분년월일)(제6호). 현재 다른 경찰관서 그 밖의 수사기관에서 수사중인 사건의 유무(만약 있다면 그 죄명, 범죄사실의 개요와 당해 수사기관의 명칭)(제7호). 현재 재판중인 사건의 유무(만약 있다면 그 죄명, 범죄사실의 개요, 기소 연월일과 당해 법원의 명칭)(제8호) 등을 각 신문하여야 한다. 특히 형의 집행유예나 선고유예의 경우에는 그 취소 또는 실효사유의 존부에 유의하여야 한다.

(다) 환경에 관한 사항

병역관계(제9호). 훈장, 기장, 포장, 연금의 유무(제10호). 피의자의 환경, 교육, 경력, 가족상황, 재산과 생활정도, 종교관계(제12호)를 신문한다.

(2) 범죄사실과 증거에 관한 사항

범죄의 동기와 원인, 목적, 성질, 일시장소, 방법, 범인의 상황, 결과, 범행 후의 행동(제13호). 피의자와 피해자의 친족관계 등으로 인한 죄의 성부, 형의 경중이 있는 사건에 대하여는 그 사항(제15호). 범인은닉죄, 증거인멸죄와 장물에 관한 죄의 피의자에 대하여는 본범과 친족 또는 동거 가족관계의 유무(제16호). 미성년자나 피성년후견인 또는 피한정후견인인 때에는 그 친권자 또는 후견인의 유무(만약 있다면 그 성명과 주거)(제17호). 위법성이나 책임조각사유의 존부, 소추요건에 관한 사항 등을 신문한다.

(3) 정상이나 피의자에게 이익이 될 사항

자수 또는 자복하였을 때에는 그 동기와 경위(11호). 피해자를 범죄대상으로 선정하게 된 동기(제14호). 피의자의 처벌로 인하여 그 가정에 미치는 영향(제18호). 피의자의 이익이 될 만한 사항(제19호). 제1호부터 제19호까지의 각 사항을 증명할 만한 자료(제20호) 등을 신문한다. 피의자에 대하여 범죄사실과 정상에 관한 필요사항을 신문하여야 하며 그 이익되는 사실을 진술할 기회를 주어야 한다.

다. 피의자 신문방법

(1) 피의자 신문시 착안

(가) 범죄의 원인·동기의 파악

피의자 신문시 범행의 원인·동기는 '8하원칙'의 왜?에 해당하는 것으로 피의자만이 알고 있으며 아무도 알지 못한 내용을 고백하고 더구나 그것이 범행에 직접 관계되는 경우에는 그 진술의 진실성이 높을 것이다. 다만, 범행의 동기는 피의자의 자백에 의존할 수밖에 없는 속성이 있다. 그렇지만 범행의 동기에 대한 자백에도 그 전제가 되는 사실관계는 정확히 조사할 필요가 있다. 범행동기가 경제적 궁핍이라고 자백한 경우에는 피의자의 객관적 경제상황을 면밀히 조사하지 않으면 법정에서 피의자측에서 경제적 궁핍에 대한 반대 증거를 제출할 경우 피의자 신문조서의 신빙성을 상실할 우려가 있다.

또한, 범행동기는 사건을 전체적으로 이해하는데 필요하다. 특히 살인·방화 등 강력범을 비롯하여 내용이 중한 범죄일수록 동기가 중요하다. 최근에 '무동기 범죄'라는 유행어가 있으나, 이러한 범죄도 원인·동기는 반드시 있다.

(나) 공범자 및 대질조사

경찰관은 공범자에 대한 조사를 할 때에는 분리조사를 원칙으로 하여 범행은폐 등 통모를 방지하여야 하며, 필요시에는 대질신문 등을 할 수 있다(범죄수사규칙 제67조). 경찰관은 대질신문을 하는 경우에는 사건의 특성 및 그 시기와 방법에 주의하여 한쪽이 다른 한쪽으로부터 위압을 받는 등 다른 피해가 발생하지 않도록 하여야 한다(범죄수사규칙 제66조).

(2) 자백의 임의성 확보(범죄수사규칙 제63조)

(가) 의의

자백의 임의성은 자백이 어떠한 과정·수단에 의하여 행하여 졌는가를 검토하는 것이다. 경찰관은 조사를 할 때에는 고문, 폭행, 협박, 신체구속의 부당한 장기화 그 밖의 진술의 임의성에 관하여 의심받을 만한 방법을 취하여서는 아니된다(범죄수사규칙 제63조 제1항). 희망하는 진술을 상대자에게 시사하는 등의 방법으로 진술을 유도하거나 진술의 대가로 이익을 제공할 것을 약속하거나 그 밖에 진술의 진실성을 잃게 할 염려가 있는 방법을 취하여서는 아니된다(동조 제2항). 피의자 진술의 임의성이 확보되지 아니하면 그 피의자 신문은 아무런 소용이 없는 것으로 된다. 따라서 피의자 신문은 반드시 적법절차에 따라 이루어져야 한다.

(나) 자백의 임의성이 부정된 판례 등

1) 법 제309조에 규정된 피고인의 진술의 자유를 침해하는 위법 사유들이 예시적인 것인지(82도2413)

- 법 제309조는 "자백이 고문, 폭행, 협박, 신체구속의 부당한 장기화 또는 기망 기타의 방법으로 임의로 진술한 것이 아니라고 의심할만한 이유가 있을 때에는 유죄의 증거로 하지 못한다"고 규정은 피고인의 진술의 자유를 침해하는 위법사유의 예시 사유로 보아야 한다.

2) 검사 이전의 수사기관에서 가혹행위로 인하여 임의성 없는 자백을 한 후 검사의 조사단계에서도 그 심리상태가 계속되고 강요행위 없이 동일내용의 자백을 한 경우 검사 앞에서의 자백의 임의성(92도2409)

- 검사 이전의 수사기관에서 고문 등 가혹행위로 인하여 임의성 없는 자백을 하고 그 후 검사의 조사단계에서도 임의성 없는 심리상태가 계속되어 동일한 내용의 자백을 하였다면 검사의 조사단계에서 고문 등 자백의 강요행위가 없었다고 하여도 검사 앞에서의 자백도 임의성이 없는 자백이라고 볼 수밖에 없다.

3) 경찰에서의 임의성 없는 심리상태가 검찰에서 자백할 때에도 계속되었다는 등의 이유로 검사 작성의 제1회 피의자신문조서의 증거능력을 부인(91도1)

- 검사 작성의 제1회 피의자신문조서는 자백 내용 자체가 객관적 합리성이 없고 검사 앞에서 조사시 자백을 강요당한 바 없더라도 경찰에서의 자백이 폭행이나 신체구속의 부당한 장기화에 의하여 임의로 진술한 것이 아니라고 의심할 만한 상당한 이유가 있어서 경찰에서 피고인을 조사한 경찰관이 검사 앞에까지 피고인을 데려간 경우 검사 앞에서의 자백도 그 임의성이 없는

심리상태가 계속된 경우라고 할 수밖에 없어 검사 작성의 피고인에 대한 제1회 피의자신문조서는 증거능력이 없다.

4) 가벼운 형을 처벌받도록 유도한 결과 얻어진 자백의 임의성 내지 신뢰성(83도2782)

- 피고인이 검찰조사시에 범행을 부인하다가 뒤에 자백을 하는 과정에서 뇌물액 200만원 중 30만원을 술값으로 갚은 것으로 조서를 허위작성한 것이라면 이는 단순 수뢰죄의 가벼운 형으로 처벌되도록 하겠다고 약속하고 자백을 유도한 것으로 위와 같은 상황하에서 한 자백은 임의성에 의심이 가고, 진실성이 없다는 취지에서 이를 배척하였다 하여 자유심증주의의 한계를 벗어난 위법이 있다고 할 수 없다.

5) 자백이 기망한 의한 것이어서 증거능력이 없다고 판단(85도2182)

- 검찰주사가 자백하면 피의사실 부분은 가볍게 처리하고 보호감호의 청구를 하지 않겠다는 각서를 작성하여 주면서 유도한 것이라면 기망에 의하여 임의로 진술한 것이 아니라고 의심할 만한 이유가 있는 때에 해당하여 증거로 할 수 없다.

6) 일정한 증거 등이 발견되면 자백하기로 한 약속하에 된 자백한 임의성(83도712)

- 일정한 증거가 발견되면 피의자가 자백하겠다고 한 약속이 검사의 강요나 위계에 의하여 이루어졌다던가 또는 불기소나 경한 죄의 소추등 이익과 교환조건으로 된 것으로 인정되지 않는다면 위와 같은 자백의 약속하에 된 자백이라 하여 임의성 없는 자백이라고 단정할 수 없다.

(다) 자백의 임의성 판단기준 및 입증책임

1) 수사기관 작성의 피고인에 대한 피의자신문조서의 임의성 유무

의 판단기준(95도2088, 94도2316, 90도764)

- 자백의 임의성 유무가 다투어지는 경우에는 법원은 구체적인 사건에 따라 당해 조서의 형식과 내용, 진술자의 학력, 경력, 지능정도 등 제반사정을 참작하여 판단한다.

2) 임의성이 없다고 의심할만한 사유가 있으나 그 사유와 자백간에 인과관계가 없는 경우, 자백의 임의성(84도2252)

- 피고인의 자백이 임의성이 없다고 의심할 만한 사유가 있는 때에 해당한다 할지라도 그 임의성이 없다고 의심하게 된 사유들과 피고인의 자백과의 사이에 인과관계가 존재하지 않은 것이 명백한 때에는 자백은 임의성이 있는 것으로 인정된다.

3) 수사기관에서 수집된 증거의 진술의 임의성의 추정(82도3248)

- 진술의 임의성을 잃게 하는 위법사유는 헌법이나 형사소송법의 규정에 비추어 볼 때 이례에 속한다고 할 것으므로 진술의 임의성은 추정된다고 볼 것이다.

4) 자백의 임의성에 대한 다툼이 있는 경우, 그 입증책임의 소재(2001도3931, 97도3234, 84도1139)

- 임의성 없는 자백의 증거능력을 부정하는 취지가 허위진술을 유발 또는 강요할 위험성이 있는 상태하에서 행하여진 자백은 그 자체로 실체적 진실에 부합하지 아니하여 오판의 소지가 있을 뿐만 아니라 그 진위 여부를 떠나서 자백을 얻기 위하여 피의자의 기본적 인권을 침해하는 위법부당한 압박이 가하여지는 것을 사전에 막기 위한 것이므로 그 임의성에 다툼이 있을 때에는 그 임의성을 의심할만한 합리적이고, 구체적인 사실을 피고인이 입증할 것이 아니고 검사가 그 임의성의 의문점을 해소하는 입증을 하여야 한다.

5) 피고인의 진술의 임의성에 관한 검사의 입증 요부(83도3228)

- 피고인이 진술의 임의성을 다투는 경우 법원은 적당하고 인정하는 방법에 의하여 조사한 결과 그 임의성에 관하여 심증을 얻게 되면 이를 증거로 할 수 있는 것이고 반드시 검사로 하여금 그 임의성에 관한 입증을 하게 하여야 하는 것은 아니다.

(3) 진술(자백)의 신빙성 확보

(가) 판례의 입장

1) 검찰에서의 자백 등이 법정 진술과 다르다는 사유만으로 그 자백의 신빙성이 의심스럽다고 할 사유로 삼아야 하는지 및 신빙성 유무 판단기준(95도1957, 93도120, 82도2413)

- 검찰에서의 자백 등이 법정 진술과 다르다는 사유만으로는 그 자백의 신빙성이 의심스럽다고 할 사유로 삼아야 한다고 볼 수는 없고, 자백의 신빙성 유무를 판단함에 있어서는 첫째로, 자백의 진술 내용 자체가 객관적으로 합리성을 띠고 있는가. 둘째로, 자백의 동기나 이유 및 자백에 이르게 된 경위는 어떠한가. 셋째로, 자백외의 정황증거 중 자백과 저촉되거나 모순되는 것이 없는가. 하는 점을 고려하여 피고인의 자백에 형사소송법 제309조(강제 등 자백의 증거능력)[88] 소정의 사유 또는 자백 동기와 과정에 합리적인 의심을 갖게 할 상황이 있었는지를 판단하여야 한다.

2) 횡단보도상의 교통사고를 유죄로 인정한 원심판결에 대하여 증거판단의 잘못과 심리미진의 위법이 있다는 이유로 파기(92도2234)

- 객관적 상황에 부합되지 않는 진술의 신빙성을 부인

88) 형사소송법 제309조(강제등 자백의 증거능력) 피고인의 자백이 고문, 폭행, 협박, 신체구속의 부당한 장기화 또는 기망 기타의 방법으로 임의로 진술한 것이 아니라고 의심할 만한 이유가 있는 때에는 이를 유죄의 증거로 하지 못한다.

3) 법정진술과 다른 검찰 자백의 신빙성(85도826)

- 검찰에서의 피고인의 자백등이 법정진술과 다르다는 사유만으로 그 자백의 신빙성이 의심스럽다고 할 사유로 삼아야 한다고 볼 수 없다.

(나) 진술(자백)의 신빙성 확보방안

1) 피의자 진술의 구체성·상세성

피의자의 진술은 우선 구체적이어야 한다. 막연하거나 추상적인 내용의 자백은 피의자가 후일 공판과정에서 부인할 경우 신빙성이 없는 것으로 배척될 염려가 많으므로 자백에는 구체성이 요구된다. 하지만 피의자의 지능이나 교육정도 등에 비추어 지나치리만큼 이론 정연하고 상세한 자백은 오히려 수사관의 창작이 아닌가 하는 의심을 갖게 하여 신빙성을 부정당할 염려도 있다.

2) 피의자 진술 내용의 객관적 합리성(자백의 진실성)

자백의 내용이 전혀 사실과 다르거나 명백히 과학적 법칙에 반하거나 경험법칙에 합치되는가를 검토한다. 합리성이 결여된 자백은 신빙성이 없어 배척해야 한다.

3) 자백동기의 검토(자백에 이르게 된 경위)

어떠한 원인에 의하여 자백하게 되었는가를 검토하여 둠으로써 후일 강제나 유도에 의한 자백이었다는 주장을 막을 수 있다. 따라서 자백직후의 자백을 하게 된 이유와 내심적 심리상태에 대한 진술을 확인할 필요가 있다.

4) 진술의 허위판단

피의자만이 알고 있으며 아무도 알지 못한 내용을 고백하고 더구나 그것이 범행에 직접 관계되는 경우에는 그 진술의 진실성이 높을 것이다. 예컨대 범행용구의 입수처, 은익장소의 진술,

장물의 처분처에 대한 진술이다.

피해자들이 도난신고를 하지 않았는데 피고인의 진술에 의해 비로소 경찰이 그 피해사실과 피해자를 알게 되었고, 피고인이 그 절도 범행 무렵에 도난품 일부를 직접 매각처분한 사실이 있었다면 피고인을 그 피해자에 관한 절도 범행의 범인이라고 인정하기 어렵지 않다는 판례도 있다.[89]

피해자가 돌연히 실종되었거나 사체의 불발견으로 사망사실이 세상에 알려지기전에 피의자가 피해자의 재산이나 혹은 그로부터 위탁받아 보관하고 있던 금원을 함부로 처분한 사실을 인정할 수 있어 피해자의 사망사실에 관하여 무언가 정보를 갖고 있었음을 추인케 하는 경우 등과 같이 이러한 유형의 정황증거는 자백내용에 상응한 것이다.[90] 따라서 자백의 신빙성 확보는 궁극적으로 정황증거를 얼마만큼 충실히 증거화하느냐에 달려 있다고 할 것이다.

5) 현장 고려한 질문(사건에 집중)

사건의 원인, 동기, 준비행위, 실행행위, 사후행위 등의 순서로 질문할 것이며 중도에서 옆길로 가는 질문이나 관계없는 질문 등 핵심을 잃어버리는 질문을 해서는 안된다. 또한 피의자 신문시 매우 이치에 맞는 진술내용이라 생각되더라도 과연 그것이 현장의 상황이나 사건의 줄거리와 일치하는지 여부를 따져가면서 조사를 진행하여야 한다. 그렇지 않으면 피의자의 착오나 상상, 악의적인 허위를 찾아낼 수 없고 결국 조사는 모순과 의문을 배제하지 못하게 된다.

6) 증거물의 제시

경찰관은 조사 과정에서 피의자에게 증거물을 제시할 필요가

89) 대판 1984. 2. 28. 83도3334
90) 사법연수원, 「수사절차론」, 성문인쇄사, 2008. P.66.

있는 때에는 적절한 시기와 방법을 고려하여야 하며, 그 당시의 피의자의 진술이나 정황 등을 조서에 기재해 두어야 한다(범죄수사규칙 제68조).

4. 피의자신문조서의 작성(법 제244조)

가. 의의

피의자의 진술은 조서에 기재하여야 한다(형사소송법 제244조 제1항). 그 조서는 나중에 공판정에서 증거로 사용된다(동법 제312조). 피의자의 진술을 조서에 기재한다는 것은 그 진술을 속기식으로 남김없이 문자화한다는 것이 아니라 그 진술의 요지를 문자화한다는 것이므로 불필요한 부분은 생략하고 복잡하고 난해한 진술은 알기 쉽게 정리하여야 한다.

피의자신문조서는 적법한 절차와 방식에 따라 작성된 것으로서 공판준비, 공판기일에 그 피의자였던 피고인 또는 변호인이 그 내용을 인정할 때에 한정하여 증거로 할 수 있다(형사소송법 제312조 제1항, 제3항). 피의자신문조서를 작성하는 궁극적인 목적은 결국 공판정에서 증거로 사용하자는 데 있는 것이므로 적법절차에 따라 신빙성을 확보하는 데도 중점을 두어야 한다.

피의자신문조서는 반드시 조사할 때마다 작성하여야 하는 것은 아니고 필요 없다고 인정하면 이를 생략할 수도 있다. 또 수일에 걸쳐서 진술을 듣고 이것을 일괄 녹취하여 조서를 작성하여도 무방하다. 그러나 될 수 있는 대로 피의자의 진술을 정확히 녹취하여 진술의 변경과정을 밝혀두는 것이 바람직하므로 특별한 사정이 없는 한 조사할 때마다 조서를 작성하는 것이 원칙이다.[91] 또한 조서를 기재하는 형식으로는 문답식과 서술식이 있으나, 기재내용을 쉽게 파악할 수 있는 문답식이 실무상 널리 이용되고 있다.

나. 피의자 신문조서 작성시 유의사항

1. 피의자 신문조서의 기재는 한글을 사용한다. 성명이나 외국어 등 특수한 경우에는 ( )안에 한자나 외국어를 병기한다. 평이한 문장으로 자연스럽고 간명하게 기재하여야 한다. 학술용어·약어·은어·방언에는 ( )안에 간단한 설명을 하여 둔다.

2. 문자를 추가할 때에는 난 밖에 "몇자 추가(가○자)"라고 기재하고, 삭제할 때에는 삭제한 줄의 난 밖에 "몇자 삭제(삭○자)라고 적고 그 곳에 진술자로 하여금 날인 또는 무인하게 하여야 한다(범죄수사규칙 제42조 제2항). 삭제와 추가를 동시에 하였을 때에는 "삭○자, 가○자"라고 기재한다. 삽입, 삭제 또는 난외기재를 할 때에는 이 기재한 곳에 날인하고 그 자수를 기재하여야 한다. 단, 삭제한 부분은 해득할 수 있도록 자체를 존치하여야 한다(형사소송법 제58조 제2항).

3. 피의자에 대한 호칭 및 조서상 기재는 '피의자'로 한다. 문장은 질문이든 답변이든 가리지 않고 존댓말을 사용한다. 범죄사실 기재는 범죄의 시일, 장소와 방법을 명시하여 사실을 특정할 수 있도록 하여야 한다. 6하 원칙 또는 8하 원칙에 따라 항목을 나누어 기재하는 것이 바람직하다. "언제, 어디서, 누구의 어떤 물건을 훔쳤나요"하는 식으로 한꺼번에 한 항목에 기재하는 것은 좋지 않다.

91) 사법연수원, 「수사절차론」, 성문인쇄사, 2008. P.67.

4. 질문은 짧게 답변은 길게 해야 한다. 또한, 범죄구성요건 부분은 세밀하고 몇 번이고 반복하여 질문해야 할 것이다. 그러면 답변중에서 불합리하고 모순된 점을 많이 발견할 수 있다. 질문이 길고 답변이 극히 짧다면 유도신문을 한 것 같은 느낌을 줄 우려가 있기 때문이다.

5. 피의자의 진술은 진술한 그대로 기재한다. 법률적 용어로 변경하여 기재하는 것은 피해야 한다. 특히 피의자의 경험사실은 추측 의견 및 다른 사람으로부터 전해들은 사실과는 명확히 구별될 수 있도록 해야 한다.

6. 조사과정에서 피의자가 사실관계 등의 확인을 위해 자료를 제출하는 경우 그 자료를 수사기록에 편철한다(수사준칙 제25조 제1항). 조사를 종결하기 전에 피의자에게 자료 또는 의견을 제출할 의사가 있는지를 확인하고, 자료 또는 의견을 제출받은 경우에는 해당 자료 및 의견을 수사기록에 편철한다(동조 제2항).

7. 중요부분, 즉 공동모의의 상황, 공범자 상호간의 이야기 내용, 범죄현장의 모양 등은 진술을 요약하지 아니하고 다소 장황하거나 사건과 별로 관계가 없는 진술이라고 하더라도 자세하게 기재하는 것이 좋다. 왜냐하면, 이러한 부분은 피의자의 진술 이외의 증거로는 규명하기 어려운 부분이기 때문이다.

   피의자가 사용하는 특이한 말은 그대로 조서에 기재하는 것이 좋다. 피의자신문시 피의자가 범행을 시인하면서 특정 지역에서만 사용하는 언어를 사용할 경우 조서에 이를 그대로 기재하고 다시 그 뜻을 물어 그 대답을 조서에 기재한 후 공판정에서 피고인이 범행을 시인한 사실이 없다고 완강히 부인하면 이를 토대로 추궁하여 범행을 자백받을 수 있다.[92]

---

92) 사법연수원, 「수사절차론」, 성문인쇄사, 2008. P.68.

8. 범행수법이 같은 신용카드 사용 사기와 같이 행위 태양이 비슷한 범죄사실은 대표적인 사실관계 기재 후 일시·장소 등만 기재하고 중복 기재를 생략한다.

9. 피의자에게 허위진술의 징표가 나타난다든가 계속 부인하며 버티다가 가까스로 자백하기에 이른 경우 등 특수한 경우에는 피의자의 태도나 표정 등을 표현하여 기재할 필요가 있다. 조사과정에서 피의자에게 증거를 제시할 필요가 있는 때에는 적절한 시기와 방법을 고려하여야 하며, 그 당시의 피의자의 진술이나 정황 등을 조서에 적어야 한다(범죄수사규칙 제68조).

   또한 증거물·증거서류 등을 피의자에게 제시한 때에는 그 취지를 기재한다. 신문시 피의자가 작성한 메모류·도면 등은 가급적 조서 말미에 편철하는 것이 바람직하다.

10. 피의자가 범행을 부인하여 증거제시 등으로 피의자의 자백을 이끌어 낼때에는 자백하는 과정이 명확히 나타나도록 기재하고, 피의자에게 유리한 사실의 진술이나 증거제출의 기회를 주고 조서를 피의자에게 열람하게 하거나 읽어 들려주었으며 진술거부권을 고지한 사실들에 관한 기재를 누락하는 일이 없도록 한다.

11. 조서는 전·후 모순없이 임의성이 있도록 자연스럽게 작성해야 한다. 같은 조서의 전·후 내용에 모순이 있거나 1회 조서와 그 이후의 조서내용이 서로 모순될 경우에 법원에서는 "진술의 일관성이 없어서 진술 전체를 믿기 어렵다"고 판결[93]하는 예가 있다.

    그러나 범행의 상세한 부분은 1회 조서와 그 이후의 조서에 서로 차이가 있을 수 있고 처음에는 부인하다가 심경에 변화가 있

93) 대판 1992. 10. 27. 92도2234

거나 사정변경으로 자백하는 수도 있으므로 반드시 진술이 일치할 수만은 없고 경우에 따라서는 진술내용이 변화하는 것이 오히려 자연스러운 때도 있을 수 있다. 다만 이와 같이 진술내용이 변화가 있을 때에는 왜 그와 같이 변화가 있게 되었는가를 묻고 그에 대한 납득할 수 있는 대답이 조서에 기재되어야만 한다.[94]

12. 수사기관은 조사, 신문, 면담 등 그 명칭을 불문하고 피의자나 사건관계인에 대해 오후 9시부터 오전 6시까지 사이에 조사(이하 "심야조사"라 한다)를 해서는 안 된다. 다만, 이미 작성된 조서의 열람을 위한 절차는 자정 이전까지 진행할 수 있다(수사준칙 제21조 제1항). 제1항에도 불구하고 다음 각 호의 어느 하나에 해당하는 경우에는 심야조사를 할 수 있다. 이 경우 심야조사의 사유를 조서에 명확하게 적어야 한다(동조 제2항).

1. 피의자를 체포한 후 48시간 이내에 구속영장의 청구 또는 신청 여부를 판단하기 위해 불가피한 경우
2. 공소시효가 임박한 경우
3. 피의자나 사건관계인이 출국, 입원, 원거리 거주, 직업상 사유 등 재출석이 곤란한 구체적인 사유를 들어 심야조사를 요청한 경우(변호인이 심야조사에 동의하지 않는다는 의사를 명시한 경우는 제외 한다)로서 해당 요청에 상당한 이유가 있다고 인정되는 경우
4. 그 밖에 사건의 성질 등을 고려할 때 심야조사가 불가피하다고 판단되는 경우 등 법무부장관, 경찰청장 또는 해양경찰청장이 정하는 경우로서 검사 또는 사법경찰관의 소속 기관의 장이 지정하는 인권보호 책임자의 허가 등을 받은 경우

13. 수사기관은 조사, 신문, 면담 등 그 명칭을 불문하고 피의자나 사건관계인을 조사하는 경우에는 대기시간, 휴식시간, 식사시간 등 모든 시간을 합산한 조사시간(이하 "총조사시간"이라 한다)이

94) 사법연수원, 「수사절차론」, 성문인쇄사, 2008. P.69.

12시간을 초과하지 않도록 해야 한다. 다만, 다음 각 호의 어느 하나에 해당하는 경우에는 예외로 한다(수사준칙 제22조 제1항).

1) 피의자나 사건관계인의 서면 요청에 따라 조서를 열람하는 경우

2) 수사준칙 제21조 제2항(심야조사 제한) 각 호의 어느 하나에 해당하는 경우

수사기관은 특별한 사정이 없으면 총조사시간 중 식사시간, 휴식시간 및 조서의 열람시간 등을 제외한 실제 조사시간이 8시간을 초과하지 않도록 해야 한다(동조 제2항). 수사기관은 피의자나 사건관계인에 대한 조사를 마친 때부터 8시간이 지나기 전에는 다시 조사할 수 없다. 다만, 제1항 제2호(공소시효가 임박한 경우)에 해당하는 경우에는 예외로 한다(동조 제3항).

14. 수사기관은 피의자가 조사장소에 도착한 시각, 조사를 시작하고 마친 시각, 그 밖에 조사과정의 진행경과를 확인하기 위하여 필요한 사항을 피의자신문조서에 기록하거나 별도의 서면에 기록한 후 수사기록에 편철하여야 한다(형사소송법 제244조의4 제1항).

다. 구체적 작성요령

(1) 고지확인서 작성

(가) 성명, 주민등록번호, 주거를 확인하고 고지확인서를 작성한다.

> 본인은 2023. 8. 15. 14:10경 경기도북부경찰청 사이버범죄수사대 조사실에서 신문을 받기 전에 수사과정에서 법령위반, 인권침해 또는 현저한 수사권 남용이 있는 경우 검사에게 구제를 신청할 수 있음을 고지받았음을 확인합니다.

(2) 피의자에 관한 사항

(가) 성명 등

성명 외에 구 성명, 개명, 이명, 위명 또는 별명이 있는 경우에는 성명 다음에 괄호를 하고 이명, 별명 등을 적어 넣는다.

- 성명: 김갑동(이명 김○○, 별명 개똥이)

(나) 진술거부권 및 변호인 조력권 고지 등 고지

수사기관은 형사소송법 제244조의3 제1항에 따라 알려 준 때에는 피의자가 진술을 거부할 권리와 변호인의 조력을 받을 권리를 행사할 것인지의 여부를 질문하고, 이에 대한 피의자의 답변을 조서에 기재하여야 한다. 이 경우 피의자의 답변은 피의자로 하여금 자필로 기재하게 하거나 검사 또는 사법경찰관이 피의자의 답변을 기재한 부분에 기명날인 또는 서명하게 하여야 한다(형사소송법 제244조의3 제2항).

문: 피의자는 위와 같은 권리들이 있음을 고지 받았는가요.
답: 예, 고지 받았습니다. (피의자 자필)

문: 피의자는 진술거부권을 행사할 것인가요.
답: 아니오, 사실대로 진술하겠습니다. (피의자 자필)

문: 피의자는 변호인의 조력을 받을 권리를 행사할 것인가요.
답: 아니오, 변호인 없이 조사를 받겠습니다. (피의자 자필)

문: 피의자는 변호인의 조력을 받을 권리를 행사할 것인가요.
답: 예, 변호인 참여하게 조사를 받고자 ○○○변호사와 함께 출석하였습니다. (피의자 자필)

이에 사법경찰관은 피의사실에 관하여 다음과 같이 피의자를 신문하다.

(다) 영상녹화 희망 여부, 피의자 등 조사 대상자에게 발달장애인 여부를 확인한다.

(라) 전과관계

1) 형벌일 경우에는 선고일자, 선고법원, 죄명, 형명, 형기(또는 벌금액), 석방일자 및 석방교도소, 석방사유(형집행종료, 형집행정지, 가석방, 특사 등), 벌금의 납입 여부 등을 자세히 기재한다.

문: 피의자는 형사처벌을 받은 사실이 있는가요.
답: 예, 2017. 11. 19. 의정부지방법원에서 특수절도죄로 징역 8월을 선고받아 의정부교도소에서 복역하다가 2018. 5. 20. 집행을 마치고 출소하였습니다.

2) 보호처분일 경우에는 처분일자, 처분법원, 죄명, 처분명 등을 기재한다.

문: 피의자는 형사처벌을 받은 사실이 있는가요.
답: 2010. 3. 30. 의정부지방법원에서 특정범죄가중처벌등에관한법률위반(절도)죄로 징역 3년과 보호감호를 선고받아 형집행을 마치고 청송보호감호소에서 보호감호집행중, 2015. 1. 30. 사회보호위원회의 심사결정으로 가출소한 사실이 있습니다.

3) 기소유예일 경우에는 처분일자, 처분청, 죄명 등을 기재한다.

> 문: 피의자는 형사처벌을 받은 사실이 있는가요.
> 답: 2017. 7. 30. 의정부지방검찰청에서 상해죄로 기소유예 처분을 받아 석방된 사실이 있고, 2018. 5. 30. 의정부가정법원에서 같은 죄로 1호 처분을 받은 사실이 있습니다.

4) 기소된 상태일 경우에는 기소일자, 법원명, 죄명 등을 기재한다.

> 문: 피의자는 형사처벌을 받은 사실이 있는가요.
> 답: 2022. 10. 1. 의정부지방검찰청에서 강간죄로 구속된 후 같은 달 7. 기소되어 현재 의정부지방법원 형사합의부에서 재판을 받고 있습니다.

(마) 학력, 경력, 가족상황, 재산정도, 병역, 상훈관계 등

원칙적으로 하나하나 구체적으로 조사하여 기재한다.

(3) 구성요건사실에 관한 사항

(가) 범죄의 주체

범죄의 주체 즉, 피의자의 특정이다. 공범관계를 반드시 확인하고 피의자와 공범간의 관계도 밝혀야 한다. 공범인 경우 자기외에 누가 있었는가를 명확히 하는 동시에 서로 모의한 내용에 대해서 일시·장소·서로의 언동·범죄의 실행에 있어서의 각자의 역할(임무)을 명확히 해서 기재하여야 한다.

> 문: 피의자는 페이스북에 불법도박 사이트를 중개 또는 알선한 사실이 있는가요.
> 답: 예, 그런 사실이 있습니다.

이때, 채증한 피의자 페이스북의 메인 화면을 제시한 후, 조서 말미에 첨부하다.

문: 피의자는 'OO' 사이트 운영자와는 어떤 사이인가요.

답: 저는 'OO'사이트 운영자에 대해서는 아는 것이 없습니다.

문: 피의자는 'OO' 사이트 운영자가 피의자에게 불법도박 사이트 홍보를 지시한 사실이 있는가요.

답: 아니오, 저는 'OO' 도박 사이트 운영자를 알지 못하고 'OO'사이트를 홍보를 하면 돈을 준다는 홍보글을 보고하게 알게 된 것입니다.

(나) 범죄의 일시, 장소

범죄의 일시는 사건의 특정에 중요한 자료가 될 뿐만 아니라, 공소시효의 기산일의 결정, 범죄의 착수 및 기수 시기를 결정할 때도 중요하다. 장소에 따라 죄명과 적용법조가 달라지는 경우가 있고(예컨대 야간주거침입절도와 절도), 일시는 누범기간의 계산을 위하여도 특정시켜야 하며 장소는 사건의 특정에 중요하고, 수사기관의 관할과도 관계가 있다.

가령 "2018. 1. 중순 저녁에 의정부 OO시장에서 훔쳤습니다" 라고 기재하면 일몰전 인지 후인지, 어느 점포에서 인지, 점포 안인지 밖인지 알 수가 없다.

문: 언제, 어디에서 훔쳤는가요.

답: 2022. 1. 26. 00:20경 경기 의정부시 OO로에 있는 OO은행 부근 OO신발가게 안에서 훔쳤습니다.

(다) 범죄의 객체

범죄의 객체는 재산죄와 같이 물건인 경우와 살인·폭행 등과 같이 사람인 경우가 있다. 재산과 관계된 것일 때에는 종류, 수량, 가격을 물어 구체화하고 그 소유관계도 명백히 하여야 한다.

> **문: 피의자의 페이스북에 어떤 내용의 글을 기재하면서 도박사이트를 홍보하는 글을 게시하였는나요.**
> 답: 'OO(K177OO.COM) 도박장이들 가입 생각있으면 페메하셈 10년 무사고 룰링 0%'라는 글을 게시하였습니다.

(라) 수단, 방법

범행을 준비한 과정에서부터 범행에 사용한 물건, 범행 대상에 접근한 방법, 실행 방법에 이르기까지 상세하게 신문한다.

> **문: 'OO' 도박사이트에서 어떤 방식에 스포츠 도박게임을 제공하나요.**
> 답: 저의 페이스북을 보고 페이스북 메신저로 'OO'도박사이트 신규 가입을 위한 인증코드를 문의한 사람에게 'OO'사이트에 접속 가능한 아이디와 패스워드를 알려 준 입니다. 그러면 축구, 농구, 야구 경기에 대한 승, 무, 패, 언더오버가 있는데 회원들이 돈을 입금한 후에 위 방식대로 베팅을 하며 회원이 이기면 돈을 따는 것이고, 지면 사이트 수입으로 잡히는 것으로만 알고 있습니다. 저는 홍보글을 통해 연락 온 사람에게 제 계정으로 베팅을 하게 하면 베팅한 돈의 2%를 포인트로 내려줬습니다.

(마) 결과

피의자 신문의 핵심적인 부분이고, 가장 상세하게 구체적으로 기재해야 한다. 피해 상황, 위험 정도, 기타 범행으로 인하여 파급된 효과 등을 명확히 하여야 한다.

> **문: 피의자는 훔친 운동화 1박스 물건은 어떻게 하였나요.**
> 답: 제가 박스를 들고 도망가다가 붙잡히게 되어 땅 바닥에 들어 누

으면서 ○○시장에 있는 노점 진열장 밑에다 그 박스를 숨겼습니다.
문: 그러면 ○○시장에 가면 그 박스를 찾을 수 있을까요.
답: 예, 제가 숨긴 그 진열장 밑을 확인해 보면 반드시 있을 것입니다.

(바) 원인, 동기

범죄를 결의하게 된 직접적인 원인을 규명하여 그 사실을 구체적으로 기재하여야 한다. 이는 정상참작에 필요할 뿐 아니라 피의자의 진술에 대한 신빙성을 판단할 수 있는 자료가 된다.

문: 피의자의 페이스북에 도박사이트를 중개 또는 알선하게 된 이유는 무엇인가요.
답: 페이스북을 돌아다니다보면 도박사이트 홍보글이 많거든요. 그 글 중에 '○○'사이트 홍보글이 있었구요. 지인들 데리고 오면 베팅한 금액에 몇 %를 준다고 했습니다. 그래서 돈을 벌려고 홍보하게 된 것입니다.

(사) 범행후의 동향

범행으로 얻은 물건의 소비 여부 또는 처분방법 등을 반드시 물어야 한다. 이는 그 진술에 따라 객관적인 보강 증거를 수집함으로써 범행에 대한 확증을 얻어내기 위함이다.

문: 피의자가 훔친 나이키 운동화 1박스를 어떻게 하였는가요.
답: 훔친 박스를 들고 도망하다가 붙잡히게 되어 땅바닥에 들어 누으면서 시장에 있는 노점 진열대 밑에다 그 운동화 박스를 슬쩍 던져 버렸는데, 벌써 진열장을 치워 노점 상인이 없으니 누가 가져간 모양입니다.

(4) 범행 후의 정황에 관한 사항

피해 변상 여부 등을 조사하여야 한다.

> 문: 피해변상은 하였는가요.
> 답: 저의 어머니가 운동화 가격에 해당하는 1,000,000원을 주고 합의하였습니다.

(5) 소추요건 등에 관한 사항

친족상도(재산범), 소추요건 소멸 여부(친고죄, 반의사불벌죄) 등도 조사하여야 한다.

> 문: 피해자와 친족관계가 있는 가요.
> 답: 아무런 관계도 없습니다. 또는 그 가게 주인이 저의 삼촌입니다.

(6) 유리한 증거나 진술

수사기관은 피의자에 대하여 범죄사실과 정상에 관한 필요사항을 신문하여야 하며 그 이익되는 사실을 진술할 기회를 주어야 한다(형사소송법 제242조). 피의자에게 유리한 내용도 충분히 조사하여 피의자가 수사기관에 의하여 불리한 처분을 받았다는 불만이 없도록 하여야 한다. 변명하는 사항 및 기타 범행의 설명에 가치가 있는 사항 등을 기재한다.

> 문: 피의자에게 유리한 진술이 더 있는 가요.
> 답: 피해자가 먼저 쳐다보았다는 이유로 저에게 욕을 하고 시비를 걸어오기 때문에 같이 때리고 싸웠던 것입니다. 피해자와 싸울 때 근처 ○○복덕방 할아버지가 말렸는데 그 분을 불러 당시의 경위를 물어보아 주었으면 좋겠습니다.

라. 특수한 경우의 작성요령

(1) 부인할 경우

부인할 경우에는 부인하는 내용의 진술을 조서에 그대로 기재한 다음 모순점을 추궁하거나 증거를 제시하여 피의자가 굴복하여 자백하거나 횡설수설하는 내용을 생생하게 기재한다.

문: 피의자는 취업 알선을 명목으로 김○○로부터 돈 300만원을 받은 사실이 있는가요.

답: 평소에 잘 아는 김○○로부터 그런 부탁을 받은 사실이 있으나 돈을 받은 사실은 없습니다.

이때, 사법경찰관은 같은 현장에 있었던 이미 참고인 진술을 한 목격자 이○○을 입실케 하고,

문: 피의자 이○○을 알겠나요.

답: 알고 있습니다.

문: 금 300만원을 받고 위 돈을 이○○에게 그 자리에서 빌려준 사실이 있는가요.

답: 저는 그런 사실이 없습니다. 이○○가 잘못 알고 진술하는 것입니다.

문: 피의자는 이○○에게 차용증을 받고 돈을 빌려준 사실이 있는데 부인하는가요.

이때, 피의자는 이○○이 소지한 차용증을 보고, 시선을 피하며 대답이 없다.

문: 이 차용증에 적힌 채권자란의 피의자 이름과 주민등록번호는 피의자의 필적인가요.

답: 제 필적이 맞습니다. 사실은 제가 김○○로부터 돈 300만원을 받아 그 자리에서 이○○에게 빌려준 것입니다.

(2) 증거물, 현장도면 등 제시할 경우

문: 피의자는 이 물건을 알겠는가요.

이때, 사법경찰관은 압수된 증 제2호 파란색 박스에 들어있는 운동화 1박스를 피의자에게 제시한 바,

답: 예, 제가 훔친 운동화로 판매를 해 주겠다는 김○○에게 전달하려고 보관중이던 운동화가 틀림없습니다.

(3) 피해자 또는 참고인과 대질할 경우

문: 피의자는 2021. 10. 1. 20:00경 ○○닭칼국수 식당에서 김○○을 때린 사실이 있는가요.

답: 저는 김○○을 때리기는커녕 다툰 사실도 없습니다.

이때, 사법경찰관은 대기실에서 대기중이던 김○○을 입실케 하고

문: 피의자는 김○○을 때린 사실이 있는가요.

답: 기억나지 않습니다.

이때, 사법경찰관은 김○○에게

문: 여기 있는 이 피의자를 알겠는가요.

답: 예, 2021. 10. 1. 20:00경 식사 중 언쟁이 생겨 소주병으로 저의 머리를 1회 내리친 사람이 분명합니다.

문: 피의자 말에 의하면 진술인과는 다툰 사실도 없다고 하는데 그런가요.

답: 그날 밤 이 사람이 제 옆자리에서 술을 마시고 있어 한잔 같이 하자고 했지만, "평소 소문이 안좋다. 친해지기 싫다"며 거절하자 탁자 위에 있던 소주병으로 1회 머리를 내리쳤는데 그 당시 식당 주인 김○○씨도 목격하였습니다.

사법경찰관은 다시 피의자에게

문: 이 사람은 피의자로부터 소주병으로 1회 맞은 것이 분명하다고 하는데 어떤가요.

답: 제가 그날 밤 옆 테이블 손님과 다툰 사실이 있는데 제가 술에 취

> 해 정확히 기억하지 못했습니다. 김○○의 말을 듣고 보니 제가 탁자 위 소주병으로 이 사람의 머리를 1회 때린 것이 기억납니다.

(4) 피의자가 유리한 변명자료를 제출하는 경우

변명하는 사항 및 기타 범행의 설명에 가치가 있는 사항 등을 기재한다.

> 문: 그 밖에 유리한 진술이 있는가요.
> 답: 제가 고소인에게 돈을 받을 것이 있다는 것을 증명하기 위해 공정증서 사본을 제출하겠으니 참고해 주시기 바랍니다.
>
> 이때, 사법경찰관은 피의자가 임의로 제출하는 공정증서 사본 1장을 교부받아 그 내용을 살펴본 다음 이 조서 뒤에 편철하다.

(5) 구속통지 대상의 특정

피의자를 구속하는 경우에 변호인이 없는 경우에는 피의자가 지정한 일정한 자에게 구속사실을 통지하여야 하므로(형사소송법 제201조의2 제10항, 제87조 제1항) 이를 통지하여야 할 대상자가 누구인지 특정하여야 한다.

> 문: 구속영장이 신청(청구)되거나 구속된다면 그 사실을 누구에게 통지하여야 하겠는가요.
> 답: 같은 주소지에 살고 있는 아버지에게 알려주시기 바랍니다.

마. 작성자의 서명·날인

조서는 피의자에게 열람하게 하거나 읽어 들려주어야 하며, 진술한 대로 기재되지 아니하였거나 사실과 다른 부분의 유무를 물어 피의자가 증감 또는 변경의 청구 등 이의를 제기하거나 의견을 진술한 때에는 이를 조서에 추가로 기재하여야 한다. 이 경우 피의자가 이의를 제기하였던 부분은 읽을 수 있도록 남겨두어야 한다(형사소송법 제244조 제2항).

그 주장하는 내용을 그대로 조서에 기재해 주어야 한다. "말의 표현방법이 조금 다르지만 그 말이 그 말 아니냐"하는 식으로 묵살해서는 아니된다.

문: 이상의 조서 기재내용에 대하여 이의나 의견이 있는가요.
답: 여기 조서 셋째 페이지에 제가 먼저 차용증을 조작하자고 한 것으로 기재되어 있는데 지금 생각해보니 정○○이 그 말을 꺼내었던 것이 분명합니다.
또는
답: 제가 먼저 차용증을 조작한 것처럼 기재가 되어 있는데 이것은 사실과 다릅니다. 분명히 정○○이 그 말을 꺼낸 것으로 진술하였으니 그렇게 고쳐 주십시오.

열람하게 하거나 읽어 들려야 하는 것은 명백하나 그 절차가 비록 행해지지 안했다 하더라도 그것만으로 그 피의자신문조서가 증거능력이 없게 된다고 할 수 없고 형사소송법 제312조의 소정의 요건을 갖추면 증거로 할 수 있는 것이다[95].

피의자가 조서에 대하여 이의나 의견이 없음을 진술한 때에는 피의자로 하여금 그 취지를 자필로 기재하게 하고 조서에 간인한 후 기명날인 또는 서명하게 한다(형사소송법 제244조 제3항). 피의자가 인장을 가지고 있지 아니한 경우에는 무인으로 간인 및 날인하게 하여도 무방하나 간인이나 서명·기명날인을 거부하는 때에는 그 취지를 조서에 기재한다.

95) 대판 1993. 5. 14. 93도486, 1988. 5. 10. 87도2716

- 피의자는 문맹이므로 신문에 참여한 사법경찰관리가 대신 이름을 적다.
- 피의자는 이 조서의 기재내용은 자신이 진술한 대로이나 서명날인을 하게 되면 범행이 인정될 가능성이 많다는 이유로 서명날인을 거부함.

판례는 피의자의 서명 또는 기명날인이 누락된 피의자신문조서의 증거능력을 부인하고 있다.[96] 한편 변호인이 피의자신문에 참여하여 의견을 진술한 경우에 변호인의 의견이 기재된 피의자신문조서는 변호인에게 열람하게 한 후 변호인으로 하여금 그 조서에 기명날인 또는 서명하게 하여야 하고, 변호인의 신문참여 및 그 제한에 관한 사항을 피의자신문조서에 기재하여야 한다(형사소송법 제243조의2 제4항, 제5항).

사법경찰관 및 피의자신문조서에 작성에 참여한 사법경찰관리는 조서말미에 기명날인 또는 서명하여야 한다(동법 제57조 제1항).

바. 수사과정의 기록(수사준칙 제26조)

수사기관은 형사소송법 제244조의4(수사과정의 기록)에 따라 조사(신문, 면담 등 명칭을 불문한다. 이하 이 조에서 같다) 과정의 진행경과를 다음 각 호의 구분에 따른 방법으로 기록해야 한다.

1. 조서를 작성하는 경우: 조서에 기록(별도의 서면에 기록한 후 조서의 끝부분에 편철하는 것을 포함한다)

가. 조사 대상자가 조사장소에 도착한 시각

나. 조사의 시작 및 종료 시각

---

96) 대판 1993. 4. 23. 92도2908

다. 조사 대상자가 조사장소에 도착한 시각과 조사를 시작한 시각에 상당한 시간적 차이가 있는 경우에는 그 이유

라. 조사가 중단되었다가 재개된 경우에는 그 이유와 중단 시각 및 재개 시각

2. 조서를 작성하지 않는 경우: 별도의 서면에 기록한 후 수사기록에 편철

가. 조사 대상자가 조사장소에 도착한 시각

나. 조사 대상자가 조사장소를 떠난 시각

다. 조서를 작성하지 않는 이유

라. 조사 외에 실시한 활동

마. 변호인 참여 여부

사법경찰관은 피의자를 조사할 때에는 수사과정확인서에 따라 수사과정을 기록하고 이를 조서의 끝부분에 편철하여 조서와 함께 간인함으로써 조서의 일부로 하거나 수사과정확인서로 작성하여 기록에 편철하여야 한다.

사. 수사자료표의 작성

경찰관은 「형의 실효 등에 관한 법률」제5조 제1항에 따라 다음 각호를 제외한 피의자에 대한 수사자료표를 작성하여야 한다(범죄수사규칙 제226조 제1항).

1. 즉결심판 대상자

2. 고소 또는 고발로 수리한 사건 중 「수사준칙」제51조 제1항 제3호(불송치)의 각 목에 해당하는 사건의 피의자

제4절 기타 임의수사 방법

1. 영상녹화

가. 영상녹화의 대상·범위

피의자의 진술은 영상녹화 할 수 있다(형사소송법 제244조의2 제1항). 검사 또는 사법경찰관은 수사에 필요한 때에는 피의자가 아닌 자의 출석을 요구하여 진술을 들을 수 있다. 이 경우 그의 동의를 받아 영상녹화할 수 있다(형사소송법 제221조 제1항). 사법경찰관리는 형사소송법 제221조 제1항 또는 제244조의2 제1항에 따라 피의자 또는 피의자가 아닌 사람을 영상녹화하는 경우 그 조사의 시작부터 조서에 기명날인 또는 서명을 마치는 시점까지의 모든 과정을 영상녹화해야 한다. 다만, 조사 도중 영상녹화의 필요성이 발생한 때에는 그 시점에서 진행 중인 조사를 중단하고, 중단한 조사를 다시 시작하는 때부터 조서에 기명날인 또는 서명을 마치는 시점까지의 모든 과정을 영상녹화해야 한다(경찰수사규칙 제43조 제1항). 사법경찰관리는 제1항에도 불구하고 조사를 마친 후 조서 정리에 오랜 시간이 필요한 경우에는 조서 정리과정을 영상녹화하지 않고, 조서 열람 시부터 영상녹화를 다시 시작할 수 있다(동조 제2항). 영상녹화는 조사실 전체를 확인할 수 있고 조사받는 사람의 얼굴과 음성을 식별할 수 있도록 해야 한다(동조 제3항).

나. 영상녹화시 고지 및 참여자

(1) 피의자 진술 영상녹화시 고지

사법경찰관리는 피의자에 대한 조사 과정을 영상녹화하는 경우 다음 각 호의 사항을 고지해야 한다(경찰수사규칙 제43조 제4항).

1. 조사자 및 형사소송법 제243조(피의자 신문과 참여자)에 따른 참여자의 성명과 직책
2. 영상녹화 사실 및 장소, 시작 및 종료 시각
3. 형사소송법 제244조의3(진술거부권 등의 고지)에 따른 진술거부권 등
4. 조사를 중단·재개하는 경우 중단 이유와 중단 시각, 중단 후 재개하는 시각

(2) 피의자 아닌 자의 진술 영상녹화시 고지 및 동의

사법경찰관리는 피의자가 아닌 사람의 조사 과정을 영상녹화하는 경우에는 영상녹화 동의서로 영상녹화 동의 여부를 확인하고, 경찰수사규칙 제43조 제4항 제1호, 제2호 및 제4호의 사항을 고지해야 한다. 다만, 피혐의자에 대해서는 경찰수사규칙 제4항 제1호 부터 제4호까지의 규정에 따른 사항을 고지해야 한다.(경찰수사규칙 제43조 제5항).

(3) 영상녹화시 참여자

피의자 신문을 영상녹화하는 경우 형사소송법 제243조(피의자신문과 참여자)의 규정에 의한 참여자는 조사실 내에 위치하여야 한다.

다. 봉인 전 재생 · 시청

영상녹화가 완료된 때에는 피의자 또는 변호인 앞에서 지체 없이 그 원본을 봉인하고 피의자로 하여금 기명날인 또는 서명하게 하여야 한다(형사소송법 제244조의2 제2항). 경찰관은 원본을 봉인하기 전에 진술자 또는 변호인이 녹화물의 시청을 요구하는 때에는 영상녹화물을 재생하여 시청하게 하여야 한다. 이 경우 진술자 또는 변호인이 녹화된 내용에 대하여 이의를 진술하는 때에는 그 취지를 기재한 서면을 사건기록에 편철하여야 한다(형사소송법 제244조의2 제2항, 제3항, 범죄수사규칙 제86조).

라. 영상녹화물의 제작·관리

사법경찰관리는 조사 시 영상녹화를 한 경우에는 영상녹화용 컴퓨터에 저장된 영상녹화 파일을 이용하여 영상녹화물(CD, DVD 등을 말한다) 2개를 제작한 후, 그 중 하나는 피조사자의 기명날인 또는 서명을 받아 피조사자 또는 변호인 앞에서 봉인하여, 봉인하지 않은 나머지 하나와 함께 수사기록에 편철한다(경찰수사규칙 제44조 제1항). 경찰관은 피조사자의 기명날인 또는 서명을 받을 수 없는 경우에는 기명날인 또는 서명란에 그 취지를 기재하고 직접 기명날인 또는 서명한다(범죄수사규칙 제85조 제3항). 경찰관은 경찰수사규칙 제44조에 따라 영상녹화물을 제작할 때에는 영상녹화물 표면에 사건번호, 죄명, 진술자 성명 등 사건정보를 기재하여야 한다(범죄수사규칙 제85조 제1항). 경찰관은 제1항에 따라 제작한 영상녹화물은 수사기록에 편철한다(동조 제2항). 사법경찰관리는 영상녹화물을 제작한 후 영상녹화용 컴퓨터에 저장되어 있는 영상녹화 파일을 데이터베이스 서버에 전송하여 보관할 수 있다(경찰수사규칙 제44조 제2항). 손상 또는 분실 등으로 영상녹화물을 사용할 수 없는 경우에는 데이터베이스 서버에 보관되어 있는 영상녹화 파일을 이용하여 다시 영상녹화물을 제작할 수 있다(동조 제3항). 경찰관은 영상녹화물을 생성한 후 영상녹화물 관리대장에 등록하여야 한다(범죄수사규칙 제85조 제4항).

2. 통역과 번역

검사 또는 사법경찰관은 수사에 필요한 때에는 통역 또는 번역을 위촉할 수 있다(형사소송법 제221조 제2항). 국어에 통하지 아니하는 자의 진술에는 통역인으로 하여금 통역하게 하여야 한다(형사소송법 제180조). 국어 아닌 문자 또는 부호는 번역하게 하여야 한다(형사소송법 제182조).

통역·번역을 위촉할 경우에는 먼저 통역인·번역인의 인적사항과 사건과의 관계 및 학식·경험에 관한 진술을 들어(진술조서를 작성하거나 진술서를 제출받는다) 그 자격·능력을 확인한 다음 통역·번역에 임하게 한다.

가. 통역의 경우의 조치

경찰관은 수사상 필요에 의하여 통역인을 위촉하여 그 협조를 얻어서 조사하였을 때에는 피의자신문조서나 진술조서에 그 사실과 통역을 통하여 열람하거나 읽어주었다는 사실을 적고 통역인의 기명날인 또는 서명을 받아야 한다(범죄수사규칙 제40조 제1항).

사법경찰관리는 외국인을 조사하는 경우에는 조사를 받는 외국인이 이해할 수 있는 언어로 통역해 주어야 한다(경찰수사규칙 제91조 제1항). 외국인을 조사할 경우에는 원칙적으로 그 외국인이 모국어로 사용하는 언어에 능통한 통역인을 선정하여야 한다. 다만, 조사대상인 외국인이 소수민족인 경우와 같이 적절한 통역인을 발견할 수 없을 때에는 그 외국인이 이해할 수 있는 다른 언어로 조사할 수밖에 없다. 외국인의 조사에 있어서는 언어, 풍속과 습관의 특성을 고려하여야 한다(범죄수사규칙 제215조 제1항).

통역을 통한 조사는 사후 공판절차에서 통역의 정확성·공정성이 문제될 수 있다. 수사과정에서 이를 미리 확보하기 위하여는 조사상황을 녹음하거나 조서에 대한 번역문을 작성하여 첨부하는 방법을 생각할 수 있다.

나. 번역의 경우의 조치

경찰관은 수사상 필요에 의하여 번역인에게 피의자 그 밖의 관계자가 제출한 서면 그 밖의 수사자료인 서면을 번역하게 하였을 때에는 그 번역문을 기재한 서면에 번역한 사실을 적고 번역인의 기명날인을 받아야 한다(범죄수사규칙 제40조 제2항).

3. 감정의 위촉

가. 의의

검사 또는 사법경찰관은 수사에 필요한 때에는 감정을 위촉할 수 있다(형사소송법 제221조 제2항). 감정이라 함은 특별한 학식이나 경험을 가진 사람이 그 학식·경험에 터잡아 알고 있거나 실험한 법칙의 보고 또는 그 법칙을 구체적 사실에 적용하여 얻은 판단의 결과를 보고하는 것을 말한다. 특별한 지식에 의하여 알게된 과거의 사실을 신문하는 경우인 감정증인은 증인신문 규정에 의한다(형사소송법 제179조).

감정은 사실에 대한 판단의 보고임에 대하여 증언은 과거에 경험한 사실자체를 보고하는 것이라는 점에서 서로 다르다. 즉, 감정은 그에 합당한 학식이나 경험을 갖고 있는 자라면 누구라도 가능하지만 증언은 그 사실을 경험한 사람만이 가능하므로 감정인과 증인의 구별은 그 대체성 유무에 있다 하겠다.

감정을 위촉하는 처분 그 자체는 임의수사이다. 하지만 감정을 실행함에 있어서 유치처분 또는 타인의 주거, 간수자 있는 가옥, 건조물, 항공기, 선차내에 들어 갈 수 있고 신체의 검사, 사체의 해부, 분묘의 발굴, 물건의 파괴의 강제처분이 필요한 경우에는 강제수사(형사소송법 제221조의3, 제221조의4)로 전환된다.

감정기관은 공신력있는 기관이나 사람이어야 하므로 주로 국립과학수사연구원이 이용되고 있으나 위 기관에서 감정할 수 없는 분야는 대학병원 등 다른 공신력 있는 기관에 의뢰하기도 한다. 감정위촉을 할 때에는 감정인의 능력, 학력, 사건과의 관계 및 성의 등을 고려하여 적격자를 선정하도록 하여야 한다.[97]

97) 사법연수원, 「수사절차론」, 성문인쇄사, 2008. P.104.

나. 감정의 위촉 등 절차(범죄수사규칙 제173조)

경찰관은 형사소송법 제221조 제2항에 따라 수사에 필요하여 국과수 등에게 감정을 의뢰하는 경우에는 감정의뢰서에 따른다. 국과수 이외의 감정기관이나 적당한 학식·경험이 있는 사람에게 감정을 위촉하는 경우에는 경찰수사규칙 제42조의 감정위촉서에 따르며, 이 경우 감정인에게 예단이나 편견을 생기게 할 만한 사항을 적어서는 아니된다. 감정을 위촉하는 경우에는 감정인에게 감정의 일시, 장소, 경과와 결과를 관계자가 용이하게 이해할 수 있도록 간단명료하게 기재한 감정서를 제출하도록 요구하여야 한다. 감정인이 여러 사람인 때에는 공동의 감정서를 제출하도록 요구할 수 있다. 감정서의 내용이 불명확하거나 누락된 부분이 있을 때에는 이를 보충하는 서면의 제출을 요구하여 감정서에 첨부하여야 한다.

감정서의 기재내용에 의문이 있거나 부족한 것이 있으면 감정인을 참고인으로서 조사하면 된다. 감정인이 원거리에 있어 소환이 곤란한 경우에는 의문사항을 정확히 정리하여 우편진술서로 우송하여 줄 것을 요청할 수도 있다. 그러나 중대한 사건에서는 진술조서를 받아두는 것이 꼭 필요하다.

4. 수사관계사항의 조회

수사에 관하여 공무소 기타 공사단체에 조회하여 필요한 사항의 보고를 요구할 수 있다(형사소송법 제199조 제2항). 보고를 요구받은 공무소 또는 공사단체는 원칙적으로 이에 회답하여야 할 것이다. 그러나 그 이행을 강제할 수 있는 방법은 없다.

또한, 경찰관서의 장은 직무 수행에 필요하다고 인정되는 상당한 이유가 있을 때에는 국가기관이나 공사(公私) 단체 등에 직무 수행에 관련된 사실을 조회할 수 있다. 다만, 긴급한 경우에는 소속 경찰관으로 하여금 현장에 나가 해당 기관 또는 단체의 장의 협조를 받아 그 사실을 확인하게 할 수 있다(경찰관직무집행법 제8조 제1항).

요청을 받은 기관은 회답내용이 법령에 의하여 비밀로 보호될 때에는 그 사유를 들어 회답을 거부할 수 있다. 따라서 금융거래의 내용에 대한 자료나 정보를 제공 받으려면 명의인의 서면상 요구나 동의를 받거나 법관의 영장 등을 받아야 한다.

5. 임의제출물의 압수

가. 의의

검사, 사법경찰관은 피의자 기타인의 유류한 물건이나 소유자, 소지자 또는 보관자가 임의로 제출한 물건을 영장없이 압수할 수 있다(형사소송법 제218조). 경찰관은 소유자, 소지자 또는 보관자(이하 "소유자등"이라 한다)에게 임의제출을 요구할 필요가 있을 때에는 물건제출요청서를 발부할 수 있다(범죄수사규칙 제142조 제1항). 경찰관은 소유자등이 임의 제출한 물건을 압수할 때에는 제출자에게 임의제출의 취지 및 이유를 적은 임의제출서를 받아야 하고, 압수조서와 압수목록교부서를 작성하여야 한다(동조 제2항).

경찰관은 증거물 또는 몰수할 물건을 압수하였을 때에는 압수조서와 압수목록을 작성하고 소유자, 소지자, 보관자, 기타 이에 준할 자에게 교부하여야 한다(형사소송법 제129조). 압수조서에는 압수경위, 압수목록에는 물건의 특징을 각각 구체적으로 기재하여야 한다. 피의자신문조서, 진술조서, 검증조서, 실황조사서에 압수의 취지를 기재하여 압수조서의 작성에 갈음할 수 있다. 그 경우에도 압수목록은 반드시 작성하여야 한다. 압수한 때에는 「압수목록교부서」를 처분을 받은 자에게 교부하여야 한다.

이때, ○○○로부터 동인이 소지하고 있던 ○○○를 임의제출받아 영장없이 압수하고 압수목록을 작성한 후 조서 말미에 편철하다.

임의제출물이라 하더라도 일단 압수되면 그 효과에 있어서는 영장에 의한 압수의 경우와 마찬가지로서 수사상 필요한 때에는 환부 또는 가환부의 청구가 있다고 하더라도 이를 거부할 수 있다. 따라서 불필요한 물건을 압수하는 사례가 없도록 하여야 한다.

나. 압수조서의 작성방법

(1) 기재사항

피의자명, 죄명, 압수일시·장소, 압수경위, 압수목록, 참여인 등을 기재한다.

(2) 압수경위

압수경위는 상세하게 구체적으로 기재하여야 한다. 압수당시의 물품의 위치 및 상태, 임의제출 여부, 압수의 필요성 등을 요령있게 설시하여야 한다.

(예1) 범죄현장에 남은 물건으로서 참고인 이○○가 범죄행위에 제공된 것이라고 진술하고 소유자 김○○가 임의제출하여 압수하다. (예2) 피의자가 도주하면서 현장에서 xx미터 떨어진 서울 ○○구 ○○동 9가 157 김○○집 마당에 버린 범죄행위로 인하여 취득한 물건으로써 이○○가 임의제출하여 압수하다. (예3) 피의자가 범행현장에서 범행직후 버린 물건으로서 참고인 김○○가 취득하였다고 하며 임의제출하여 압수하다. (예4) 피의자가 범행현장에서 범행에 사용하려고 준비하여 두었다가 도주하면서 버려진 물건으로서 이를 취득한 김○○가 임의제출하여 압수하다. (예5) 피의자가 도주하다가 김○○에 의하여 체포당할 당시 피의자의 오른쪽 안호주머니에 있던 범죄행위로 인하여 취득한 물건으로서 위 김○○이 빼앗아 가지고 있던 것을 그가 임의제출하여 압수하다.

(3) 압수목록

압수물건의 품종과 수량을 구체적으로 정확히 기재한다. 소지자 또는 제출자(처분을 받는 자)와 소유자를 명기한다.

경찰관은 임의 제출한 물건을 압수한 경우에 소유자등이 그 물건의 소유권을 포기한다는 의사표시를 하였을 때에는 임의제출서에 그 취지를 작성하게 하거나 소유권포기서를 제출하게 하여야 한다(범죄수사규칙 제142조 제3항). 소유권포기서를 받아 압수조서 말미에 첨부하고 압수목록의 비고란에 소유권 포기 사실을 표시한다.

다. 임의제출하는 참고서류 등 처리요령98)

피의자나 참고인을 신문할 때 또는 그들이 스스로 찾아와 자기들에게 유리한 계약서, 각서 등의 서류를 증거로 써달라고 제출하는 일이 많다. 이때 이를 거절하면 편파적이라는 오해를 받기 쉬우므로 수사에 참고할 서류는 제출받고 불필요한 서류는 납득이 가도록 설명하여 거절하는 것이 좋다.

증거물로서 압수할 가치가 있는 것은 압수하면 되지만 압수할 가치는 없으나 제출받은 경우에는 진정서나 탄원서 등의 성질의 것은 접수절차를 밟도록 하고 서류 그 자체의 성격으로 보아 제출경위가 의미 없는 경우 즉 주민등록등본이나 호적등본을 제출하는 경우는 바로 수사기록에 편철하면 된다.

계약서, 각서나 그 사본 등은 신문조서를 받을 때 조서에 제출받게 된 경위 등을 기재하고 조서말미에 편철하거나 제출경위를 간단한 수사보고서로 작성하여 제출된 서류를 첨부하여 기록에 편철한다. 부도수표와 같이 후일 사적분쟁 여지가 있는 서류는 사본을 기록에 편철하고 원본은 확인 후 제출인에게 반환하여야 한다.

수사에 참고되는 합의서가 제출된 경우 해당사건이 친고죄나 반의사불벌죄일 경우에는 고소인이나 피해자를 상대로 그 진정 여부를 확인하여야 한다. 그 이외의 사건일 경우에도 원칙적으로 그 명의자를 상대로 그 진정 여부를 확인하여야 하나, 그것이 오히려 사건관계인에게 불편을 초래한다고 인정되는 경우에는 작성명의인

---

98) 사법연수원, 「수사절차론」, 성문인쇄사, 2008. P.109.

이 제출할 때에는 접수직원이 이를 확인하여 확인인을 날인하고, 제3자가 제출하거나 우편으로 제출된 때에는 접수직원이 전화나 기타 방법으로 확인한 후 확인보고서를 첨부하며, 공증인의 공증을 받은 경우에는 확인없이 접수할 수 있다.

6. 실황조사

가. 실황조사

사법경찰관리는 범죄의 현장 또는 그 밖의 장소에서 피의사실을 확인하거나 증거물의 증명력을 확보하기 위해 필요한 경우 실황조사를 할 수 있다(경찰수사규칙 제41조 제1항). 실황조사를 하는 경우에는 거주자, 관리자 그 밖의 관계자 등을 참여하게 할 수 있다(동조 제2항). 경찰관은 피의자의 진술에 의하여 흉기, 장물, 그밖의 증거자료를 발견하였을 경우에 증명력 확보를 위하여 필요한 때에는 실황조사를 하여 그 발견의 상황을 실황조사서에 정확히 작성해야 한다(범죄수사규칙 제76조).

실황조사라 함은 사람의 신체나 장소, 물건의 존재형태 또는 움직임을 오관의 작용으로 직접 경험하는 것을 말하며 검증과 내용에 있어서는 다를 바가 없으나 다만 강제력이 따르지 않는 것이 다를 뿐이다. 실황조사를 한 때에는 실황조서를 작성하게 되는데, 실황조서는 증거법상 검증조서와 같은 취급을 받고 있다.

실무상 대부분의 범죄현장 상황파악은 이 실황조사를 통하여 이루어지고 있다. 그리고 구체적인 사건에 있어서 실황조사에 의한 것인지 아니면 검증에 의할 것인지 여부는 사건의 성질·경중·장소 등을 고려하여 결정하여야 한다.

나. 실황조사 기재

경찰관은 피의자, 피해자, 참고인 등의 진술을 실황조사서에 작성할 필요가 있는 경우에는 형사소송법 제199조(수사와 필요한 조사) 및 제244조(피의자 신문조서의 작성)에 따라야 한다(범죄수사규칙 제77조 제1항). 경찰관은 제1항의 경우에 피의자의 진술에 관하여는 미리 피의자에게 형사소송법 제244조의3에 따른 진술거부권 등을 고지하고 이를 조서에 명백히 작성하여야 한다(동조 제2항).

현장에서는 실황조서를 작성하기가 곤란하므로 현장에서 진술이나 약도 등을 메모하여 두었다가 사무실로 돌아와 실황조서를 작성하는 것이 보통이다. 사법경찰관리는 실황조사를 한 경우에는 실황조사서에 조사 내용을 상세하게 적고, 현장도면이나 사진이 있으면 이를 실황조사서에 첨부해야 한다(경찰수사규칙 제41조 제3항). 실황조서는 객관적인 상황을 기재하는 것이지 수사관의 의견을 기재하는 것이 아니므로 항상 객관성을 유지하면서 작성하여야 한다.

7. 수사보고서 작성

가. 개설

(1) 의의

수사보고서는 사법경찰관리가 수사의 단서나 그 입수상황, 수사진행사항이나 수사결과 등 수사에 관계된 사항을 수사간부에게 보고하는 서면이다. 이 가운데 특히 사법경찰관리가 수사간부의 명을 받고 수사한 결과를 보고하는 서면을 수사복명서라 한다. 수사보고서도 수사복명서도 실질적으로는 같은 성격의 서면이며 수사복명서의 경우는, 수사의 결과를 "복명합니다."라고 기재하는 방법상의 차이만 있다.

(2) 중요성

수사보고서는 원칙적으로 증거능력을 가지지 않는다. 그러나 수사상 매우 중요한 구실을 하는 것이다. 즉, 수사보고는 수사요원이 접촉한 모든 사항을 수사간부에게 보고하는 것이며, 그 의미에서 조직적 수사를 하기 위한 조직을 연결하는 연대인 동시에, 각 수사보고서의 연결을 명확히 한다는 의미를 갖고 있다. 따라서, 수사간부 등이 사건의 전모를 파악하기 위하여도 또한 수사의 합리성을 증명하기 위하여도 수사보고서는 큰 구실을 하는 것이다. 그 밖에 수사의 결과를 보고한 서면은 구속영장, 압수·수색·검증 등 영장신청의 유력한 소명자료로 되는 일도 있다. 수사보고서는 수사기록 전체의 윤활유의 역할을 하고 각 증거서류의 의미를 부여하는 기능을 한다.

(3) 보고내용

수사보고서에는 하나의 수사보고서와 다른 수사보고서와의 연결을 명확히 하는 연결적인 것과 수사의 단서나 수사진행사항 등을 명확히 하는 설명적인 것이 있으며 그 내용은 다종 다양하며 주요한 것을 들면 다음과 같다.

(가) 어떤 범죄의 단서가 무엇인가를 명백히 하고, 수사나 사건의 전모를 명백히 하는 것

(나) 피의자가 변명을 한 경우에 그 변명이 진실인가 또는 허위인가를 보고하는 것

(다) 불심검문의 내용이나, 임의동행의 이유라든가 상황을 보고하는 것

(라) 참고인 또는 피의자(용의자)의 소재를 수사하여 그 결과를 보고하는 것

(마) 탐문·소문 등의 수사결과를 보고하는 것

(바) 장물의 처분처를 조사, 장물이나 유류물의 발견, 지문·족적 등의 채취상황을 보고하는 것

(사) 여죄수사의 결과를 보고하는 것

나. 수사보고서 작성상 유의사항

(1) 직접 수사에 종사한 자가 작성할 것

수사보고서는 실지로 수사에 종사한 자가 그 상황이나 결과 등을 보고하는 것이므로 수사에 종사하지 않은 자가 작성하거나 단지 같은 수사팀에 있었다는 등의 이유로 형식적으로 성명을 연기하지 말아야 한다. 그와 동시에 2인 이상이 수사한 경우에는 당연히 성명을 연기하지만, 그 경우에도 그 내용을 가장 잘 아는 자를 앞에 두는 것이 필요하며, 선임자이기 때문이라는 이유로 앞에 기재해서는 안된다,

(2) 사실을 그대로 기재할 것

수사보고서는 내용이 진실하여야 하며, 아무리 잘 기재되었더라도 그 내용이 사실과 부합하지 않으면 그 가치가 없다.

이 때문에 표현법에 있어서도 지각한 사항과 전문한 사항을 확실히 구별하여 기재하는 것이 중요하다. 또한 추상적 표현을 피하고, 추정사항은 그 취지를 명백히 하는 것에 주의하여 사실을 그대로 기재하도록 하여야 한다.

(3) 수사를 한 때마다 작성 보고할 것

사람의 기억은 시간의 경과와 더불어 희미해지는 것이다. 또한 보고서의 작성을 게을리하여 시기를 잃으면 보고의 가치를 잃게 된다. 따라서 수사를 하고 보고할 필요가 있을 때에는 실기하지 않고 생생한 실태를 보고하도록 하여야 한다.

(4) 내용을 검토해 볼 것

수사보고서의 작성이 끝나면 보고하고 싶은 것이 전부 빠짐없이 기재되어 있는가, 간결하게 틀림없이 표현되어 있는가, 기재 내용에 모순은 없는가, 제3자에게도 이해될 수 있는 것인가 등에 관하여 검토가 필요하다.

다. 수사보고서의 작성요령

수사보고서에는 정해진 서식이 없다. 제목, 전문, 본문의 순으로 작성한다.

(1) 제목

제목은 보고내용(본문)의 전체 취지를 알 수 있도록 간결하게 기재한다.

(2) 전문

전문은 수사진행사항이나 그 내용이 식별될 정도로 요령있게 간단히 기재한다. 사건이 특정되어 있어 피의자가 규명되어 있을 때에는 모두에 피의자 또는 피해자의 주거·직업·성명·연령을 기재하고 이것과 보고내용의 연결을 간단히 기재하여도 무방하다. 또한 전문을 기재하지 않고 바로 본문으로 들어가는 방법도 있다.

(3) 본문

본문의 내용은 그 보고서를 어떤 목적으로 작성하는가에 따라 다르지만, 수사단서나 그 입수상황·수사진행사항이나 결과를 보고의 목적에 따라 그 보고서를 읽는 사람에게 잘 알 수 있도록 순서있게 될 수 있는 대로 항목을 세분하여 기재해야 한다.

(가) 그 때의 자기의 직무 내용

언제·어디서·어떤 근무에 종사하고 있었던가, 어떤 직무를 집행하고 있었는지를 기재한다.

(나) 수사단서의 입수 또는 수사의 경위

신고를 받았다든가, 스스로 떠드는 소리를 듣고 뛰어갔다는 등의 사정을 기재한다.

(다) 수사한 사실의 내용의 상세

그 때의 상황이나 장면을 6하(8하)의 원칙에 따라 기재한다.

(라) 관계자 또는 증거로 될 만한 사항·사물

보고내용에 관련하는 자는 누구인가, 그 자의 수사는 어떻게 되었는가, 증거로 될 만한 사항·사물이 있는가, 있다면 그것은 어떤 것이며, 압수절차는 취하였는가 등의 사항을 기재한다.

(마) 조치 및 결과

수사하여 어떤 조치를 취하였는가, 또한 그 결과는 어떻게 되었는지 등을 기재한다.

(바) 보고자의 의견

수사에 종사하였던 자로서 의견이 있으면 자기의 의견이란 것을 명시하여 구속의 필요성의 유무·감정의 필요성의 유무·관계자의 진술의 진위를 판단한다.

제5장
수사지휘
(搜査指揮)

제1절 수사지휘 일반

1. 수사지휘의 의의

수사지휘권자는 수사지휘를 통하여 입건·불입건 또는 구속·불구속 등을 통제하는 등 제1차적으로 사건을 여과, 정리함으로써 증거수집활동 등을 빙자하여 불필요하게 국민의 인권을 침해하는 일이 없도록 사법경찰관리의 수사를 지휘·감독한다.

수사지휘라 함은 수사지휘권자가 실제의 수사를 할 때에 수사의 착수로부터 종결에 이르는 각 단계에서 수사상황을 장악하여 수사방법의 적부를 검토하고 필요한 지시와 감독으로 수사의 진행을 적정수사의 궤도에 올려놓기 위하여 수사조직의 편성, 수사요원의 지휘 및 사건의 지휘 등을 내용으로 수행하는 수사지휘권자의 감독기술을 말한다. 구체적인 범죄사건의 수사에 당면하여 수사지휘권자의 수사지휘의 적부는 당해 수사의 성패를 좌우하는 중요한 역할을 담당한다. 즉 수사지휘가 적절하지 못할 경우 사건의 신속·정확한 해결은 불가능하며 오히려 사건을 미궁 속으로 빠뜨리는 결과를 초래하는 경우가 있다.

2. 수사의 조직

가. 수사의 조직적 운영

경찰관이 수사를 할 때에는 경찰관 상호 간의 긴밀한 협력과 적정한 통제를 도모하고, 수사담당부서 이외의 다른 수사부서나 그 밖에 관계있는 다른 경찰관서와 유기적으로 긴밀히 연락하여 경찰의 조직적 기능을 최고도로 발휘할 수 있도록 유의하여야 한다(범죄수사규칙 제16조).

나. 수사지휘권자

경찰관서장과 수사간부(이하 "수사지휘권자"라 한다)는 소속 경찰관이 담당하는 사건의 수사진행사항에 대하여 명시적인 이유를 근거로 구체적으로 지휘를 하여야 한다(범죄수사규칙 제22조 제1항). 필요한 경우 수사진행에 관하여 소속 경찰관에게 수사보고를 요구할 수 있다. 수사진행 보고요구를 받은 경찰관은 이에 따라야 한다(동규칙 제22조 제2항).

(1) 경찰청장의 수사지휘

「국가경찰과 자치경찰의 조직 및 운영에 관한 법률」(이하 '경찰법'이라 한다) 제14조 제6항 단서와 「국가경찰과 자치경찰의 조직 및 운영에 관한 법률 제14조 제10항에 따른 긴급하고 중요한 사건의 범위 등에 관한 규정」제2조에 따라 개별 사건의 수사에 대해 경찰청장이 구체적으로 지휘·감독할 수 있는 사항은 범죄수사규칙 제26조 제1항(수사지휘의 내용)과 같다(범죄수사규칙 17조 제1항).

경찰청장은 경찰법 제14조 제3항[99]의 사무를 수행하거나 경찰법 제14조 제6항 단서[100]의 사건에 해당하는지를 판단하기 위해 필요한 경우 사건 수사에 대한 보고를 받을 수 있다(동조 제2항).

(2) 국가수사본부장의 수사지휘

국가수사본부장은 형사소송법에 따른 경찰의 수사에 관하여 각 시 · 도경찰청장과 경찰서장 및 수사부서 소속 공무원을 지휘 · 감독한다(범죄수사규칙 제17조의2).

1. 수사관할이 수 개의 시 · 도경찰청에 속하는 사건
2. 고위공직자 또는 경찰관이 연루된 비위 사건으로 해당 관서에서 수사하게 되면 수사의 공정성이 의심받을 우려가 있는 경우
3. 국가수사본부장이 수사본부 또는 특별수사본부를 설치하여 지정하는 사건
4. 그 밖에 사회적 이목이 집중되거나, 파장이 큰 사건으로 국가수사본부장이 특별히 지정하는 사건

(3) 시·도경찰청장의 수사지휘

시 · 도경찰청장은 체계적인 수사 인력 · 장비 · 시설 · 예산 운영 및 지도 등을 통해 합리적이고 공정한 수사를 위하여 그 책임을 다하여야 한다(범죄수사규칙 18조). 시 · 도경찰청장은 경찰서에서 수사 중인 사건을 지휘할 필요성이 있다고 인정될 때에는 구체적 수

99) 경찰법 제14조 제3항: 경찰청장은 국가경찰사무를 총괄하고 경찰청 업무를 관장하며 소속 공무원 및 각급 경찰기관의 장을 지휘 · 감독한다.

100) 경찰법 제14조 제6항 단서: 경찰청장은 국민의 생명 · 신체 · 재산 또는 공공의 안전 등에 중대한 위험을 초래하는 긴급하고 중요한 사건의 수사에 있어서 경찰의 자원을 대규모로 동원하는 등 통합적으로 현장 대응할 필요가 있다고 판단할 만한 상당한 이유가 있는 때에는 제16조에 따른 국가수사본부장을 통하여 개별 사건의 수사에 대하여 구체적으로 지휘 · 감독할 수 있다.

사지휘를 할 수 있다(동규칙 제24조 제2항). 범죄수사규칙 제23조 제2항(수사에 관한 보고)의 보고를 받은 시·도경찰청장은 사건의 경중, 중요도 등을 종합적으로 검토하여 다른 경찰관서에서 수사를 진행하는 것이 적합하다고 판단되는 경우 시·도경찰청 또는 다른 경찰서에서 수사할 것을 명할 수 있다(동조 제1항).

(4) 경찰서장의 수사지휘, 수사지휘 건의

경찰서장은 해당 경찰서 관할 내의 수사에 대하여 지휘·감독하며, 합리적이고 공정한 수사를 위하여 그 책임을 다하여야 한다(범죄슈사규칙 제19조). 경찰서장은 관할구역 내에서 보고 및 수사지휘 대상 중요사건에 규정된 중요사건이 발생 또는 접수되거나 범인을 검거하였을 때에는 보고 절차 및 방법에 따라 시·도경찰청장에게 신속히 보고하여야 한다(동규칙 제23조 제2항).

(5) 수사간부

수사를 담당하는 경찰관서의 수사간부는 소속 경찰관서장을 보좌하고 그 명에 의하여 수사의 지휘·감독을 하여야 한다(범죄수사규칙 제20조).

다. 수사경찰관 등

경찰관은 소속 상관의 명을 받아 범죄의 수사에 종사한다(범죄수사규칙 제21조 제1항). 경찰관 이외의 수사관계 직원이 경찰관을 도와 직무를 행하는 경우에는 이 규칙이 정하는 바에 따라야 한다(동조 제2항). 경찰관은 범죄와 관계가 있다고 인정되는 사항과 수사상 참고가 될 만한 사항을 인지한 때에는 신속히 소속 상관에게 보고하여야 한다(동규칙 제23조 제1항).

3. 수사지휘권자(경찰관서장과 수사간부)로서의 자격요건

가. 일반적 자격요건

(1) 필요한 업무 지식과 기능을 체득할 것

수사지휘권자는 범죄수사에 대하여 넓고 정확한 지식을 가지고 있어야 한다. 업무에 대하여 정통하지 않으면 자신을 가지고 수사 지휘나 감독을 할 수 없는 것이다. 업무에 관련 지식이 박약하면 자기가 내린 판단이 과연 정당한 것인지에 대해 불안하게 되고 따라서 수사요원들의 신뢰를 받을 수 없게 된다. 그러므로 수사지휘권자는 평소 수사에 관한 지식이나 기술의 습득을 위하여 부단히 연구하여야 한다.

(2) 수사요원에 대한 적절한 주의와 지시의 방법을 숙지할 것

수사지휘권자는 수사과정의 각 단계에서 적절하고 구체성 있는 주의와 지시를 함으로써 적정수사의 방향으로 지도해 나가야 하며 부하에게 "알아서 잘하라"는 식으로 방임하거나 또는 막연한 지시를 해서는 안된다. 따라서 적절한 주의와 지시를 내릴 수 있도록 사전에 연구하고 준비해 두어야 한다.

(3) 책임에 따르는 지식을 숙지할 것

수사활동에는 모두 법적 근거가 있는 것이므로 수사지휘권자는 막중한 책임을 자각하고 근거가 되는 형법, 형사소송법, 수사준칙, 경찰수사규칙, 범죄수사규칙 등 관계 법령을 숙지하여야 한다.

(4) 수사방법을 연구·개선하는 자세를 갖출 것

수사지휘권자는 수사목적을 달성하기 위한 최선의 방법을 부단히 연구·개선하여야 하며 문제의 발견 및 해결능력을 배양하여야 한다.

(5) 중간간부의 임무를 자각할 것

수사과장, 수사팀장 등 중간간부는 수사요원으로부터 보고를 잘 들어서 상사에게 정확한 보고를 하고, 또한 상사의 지시나 명령을 잘 이해하여 수사요원에게 정확하고 구체적으로 전달함으로써 상하 의사소통의 교량적인 역할을 수행하여야 하며 수사요원으로부터 신뢰와 존경을 받을 수 있도록 솔선수범하지 않으면 안 된다.

또한 수사활동(검증, 수색 등) 현장이나 조서 등을 작성하는 기회에 필요한 지시나 교육을 적극 실시해야 함도 중간간부의 중요한 임무이다.

나. 수사요원에 대한 지휘 법칙

(1) 책임 범위의 설정

수사요원의 지휘에 있어서는 그 책임의 범위와 정도를 명확하게 설정해 주어야 한다. 그저 "잘 알아서 수행하라"는 식은 결국 수사지휘자의 의도와 수사요원의 이해간에 차이가 생겨 무리와 낭비를 초래하기 쉽다.

(2) 명확하고 구체적인 지휘

수사지휘를 할 때에는 지시 명령의 내용을 명확하고 구체적으로 전달하여야 한다. 수사지휘권자 자신이 그 내용을 충분히 연구하고 지시 명령하지 않으면 수사요원은 그 내용을 이해하지 못한다. 그래서 수사지휘권자의 의도와는 다른 방향으로 수사가 진행되고 불필요한 노력을 허비하는 등 차질을 가져오게 된다.

신임직원 중에는 지시사항은 물론이고 그 업무의 구체적인 수행방법까지도 지시해 주지 않으면 어떻게 할 바를 모르고 망설이게 되는 경우가 있을 수 있다. 따라서 수사요원의 능력에 따라 지시내용의 명확성, 구체성의 정도를 달리해야 한다.

(3) 보고 내용 정확성 판단

수사지휘권자는 수사요원으로부터 수사결과에 대한 보고를 빠짐없이 받아야 하며 보고내용을 검토하여 정확성 여부를 판단할 수 있어야 한다. 수사요원들 가운데는 실제 확인하지도 않은 사실을 확인한 것 같이 보고하는 경우도 없지 않으므로 수사지휘권자는 보고내용이 사실에 근거를 둔 진실한 내용인지 여부를 간파할 줄 아는 판단력을 가져야 한다.

(4) 수사지휘결과의 확인

수사지휘권자는 지시를 하는 것만으로 책무를 다했다고 생각해서는 안되며, 지시·명령된 사항을 충분히 이해하고 주의력을 집중하여 성실하게 이행하고 있는가를 확인하여야 한다. 따라서 확인하는 방법을 연구하여야 하며 수사활동 성패의 원인을 규명하여 수사방법의 연구개선에 노력하여야 한다.

4. 수사관리

가. 수사역량 강화를 위한 수사관의 관리

평소 자질 있는 우수 경찰관을 수사요원으로 선발하여 배치하고 수사관 개인별 OJT 교육, 팀별 FTX 등 교육 훈련을 통해 수사관을 육성해야 한다. 평소 예상된 사건발생에 대비하여 명확한 업무분담 및 매뉴얼화 된 행동지침을 숙지하면 신속한 대처가 가능하다. 적정한 휴식 및 수당 지급을 통한 사기관리가 필요하다. 기초수사자료 수집, 관리 및 수사시스템을 구축한다.

나. 사건발생시 수사관리

한정된 수사인력을 적정하게 배분하고, 피해자 감정 배려·주민 불안감 제거·사회적 공정 확보라는 지표 기준으로 관리한다.

사건에 동원된 수사인력이 합리적 연락·통제 수단을 가진 수사조직으로 편성하여 사건의 수사항목을 명확히 하고, 업무분석으로 적정 업무분담을 한다. 또한 필요한 수사수단을 확보한다. 수사지휘권자는 최후의 보류임을 명심하여 냉정함과 침착한 판단을 하고, 실질적인 통제기능을 수행한다.

제2절 사건의 지휘

1. 수사지휘의 방식과 내용

가. 수사지휘의 방식

시 · 도경찰청장이 경찰서장에게 사건에 대한 구체적 지휘를 할 때에는 형사사법정보시스템 또는 모사전송 등을 통해 수사지휘서(관서간)를 작성하여 송부하여야 하며, 수사지휘권자가 경찰관서 내에서 사건에 대한 구체적 지휘를 할 때에는 형사사법정보시스템을 통해 수사지휘서를 작성하여 송부하거나 수사서류의 결재 수사지휘란에 기재하는 방식으로 하여야 한다(범죄수사규칙 제25조 제1항). 제1항에도 불구하고 다음 각 호의 경우에는 구두나 전화 등 간편한 방식으로 지휘할 수 있으며, 사후에 신속하게 형사사법정보시스템 또는 모사전송 등을 이용하여 지휘내용을 제1항의 수사지휘서로 송부하여야 한다(동규칙 제25조 제2항).

1. 천재지변, 긴급한 상황 또는 전산 장애가 발생한 경우
2. 이미 수사지휘한 내용을 보완하는 경우
3. 수사 현장에서 지휘하는 경우

나. 수사지휘의 내용

(1) 수사지휘권자는 다음 각 호의 사항에 대해 구체적으로 지휘하여야 한다(범죄수사규칙 제26조 제1항).

1. 범죄인지에 관한 사항

2. 체포 · 구속에 관한 사항

3. 영장에 의한 압수 · 수색 · 검증에 관한 사항

4. 법원 허가에 의한 통신수사에 관한 사항

5. 수사준칙 제51조제1항 각 호(사법경찰관의 결정)의 결정에 관한 사항

6. 사건 이송 등 책임수사관서 변경에 관한 사항

7. 수사지휘권자와 경찰관 간 수사에 관하여 이견이 있어 지휘를 요청받은 사항

8. 그 밖에 수사에 관하여 지휘가 필요하다고 인정되는 사항

(2) 시 · 도경찰청장이 경찰서장에 대해 수사지휘하는 경우에는 제1항에서 정한 사항 외에 다음 각 호의 사항에 대해서도 구체적으로 지휘하여야 한다(범죄수사규칙 제26조 제2항).

1. 제36조의 수사본부 설치 및 해산

2. 제24조 제1항(수사에 관한 보고)에 관한 사항

3. 수사방침의 수립 또는 변경

4. 공보책임자 지정 등 언론대응에 관한 사항

2. 경찰서장의 수사지휘 건의 및 지휘계통의 준수

경찰서장은 사건수사를 함에 있어서 시 · 도경찰청장의 지휘가 필요한 때에는 시 · 도경찰청장에게 수사지휘를 하여 줄 것을 건의할 수 있다(범죄수사규칙 제27조 제1항). 수사지휘건의를 받은 시 · 도경찰청장은 지휘가 필요하다고 판단하는 때에는 신속하게 지

휘한다(동조 제2항). 시 · 도경찰청장이 소속 경찰서장을 지휘하는 경우에는 지휘계통을 준수하여 제20조의 수사간부를 통하거나, 직접 경찰서장에게 지휘하여야 한다(동규칙 제28조 제1항). 경찰관서장이 관서 내에서 수사지휘를 하는 경우에도 지휘계통을 준수하여야 한다(동조 제2항).

3. 사건의 지휘

수사지휘 업무중 수사조직편성이나 수사요원의 지휘는 준비 업무로서 수사관리에 속하는 업무이나 수사지휘는 구체적 사건 발생에 대하여 행하는 실행 업무이다. 수사지휘의 본질은 사건지휘에도 그대로 타당한 바, 즉 합법성·합리성·타당성을 구비한 적정수사의 실현을 사건지휘의 기본이념으로 하는 것이다.

가. 사건지휘의 준비

(1) 현장 검거능력의 향상

범죄발생으로부터 시간이 흐르면 흐를수록 범인 검거는 어려워진다. 초동수사체계와 기동수사체제를 강화하여 적극적 · 능동적 수사의 전개로 현장검거능력을 향상시켜야 한다.

(2) 자료수집능력의 향상

근래 범인들의 범행수법은 점차 지능화·교묘화 되고 있어 범죄현장에 물증을 남기지 않으려고 세심한 주의를 기울이고 있으므로 수사요원의 자료수집은 갈수록 어려운 실정이다. 따라서 유형적·직접적인 자료는 물론 수법 등 무형의 자료와 범죄사실과 원인관계가 있는 모든 간접적 자료의 수집에 역점을 두지 않으면 안된다.

그러기 위해서는 ①평소 기초자료를 수집 정비해 놓아야 하고 ②정보활동을 강화하여 정보원을 개척하고 ③수사요원에만 의존할 것이 아니고 외근경찰관 등 전 경찰력의 첩보수집역량을 동원하는 조직 수사체제의 강화가 필요하다.

(3) 과학수사를 위한 노력의 집중

현대는 발달된 과학기술의 활용을 통하여 기존의 탐문수사, 감수사 등 수사방식에서 벗어나 디지털 기기에 수록된 자료의 활용이나 몽타주 작성, 감식, 감정 등의 수단을 통한 사건의 해결에 주력하여야 한다. 기존의 방식의 유용성이 떨어진 것은 아니나 새로이 도입되는 기법들의 활용을 통하여 기존에는 해결하지 못했던 사건이나 증거의 수집을 통하여 효율적인 수사를 도모하도록 하여야 한다.

나. 사건지휘의 내용

사건지휘의 내용은 사건을 지휘함에 있어 어떤 때에 어떠한 것을 지휘하여야 할 것인가를 말하는데, 수사간부는 적정수사의 실현을 위하여 문제점을 발견 도출하고 그것을 언제 어떻게 지휘할 것인가를 연구 결정하여야 한다.

(1) 사건착수의 지휘

사건착수의 지휘는 우선 그 시점에서 사건을 착수하는 것이 타당한가를 판단할 것 즉, 사건착수의 시기를 판별하여 수사개시하여야 한다. 특히, 지능범 사건의 수사에 있어서는 착수시기의 판단에 신중을 기하지 않으면 안된다.

사건착수의 시기는 사건의 성질·규모·주요 인물·수사자료 등을 고려하여 수사착수의 시기를 결정해야 할 것인 바, 적정시기를 선택하기 위해서는 다음 사항을 고려하여야 한다.

(가) 수사단서의 공정·확실성을 판단할 것

수사의 단서에는 선의·악의·오인·억측·조작 등에 의한 것이 있다. 이러한 단서를 무분별하게 받아들여 수사에 착수한다면 수사의 권위는 실추되고 인권침해의 물의를 야기하게 된다.

따라서 수사간부는 수사단서 내용의 전·후 모순 여부, 단서 출처의 확실성 여부, 단서 제공자에 관한 이해관계의 여부, 타 증거와의 부합 여부 등에 비추어 수사단서의 공정·확실성을 판단하여 수사착수에 관한 필요한 지휘를 하여야 한다.

(나) 사건의 검거가치를 판단할 것

사건의 신고, 배경 등을 고려하여 검거가치를 판단하고 사건의 지휘를 행하여야 한다. 즉, 사건의 검거에 있어서는 범죄사실의 형벌법령위반에 관하여 합법성외에도 사회적 가치에 관한 타당성 등도 고려하여야 하기 때문이다. 예컨대 너무 오래된 사건·피해가 경미한 미신고사건의 입건은 신중을 기해야 한다.

(다) 의율판단을 할 것

사건검거에 있어서 법률 적용상 불합리한 점이 없는가를 판단하는 것을 의율판단이라 한다. 수사간부는 형사법령·판례 등에 대한 부단한 연구 및 법령 개정 내용 숙지로 수사상 법률적용의 과오가 없도록 판단하여 수사착수를 지휘하여야 한다.

1) 그 행위가 추상적 권한에 속할 것. 즉, 사건에 대해서 관할권이 있어야 한다.

2) 그 행위가 구체적 권한에 속할 것. 즉, 구체적 직무행위가 법률상의 요건을 구비하여야 한다. 예컨대 피의자의 체포, 수색 등은 형사소송법에 각각의 요건이 규정되어 있고 불심검문은 경찰관직무집행법에 규정되어 있다. 따라서 수사간부는 이러한 구체적 직무행위의 법률상 요건을 알고 있지 않으면 적법한 지휘를 할 수 없다.

3) 직무수행의 방식이 유효요건을 구비하고 있을 것. 모든 수사활동방식이 유효요건을 구비하지 않으면 적법한 직무행위라고 할 수 없다. 수사간부는 법령에 규정된 방식을 잘 숙지하고 준수하도록 노력하여야 한다.

(2) 합리수사를 위한 지휘

(가) 불합리한 수사의 원인

무죄사건, 오인체포사건, 구속권 남용 등 수사권 남용이나 실익이 없는 경우도 흔히 있을 수 있는 바, 이를 방지하기 위하여 수사의 합리화를 위한 지휘가 필요하다. 이런 불합리한 수사의 사례를 분석, 검토해 보면 그 원인은 다음과 같다.

1) 불확실한 증언(진술)이나 자료를 검토함이 없이 피의자를 구속하는 경우

2) 수집된 자료나 정보를 그 진실성을 해명함이 없이 피의자에 불이익하게 해석하여 수사를 진행하는 경우

3) 좀 더 수사를 하면 용의점 유무가 명백히 될 수 있는 것인데도 수사를 생략하고 경미한 자료만으로 서둘러 구속부터 하는 경우

4) 증거의 수사 없이 피의자의 허위자백만으로 수사를 완결하려고 하는 경우

(나) 합리성에 대한 판단

합리수사란 과학적 수사와 일맥상통하나 단순히 과학적 감정, 감별을 활용하여 행하는 수사를 말하는 것이 아니고 경험이나 상식을 포괄하여 타당성 있는 수사를 행하는 것을 말하는 바, 무리하게 수사력이 동원되는 일이 없이 수사가 과학적 합리성을 가지도록 사건지휘를 하여야 한다.

1) 자료수집의 방법은 완전한가?
2) 자료에 대해서 어떤 감식방법을 택할 것인가?, 검증 방법은 정당한가?
3) 사건의 추정은 적당한가?, 다른 추정은 없는지, 수사방침은 정당한가?
4) 사실인정은 정당한지

(다) 수사의 연락·통제체제의 완비

범죄의 광역화, 기동화에 대처하여 신속·정확한 지휘를 하기 위해서는 수배공조체제, 조회, 보고, 연락, 통제 등 공조 및 연락통제의 정비가 필요하며 이는 합리수사와 불가분의 관계를 갖는다.

(라) 기타

사건의 가치를 판단하고 내용을 포착해서 강제수사와 임의수사의 구분을 명시해 주어야 한다. 계속수사를 필요로 할 경우에는 그 체계 및 추진방법과 수사의 종결시기를 판단하고 예견하여 틀림이 없도록 지휘하여야 한다. 압수물 환부에 있어서는 그 절차의 적정을 기하여 형사상, 민사상의 물의가 생기지 않도록 지휘하여야 한다.

(3) 피의자 검거에 대한 지휘

(가) 확실한 자료와 적시 검거

피의자 검거는 확실한 뒷받침이 없이 너무 서두르거나 반대로 너무 늦장을 부려 도주나 통모, 증거인멸의 기회를 주어서도 안된다.

따라서 수사간부는 무리나 물의가 생기지 않도록 확실하고 충분한 자료를 수집하여 적시에 피의자를 구속하도록 지휘하여야 한다.

(나) 별건구속에 대한 주의

흔히 자료(증거)가 확실한 경죄를 이유로 피의자를 구속하고서 중죄에 관한 조사를 하는 것을 별건구속이라고 한다. 학계에서는 그 위법 여부에 대하여 논란이 있으므로 수사간부는 이러한 사례가 직권남용, 인권유린으로 발전되지 않도록 적정수사를 위한 지휘를 하여야 한다.

(4) 영장신청에 대한 지휘

(가) 구속영장의 경우

수사단서나 출처, 신빙성 등을 잘 검토하고, 기초수사의 상황, 소명자료, 완결방법 등을 검토하며, 피의사실, 죄명, 적용법조 등의 입증 여부를 확인하는 등 일정한 검토표를 만들어 구체적으로 점검을 한 후 영장신청을 지휘하여야 한다.

(나) 압수·수색·검증영장의 경우

압수, 수색, 검증을 할 장소 및 사건의 특징을 소명한 자료를 확인하여 착오가 없도록 하고, 야간집행을 할 경우 그 필요성 내지 사유가 서류상 정확히 기재되어 있는가를 확인하여야 한다.

(5) 피의자 조사에 대한 지휘

수사간부는 수사요원의 보고에 의존하는 태도를 버리고 직접 피의자, 참고인 등의 조사를 장악하여 진술의 진실성을 판단하고, 질문사항에 대해서는 조사·지시하고, 구속 여부의 필요성을 판단하는 등 조사사항, 방법 등을 지휘하여야 한다.

(6) 사건송치에 대한 지휘

범죄사실과 관계가 없는 사항이나 지엽적인 경미한 사항까지 수사를 계속하는 것은 수사력의 낭비이므로 사안의 진상을 파악하고 법령을 적용하여 처리의견을 결정할 수 있는 정도에 이르면 수사의 종결을 지휘하여야 한다.

1) 송치서류상의 일시, 장소, 공범 상호간의 진술에 대한 모순 여부를 확인하고, 송치서의 범죄사실 기재가 6(8)하 원칙에 따라 범죄구성요건을 충족하고 있는가, 정상의견의 근거가 되는 입증자료가 있는가 등을 확인해야 한다.
2) 영장집행 상황, 진술, 증거 등 조사에 관한 핵심 부분을 점검하고, 중요한 증거물, 압수목록 등을 확인하여야 한다. 그리고 보충수사를 필요로 하는 부분은 메모해 두었다가 사후지시로 실수가 없도록 하여야 한다.

(7) 사건송치후의 지휘

수사는 사건송치후 기소와 소송종결에 이르기까지 계속되므로 송치기록을 검토하여 불비점 및 보충수사의 필요 여부를 확인하고, 수사활동의 개선에 그 경험을 활용해야 한다.

■ 저자 나 강 채 ■

· 전남대학교 법과대학
· 한양대학교 행정대학원(전공:경찰행정)
· 1990. 11. 4. 순경 공채
· 1991. 4. 13. 학사경사(특채)
· 2003. 8. 1. 수사전문가 선발(분야: 수사서류, 의율착오)
· 고품격봉사치안을 위한 수요자 중심의 수사 프로세스 혁신(2006. 11월)
  * 행안부 혁신 BP대회 (경찰청 생산성 분야 최우수 선정)
· 2010. 12. 30. 전문수사관 마스터 선발(분야: 회계부정)
· 경찰청(수사기획)
· 도경찰청 계장(과학수사, 수사2, 여청수사, 수사심의)
· 의정부·남양주 수사과장
· 現 도경 디지털포렌식계장

경찰 수사학개론

2023년 10월 10일 인쇄
2023년 10월 20일 발행

저 자 나강채
발행인 김현호
발행처 법문북스
공급처 법률미디어

주소 서울 구로구 경인로 54길4(구로동 636-62)
전화 02)2636-2911~2, **팩스** 02)2636-3012
홈페이지 www.lawb.co.kr

등록일자 1979년 8월 27일
등록번호 제5-22호

ISBN 979-11-93350-06-5 (93350)

정가 24,000원